Susan Kaiser Greenland

Wache Kinder

Susan Kaiser Greenland

Wache Kinder

Wie wir unseren Kindern helfen,
mit Stress umzugehen und Glück,
Freude und Mitgefühl zu erleben

Aus dem amerikanischen Englisch
übersetzt von Christine Sadler

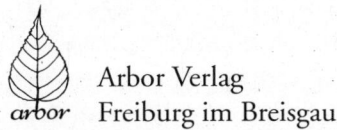

Arbor Verlag
Freiburg im Breisgau

Für Seth
Dafür, dass er mich erkennt

© 2010 Susan Kaiser Greenland
© 2011 der deutschen Ausgabe: Arbor Verlag GmbH, Freiburg
published by arrangement with the original publisher, Free Press, a division of
Simon & Schuster, Inc.

Die Originalausgabe erschien unter dem Titel:
*The mindful child: how to help your kid manage stress
and become happier, kinder and more compassionate*

Alle Rechte vorbehalten

2. Auflage 2018

Titelfoto: © Tinvo/photocase.com
Lektorat: Richard Reschika
Gestaltung: Anke Brodersen
Druck und Bindung: Kösel, Krugzell

Dieses Buch wurde auf 100 % Altpapier gedruckt und ist alterungsbeständig.
Weitere Informationen über unser Umweltengagement
finden Sie unter www.arbor-verlag.de/umwelt.

www.arbor-verlag.de

ISBN 978-3-86781-047-0

Wichtiger Hinweis: Die Ratschläge zur Selbstbehandlung in diesem Buch sind von der Autorin und vom Verlag sorgfältig erwogen und geprüft worden. Dennoch kann eine Garantie nicht übernommen werden. Sie brauchen psychotherapeutische Hilfe, wenn Sie sich durch die Übungen von Emotionen und Erinnerungen überwältigt fühlen. Bei ernsthafteren und/oder länger anhaltenden Beschwerden sollten Sie auf jeden Fall einen Arzt oder einen Heilpraktiker Ihres Vertrauens zu Rate ziehen. Eine Haftung der Autorin und des Verlages für Personen-, Sach- und Vermögensschäden ist ausgeschlossen.

Inhalt

Einleitung
Das neue Abc   7

1. Eine Gelegenheit
Die Wissenschaft des achtsamen Gewahrseins nutzen   29

2. Am Anfang
Verstehen und nähren Sie Ihre Motivation   47

3. So einfach wie das Atmen
Beginnen Sie mit Entspannung und Beruhigung   73

4. Verfeinertes Gewahrsein
Lernen, aufmerksam zu sein   103

5. Freundliches Gewahrsein
Achtsam und mitfühlend meditieren,
sprechen, handeln und interagieren   127

6. Sensorisches Gewahrsein
Der physischen Welt gewahr werden   147

7. Emotionale Freiheit
Sich von destruktiven Gedanken und Gefühlen befreien   179

8	Sich auf andere Menschen einstimmen Einstimmung zwischen Eltern und Kind entwickeln	201
9	E Pluribus Unum – Aus vielen wird eins Leben als Teil einer Gemeinschaft	219

Epilog

Jenseits dieses Ortes gibt es Drachen	237
Danksagungen	239
Anmerkungen	241
Die Autorin	247

EINLEITUNG

Das neue Abc
Aufmerksamkeit, Ausgeglichenheit und Mitgefühl

Die Welt soll glücklich sein.
Die Welt soll sauber sein.
Die Welt soll nie zu Ende sein.
So soll die Welt sein.
Alles soll wahr werden.

Gedicht freundlicher Wünsche,
Grundschülerin und Teilnehmerin am *Inner Kids program*

Als die Feier zum sechsten Geburtstag meines Sohnes zu Ende war, schaute ich durch das Küchenfenster zu, wie die wenigen noch verbliebenen Kinder im Garten spielten. Das Mädchen von nebenan schlug Räder auf unserem Rasen, der mit zerplatzten Luftballons übersät war. Mein Sohn und sein Freund saßen auf den Stufen und blätterten in einem Buch mit Cartoons, das er geschenkt bekommen hatte. Es war ein wundervoller, friedlicher Nachmittag.

Plötzlich war es mit der Ruhe vorbei: Die Küchentür flog auf und mein Sohn und sein Freund rannten herein, beide den Tränen nahe. Ich fragte, was los sei, aber sie waren zu erregt und konnten kein Wort herausbringen. Niemand war in Gefahr, aber die Jungs waren in eine derartige Verfassung geraten, dass sie sich nicht mehr beruhigen konnten. Also nahm ich eine „Schneekugel" vom Bücherregal und zog die Spieluhr in ihrem Sockel auf. Ich schüttelte die Schneekugel, stellte sie auf den Tisch, legte eine Hand auf meinen Bauch und forderte die Jungen dazu auf, ihre Hände auf ihren Bauch zu legen. Gemeinsam fühlten wir, wie unser Atem sich auf und ab bewegte, während wir zusahen, wie in der Kugel der Schnee fiel und sich absetzte. Der Freund meines Sohnes japste nach Luft bei dem Versuch, seine Tränen zurückzuhalten. Als der Schnee sich am Boden der Kugel abgesetzt hatte, schüttelte ich sie erneut. Während wir zusahen, wie das Wasser in der Kugel allmählich klar wurde, fühlten wir, wie wir atmeten. Bald konnten wir die Figuren in der Schneekugel sehen und die Atmung der beiden Jungen war langsamer geworden; ihre Körper hatten sich entspannt und beruhigt. Jetzt konnten wir darüber sprechen, was ihnen Angst gemacht hatte.

Ich nutze diese und ähnliche Atemtechniken, um Kindern dabei zu helfen, sich zu beruhigen, wenn sie überwältigt sind, und die transformative Macht der Atmung erstaunt mich immer wieder. Das Atmen ist die natürlichste Sache der Welt und die Grundlage unseres Lebens. Wir tun es, ohne nachzudenken; indem wir uns aber die Macht dieser Handlung zunutze machen, können wir besser mit Stress umgehen und ein glücklicheres Leben führen. Das Ziel dieses Buches besteht darin, Ihnen dabei zu helfen, Ihren Kindern dabei zu helfen, genau dies zu tun: sich ihr Gewahrsein der Atmung, der physischen Welt und ihres Innenlebens zunutze zu machen und ihre Aufmerksamkeitsfähigkeiten zu entwickeln – Werkzeuge, die sie ihr ganzes Leben hindurch bei sich tragen werden.

Sie können viel dadurch lernen, dass Sie der Atmung Ihrer Kinder Beachtung schenken. Als mein erstes Kind, Allegra, geboren wurde, begann ich mich mehr auf die Atmung der Menschen in meiner Umgebung einzustimmen. Das erste Mal, als ich sie im Arm hielt, beobachtete ich eine Weile, wie sie atmete, und jeder Atemzug gab mir die Beruhigung, dass mit ihr alles in Ordnung war. Mein Sohn, Gabe, wurde zweieinhalb Jahre später geboren und sein gleichmäßiges Ein- und Ausatmen zu hören war für mich genauso beruhigend wie das Geräusch der Atmung seiner Schwester. Allegras und Gabes Atmung würde immer ihr Begleiter sein und sie würde auch zu meinem Begleiter werden. Ich nahm das, was ich von meinen Kindern gelernt hatte, auch mit in andere Beziehungen.

Ich fing an, mich zu Familienmitgliedern zu setzen, die aufgrund ihrer Jugend, ihres hohen Alters oder einer Krankheit hilflos erschienen, und ich horchte auf das Geräusch Ihrer Atmung, hörte dabei in jedem Atemzug ein Versprechen, dass wir einen weiteren Tag miteinander verbringen würden. Jahre später sollte ich zurückblicken und diese Momente als Momente achtsamen Gewahrseins erkennen, einer machtvollen Praxis, die ich später offiziell erlernte.

Die Atmung Ihrer Kinder ist die Schwingtür zwischen ihrer inneren und äußeren Welt. Die meisten von uns wissen intuitiv, dass es nützlich ist, auf seinen eigenen Atem zu achten, doch können wir vergessen, dass das Aufmerksamsein gegenüber der Atmung anderer Menschen uns Auskunft darüber geben kann, wie sie auf die Erfahrung des Lebens reagieren. Wenn Sie sich die Zeit nehmen, aufmerksam zu sein, werden Ihnen die Geschwindigkeit, die Tiefe, der Rhythmus und die Intensität der Atmung Ihrer Kinder übermitteln, wie sie sich fühlen, und Ihnen sogar etwaige gesundheitliche Probleme signalisieren. Die Atmung Ihrer Kinder kann Ihnen von innen heraus einen kurzen Einblick in ihr Leben geben. Sie können durch einfache Handlungen achtsamer werden, wie dadurch, dass Sie sich im Kinderzimmer einen Moment Zeit nehmen, um Ihre Kinder friedlich zu beobachten und mit ihnen zu atmen, bevor Sie sie aufwecken, damit sie zur Schule gehen. Sie können die Atmung Ihres Ehemannes bzw. Ihrer Ehefrau oder Ihres Partners bzw. Ihrer Partnerin beobachten, um ein Gefühl dafür zu bekommen, was er oder sie gerade empfindet, und um Ihr Tempo besser mit seinem oder ihrem zu synchronisieren. Sie können eine tiefe Verbindung zu einem alternden oder kranken Elternteil herstellen, indem Sie alle Gedanken oder Emotionen, die Sie beschäftigen mögen, nur für einen Moment beiseite schieben, um sich auf ihre oder seine Atmung einzustimmen. Indem Sie langsamer werden, einfach nur, um auf die Atmung anderer Menschen zu achten, können Sie Einblicke in die Welt dieser Menschen erlangen, die Ihnen ansonsten möglicherweise entgehen würden. Und Sie können ebenfalls Einblicke in Ihre eigene Welt gewinnen.

Die Atmung Ihrer Kinder ist nicht nur eine Botschaft aus ihrer inneren Welt. Sie gibt Ihnen auch Auskunft über ihre äußere Welt – beispielsweise über ihre Beziehung zu Ihnen, zu Geschwistern, zu Autoritätspersonen, zu Gleichaltrigen und zu der sozialen Welt im Allgemeinen.

Sie können dies vor allem dann sehen, wenn Ihre Kinder mit Freunden interagieren. Ich habe über meine Tochter viel dadurch gelernt, dass ich sie beim Rudern mit ihrer Bootsmannschaft beobachtet habe. Jedes Jahr im Frühling nimmt ihr Team an Regatten in ganz Kalifornien teil. Die starke Körperlichkeit und Konzentration der Athleten, wenn sie ihre Ruderschläge synchronisieren, ist überwältigend. Ihr Atem treibt das Boot an. Ein Atemzug, ein Schlag, mit einem lasergleichen Fokus, der durch jahrelanges Training und den Schweiß vieler, vieler Rennen genährt wird. Jeder Schlag verlangt nach der Fokussierung auf den gegenwärtigen Augenblick (das, was genau jetzt passiert), nach der in anderen Rennen gesammelten Weisheit (bisherige Erfahrungen) und nach der Entschlossenheit der Athleten, jedes kleine bisschen ihrer Anstrengung auf ein gemeinsames Ziel zu richten (Antrieb, das Rennen zu gewinnen). Wenn sie ein gutes Rennen fahren, sind die Ruderer vollkommen aufeinander eingestimmt, und die aufmerksame, körperlich-emotionale und durch Verbundenheit gekennzeichnete Art und Weise, wie sie zusammenarbeiten, ist ein Beispiel für achtsames Gewahrsein auf der Beziehungsebene.

Meine erste offizielle Erfahrung mit Achtsamkeitsmeditation machte ich 1993, als Allegra zwei Jahre alt war und ich mit Gabe im dritten Monat schwanger war. Wir lebten in New York und ich arbeitete als Hausanwältin für *ABC Television,* hatte ein glückliches Familienleben, bedeutsame Freundschaften und den Vorteil einer fortschrittlichen Regelung der Arbeitsplatzteilung, die es mir erlaubte, Zeit zu Hause mit meinem kleinen Kind zu verbringen. Das Leben war gut. Es war wahnsinnig gut, bis wir vom Internisten die Nachricht erhielten, dass mein Mann Seth Lymphdrüsenkrebs im vierten Stadium hatte. Augenblicklich veränderte sich unser Leben.

Wir mussten die Bedeutung dessen, was passiert war, verstehen und mit dem vor uns liegenden Stress umgehen. Wir lasen Bücher und sprachen mit Freunden. Letztendlich brachte Seth mich zum Zen-Zentrum, damit ich meine Sorge mit Hilfe von Meditation bewältigen könnte (mir ist die Ironie nicht entgangen, dass er, obwohl er die Krebsdiagnose bekommen hatte, mich zu dem Zentrum brachte, um das Meditieren zu lernen). Nach einer Orientierungsveranstaltung saßen wir im Schneidersitz auf mit Buchweizen gefüllten Meditationskissen, blickten auf eine leere weiße Wand und begannen mit dem Prozess des Achtsamkeitstrainings. In der unheimlichen Stille waren meine Gedanken ohrenbetäubend laut. Ich konnte nicht stillsitzen.

Seth begann mit der Chemotherapie, ich gab meine Arbeit auf und wir zogen von Manhattan in ein gemietetes Haus im nördlichen Teil des US-Bundesstaates New York. Wir hofften, das langsamere Lebenstempo würde Seth helfen, den Krebs zu besiegen, und so war es auch. Wir aßen Bio-Nahrungsmittel, wenn wir sie bekommen konnten. Gabe wurde geboren, Seth begann einen radikalen alternativen Weg der Krebstherapie einzuschlagen und ich versuchte es erneut mit der Meditation.

Durch Aufnahmen der Meditationslehrer Jack Kornfield und Joseph Goldstein erfuhr ich von einer buddhistischen Meditationspraxis, die als Atmungsachtsamkeit bekannt ist.[1] Die klassische Anleitung für diese Art von Meditation lautet folgendermaßen:

> … (ist ein Mönch) in den Wald gegangen, an den Fuß eines Baumes oder zu einer leeren Behausung, setzt er sich mit überkreuzten Beinen nieder, den Körper aufrecht, und bringt Achtsamkeit zum Vorschein. Immerfort achtsam atmet er ein, achtsam atmet er aus.[2]

Für Eltern kann selbst der erste Schritt – einen ruhigen Ort mit wenigen Ablenkungen zu finden – eine Herausforderung darstellen. Aber mit ein wenig Einfallsreichtum ist es Eltern möglich, Zeit zum Meditieren zu finden, der Grundlage der Achtsamkeitspraxis.

Eines meiner Lieblingswörter aus der klassischen Achtsamkeitslehre ist das Wort *Hausvater* (oder *Hausmutter*), das „Laie" bedeutet und verwendet wird, um diejenigen, die meditieren, aber kein Mönchsgelübde abgelegt haben, von buddhistischen Mönchen zu unterscheiden. Das Wort *Hausmutter* bzw. *Hausvater* bringt treffend das Leben einer Mutter oder eines Vaters zum Ausdruck, die oder der eine Vielzahl von – häufig miteinander konkurrierenden – Verantwortungen unter einen Hut bringt und jeden Tag die Wahrheit des folgenden Sprichworts beweist: „Wenn du willst, dass etwas getan wird, bitte eine vielbeschäftigte Person darum, es zu tun." Irgendwie meistern sie Kindererziehung, Beruf und gesellschaftliche Verpflichtungen und besuchen trotzdem noch die Elternabende an den Schulen ihrer Kinder, teilen warmes Mittagessen aus, trainieren Sportmannschaften, nähen Kostüme und beteiligen sich an Fahrgemeinschaften. Eltern haben so ein beschäftigtes Leben, dass es unmöglich erscheinen mag, auch nur für kurze Zeit einen stillen Platz zum Meditieren zu finden. Aber ganz gleich, wie viele Kinder und wie viele Verantwortungen wir haben, es gibt in unserem Zeitplan Platz für das Meditieren – wir müssen einfach nur kreativ sein, um herauszufinden, wann und wo. Eltern meditieren zu sonderbaren Zeiten und an merkwürdigen Orten: gleich am Morgen auf einem Kissen in ihrem Schlafzimmer, am Küchentisch, wenn ihre Kinder Mittagsschlaf machen, beim Warten auf die Kinder im Auto vor der Schule und beim Entlanggehen der Flure von Krankenhäusern und Altenheimen. Wir nehmen jede Zeit wahr, die uns zur Verfügung steht, wo und wann immer wir können. Wir meditieren im Sitzen, im Gehen und im Liegen, um die während der formalen Meditation entwickelte Achtsamkeit in unser Alltagsleben hineinzutragen. Es ist hart, aber wir können Zeitfenster finden.

Der nächste Schritt beim achtsamen Atmen lautet: „(Er) bringt Achtsamkeit zum Vorschein. Immerfort achtsam atmet er ein, achtsam atmet er aus." Der Ausdruck „immerfort achtsam" kann verwirrend sein, insbesondere deshalb, weil mit dem Wort *achtsam* jetzt, da die Meditation Eingang in die säkulare Kultur gefunden hat, mehrere verschiedene Bedeutungen assoziiert werden. Hier aber ist eine klassische Beschreibung von Achtsamkeit, die jene Menschen, die noch keine Erfahrung mit Meditation haben, häufig hilfreich finden: *Achtsamkeit ist ein Spiegel dessen, was im gegenwärtigen Augenblick geschieht.*

Mit anderen Worten sieht man, wenn man Achtsamkeit praktiziert, die Erfahrung des Lebens klar, während sie geschieht, ohne emotionale Aufladung. Wie das geht, lernen wir, indem wir unsere Erfahrung des gegenwärtigen Augenblicks fühlen, während sie geschieht, ohne sie zu analysieren – zumindest fürs Erste nicht. Etwas wahrzunehmen und nicht zu analysieren oder nicht darüber nachzudenken, was es bedeutet, ist für viele von uns eine radikale Vorstellung. Es erfordert, dass man seine Gedanken, Emotionen und Reaktionen beruhigt – seinen Geist aus dem Weg hält –, damit man Informationen aus seiner inneren und äußeren Welt aufnehmen und klar sehen kann, ohne den Filter vorgefasster Meinungen. Und diese scheinbar unmögliche Aufgabe lässt sich vollbringen, indem man sich einfach auf seine Atmung fokussiert.

Achten Sie auf das Gefühl Ihres Atems, wie er vom äußersten Rand Ihrer Nasenlöcher in Ihre Brust hinein- und wieder herausfließt. Schweift Ihr Geist ab, was er gewöhnlich tut, ist dies in Ordnung. Wenn Sie merken, dass er abgeschweift ist, lenken Sie ihn wieder zurück auf das Gefühl der Bewegung Ihres Atems. Atmen Sie ein, atmen Sie aus. Lassen Sie alles andere für die Dauer eines Atemzuges von sich abfallen und fühlen Sie, wie es ist, genau jetzt, im gegenwärtigen Augenblick, lebendig zu sein.

Seit Tausenden von Jahren werden diese und andere, ähnliche Meditationstechniken von Vertretern aller wichtigen Religionen und kontemplativen Traditionen praktiziert. Mit diesen Praktiken wird systematisch die Aufmerksamkeit entwickelt, während gleichzeitig Güte, Mitgefühl und Selbsterkenntnis gefördert werden. Achtsames Gewahrsein begünstigt körperliches und geistiges Wohlbefinden sowie die charakterliche und ethische Entwicklung; diese Behauptung wird durch wachsendes Datenmaterial von bedeutenden Universitäten aus der ganzen Welt gestützt. Viele Menschen finden, dass achtsames Gewahrsein sie einfach glücklicher macht. Die Achtsamkeitspraxis half mir, ungesunde Muster des Denkens und des Reagierens auf die Erfahrung des Lebens zu erkennen, ohne mich hart zu verurteilen. Sie wies mir ebenfalls den Weg zu einem freudigen und transzendenten Zustand des Wohlbefindens, den ich zuvor zufällig entdeckt hatte, von dem ich aber nicht wusste, wie ich ihn absichtlich hervorrufen könnte, bevor ich zu meditieren lernte.

Als ich erst einmal den Nutzen der Achtsamkeit in meinem eigenen Leben sah, fragte ich mich, ob sie nicht auch meinen Kindern helfen würde. Wie viel reicher würde ihre Kindheit sein, wenn sie altersgerechte Techniken des achtsamen Gewahrseins nutzen könnten? Schnell stellte ich jedoch fest, dass es zu der Zeit zwar Hunderte von Orten gab, an denen Erwachsene säkulares Training erhalten konnten, und viele gute Bücher, die sie lesen konnten, aber keine säkularen Programme oder Bücher dazu, wie sich Kindern Achtsamkeit beibringen lässt.[3] Mir kam die Idee, dass ich vielleicht die Achtsamkeitstechniken, die ich praktizierte, so abwandeln könnte, dass sie zu meiner Familie passen.

Ich begann, einfache Praktiken zu entwickeln und sie Gabe und Allegra beizubringen. Es war absolut nichts Wissenschaftliches an dem, was ich tat, aber die Kinder waren interessiert, und bald schon nahm ich eine Veränderung in ihnen wahr. Hätte man sie gefragt, ob sie Achtsamkeit praktizierten, hätten sie es bestritten, aber nichtsdestoweniger nutzten sie die Atemachtsamkeit als Hilfe, um langsamer zu werden, wenn sie übererregt waren, und ruhiger zu werden, wenn sie aufgeregt waren. Beide Kinder reagierten weniger heftig als zuvor auf große und kleine Irritationen. Da passierte etwas, also wurde ich ein bisschen wagemutiger. Im Herbst des Jahres 2000 traf ich mich mit dem Leiter des *Boys and Girls Club* in Santa Monica, Kalifornien, und bot an, ehrenamtlich zwei Stunden die Woche in der Nachmittagsbetreuung für Schulkinder zu unterrichten. Der Leiter zögerte zwar zunächst (kein Wunder, hatte ich doch zu der Zeit keinerlei wissenschaftliche Qualifikationen), willigte jedoch ein, und ich begann im Kunstraum Kurse zu improvisieren. Meine Freundin Dr. Suzi Tortora, eine Tanztherapeutin, die Kinder in Atemgewahrsein und Bewegung unterrichtet, kam aus New York zu Besuch und half mir, achtsame Bewegung in die Kurse zu integrieren. Während dieser Zeit entwickelte ich viele der zentralen Praktiken, die ich heute vermittle.

Im Jahr 2001 hörte ein anderer Freund, Steve Reidman, der als Lehrer an einer öffentlichen Schule in Los Angeles tätig ist, was ich tat, und bat mich, mit seinen Schülern zu arbeiten. Er hatte eine besonders ungestüme Klasse und war auf der Suche nach irgendeiner Hilfe von außen, um mit ihr zurechtzukommen. Reidmans Schüler begrüßten das Programm und zu jedermanns Überraschung begannen einige Kinder sogar, die Praktiken auch zu Hause anzuwenden und sie ihren Eltern beizubringen. Meine Lieblingsgeschichte aus diesem Jahr, eine, die seitdem noch viele Male von Eltern aus unterschiedlichen Städten wiedergegeben worden ist, wurde von der Mutter eines zehnjährigen Mädchens erzählt. Sie beschrieb, wie sie ihre Kinder am Morgen während der Hauptverkehrszeit zur Schule fuhr und der Verkehr zum Erliegen kam. Die Mutter wurde verständlicherweise frustriert, hupte andere Autos an und versuchte fieberhaft, im Radio einen Verkehrsbericht zu finden, als vom Rücksitz her eine kleine Stimme sagte: „Mama, atme einfach dreimal tief durch; das wird dich beruhigen." Die Frau befolgte den Rat ihrer Tochter und die Anspannung ließ nach. Das änderte nichts daran, dass sie spät dran waren, doch erreichten sie ihr Ziel bedeutend weniger erschöpft als gewöhnlich. An dem Tag fand achtsames Gewahrsein in der Elternschaft der Schule eine neue Anhängerin.

Die Unterstützung für das Programm nahm weiter zu und am Ende des ersten Jahres bewerteten Schüler, Lehrer, Eltern und Verwaltung das Projekt als einen Erfolg. Bezeichnenderweise hatte sich die allgemeine Atmosphäre im Klassenzimmer verbessert und Reidman führte diese Verbesserung, zumindest teilweise, auf Achtsamkeit zurück. Ich kehrte im folgenden Jahr in Reidmans Klasse zurück und langsam, durch Mundpropaganda, baten mich Lehrer und Verwaltungsmitarbeiter von anderen Schulen, bei ihnen zu unterrichten.

In Schulen achtsames Gewahrsein zu lehren ist zutiefst befriedigend und hat das Potential, weitreichende positive Auswirkungen auf unsere Gesellschaft zu haben. Dieser Nutzen, wenngleich großartig, unterscheidet sich jedoch von dem Nutzen, der für Kinder entsteht, wenn ihr gesamtes Familiensystem achtsames Gewahrsein praktiziert. Je mehr ich mit Schulen arbeitete, umso mehr erkannte ich die Beschränkungen, die der Arbeit mit Kindern außerhalb des Familiensystems innewohnen. Psychotherapeutin und Meditationslehrerin Trudy Goodman und ich begannen in meinem Garten mit der Durchführung eines kleinen Familienprogramms, um auf diese Weise direkt mit Eltern und ihren Kindern zu arbeiten.

Die meisten Eltern, die zu mir kommen, haben die Hoffnung, dass ihre Kinder zu Menschen heranwachsen, die sich selbst in den stressigsten oder provokativsten Situationen dafür entscheiden, sich genug Zeit zu lassen, um eine Sichtweise zu entwickeln, die ihnen dabei hilft, gesunde, produktive Entscheidungen zu fällen. Sie möchten, dass ihre Kinder ein glücklicheres Leben führen. Einige dieser Eltern betrachten Achtsamkeit als eine spirituelle Praxis, die meisten von ihnen jedoch nicht. Sie möchten ihren Kindern dabei helfen, Lebenskompetenzen zu entwickeln, das heißt zum Beispiel zu lernen, wie sie:

- an Erfahrung mit Neugier und einem offenen Geist herangehen
- sich beruhigen, wenn sie wütend oder aufgeregt sind
- sich konzentrieren und Ablenkungen ignorieren
- das, was in und mit ihnen und um sie herum geschieht, sowie das, was in und mit anderen Menschen und der Umgebung und um diese herum geschieht, klar und objektiv sehen

- Mitgefühl entwickeln
- prosoziale Eigenschaften wie Geduld, Bescheidenheit, Freude über das Glück anderer, Großzügigkeit, Fleiß und Gleichmut entwickeln
- sanft und im Gleichgewicht mit anderen Menschen und ihrer Umgebung leben.

Einigen jungen Menschen fällt es schwer, diese Lebenskompetenzen zu lernen und anzuwenden, die meisten aber sind sehr gut dazu imstande, achtsames Gewahrsein zu praktizieren, wenn sie klare und konkrete Anweisungen erhalten und in einer Umgebung leben, die diesen Prozess unterstützt. Das gilt insbesondere dann, wenn die Übungen Spaß machen und Kinder selbst anfangen zu sehen, wie Achtsamkeit ihnen dabei helfen kann, selbst die herausforderndsten Situationen des wahren Lebens durchzustehen. Dieses Buch wird Ihnen zeigen, wie Sie und Ihre Kinder diese außerordentlich nützlichen Kompetenzen bei sich zu Hause entwickeln können.

Zum Schreiben dieses Buch wurde ich durch die Eltern inspiriert, die sich Hilfe suchend an mich wandten, weil ihre Kinder Probleme hatten, von denen sie hofften, dass Achtsamkeitstraining sie lindern könnte. Ein Kind hatte beispielsweise keine Freunde und die Eltern konnten nicht verstehen, warum. Ein anderes, ein Junge, fing in der Schule Schlägereien an und seine Eltern hatten Angst, dass er von der Schule geworfen werden würde oder, noch schlimmer, dass er ein anderes Kind oder sich selbst ernsthaft verletzen würde. Ein drittes Kind hatte Schlafschwierigkeiten und wachte häufig mitten in der Nacht auf und begann zu weinen, ohne zu wissen, was der Grund hierfür war oder wie es aufhören sollte. Ein viertes Kind, ein Mädchen, hatte häufig aufgrund von Krankheit Schmerzen, die durch seine geistige und körperliche Anspannung noch verschlimmert wurden. Ein anderes Mädchen schien ein vorbildliches Kind zu sein, abgesehen davon, dass es sich selbst so sehr unter Druck setzte, dass es jedes Mal zusammenbrach, wenn es weniger als perfekt war. Die Eltern dieser Kinder waren verzweifelt und bereit, alles auszuprobieren, wenn nur die geringste Möglichkeit einer Hilfe gegeben war.

Die Kinder, deren Geschichten in diesem Buch erzählt werden, vereinen in sich Charakteristika von Kindern, mit denen ich gearbeitet habe. Es werden keine wahren Namen oder identifizierenden Details preisgegeben. Fangen wir mit Nick, Melody und Charlotte an.

Nick, ein Sechstklässler, der von seinem Arzt an mich verwiesen wurde, klagte darüber, dass er unglücklich sei, richtig unglücklich, und hatte mit der Zeit Schlaf- und Verdauungsprobleme entwickelt. Sein Arzt war sich ziemlich sicher, dass der Grund für Nicks Traurigkeit keine medizinische Störung sein konnte, doch sahen sowohl sein Arzt als auch seine Eltern ein, dass Nicks Probleme ernster Natur waren und er Hilfe benötigte. Als ich Nick kennen lernte, litten seine Schulaufgaben ebenso wie sein Sozialleben unter diesen Problemen. Wenn seine Mutter ihn von der Schule abholte, brach Nick häufig in Tränen aus und sagte, er würde sein Leben hassen, seine Freunde, alles und jeden hassen – außer seiner Familie.

Ich sprach mit Nick darüber, warum er unglücklich war. Er erzählte mir, dass er nichts Bestimmtes ausmachen könnte, was nicht in Ordnung wäre, seine negativen Gedanken aber nicht beiseite schieben könnte. Wie viele Erwachsene hatte er nie über die Möglichkeit nachgedacht, dass ein Mensch Einfluss darauf haben könnte, wie er auf seine Gedanken und Emotionen reagiert. Nick glaubte, dass Gedanken, positive wie negative, einfach uneingeladen in unseren Kopf gelangten und es, wenn überhaupt, nur wenig gäbe, was wir dagegen tun könnten.

Bei Melody war eine Aufmerksamkeitsdefizit-/Hyperaktivitätsstörung (ADHS) diagnostiziert worden. Als ich sie das erste Mal sah, hatte sie Schwierigkeiten, mich anzuschauen, und zu allem, was ich sagte, gab sie eine spontane und zumeist unüberlegte Antwort von sich, ganz gleich, ob meine Aussage nach einer Antwort verlangte oder nicht. Ich vermutete, dass dies auch die Art war, wie sie mit ihren Lehrern und Freunden interagierte. Lehrer sind darauf geschult, dieses Verhalten zu verstehen, andere Kinder aber reagierten auf ihre Impulsivität mit Augenrollen und Kichern. Nicht, dass ihre Bemerkungen dumm gewesen wären. Häufig waren sie scharfsinnig und clever. Aber sie neigte dazu, sie mit sehr viel mehr Enthusiasmus vorzubringen, als es die Situation erforderte, und ohne Gefühl für das Tempo oder die Intensität des Gesprächs. Melody hatte nur wenige Freunde und wurde nicht zu Spielnachmittagen, Kinobesuchen oder Geburtstagsfeiern von Klassenkameraden eingeladen.

Charlotte, eine Mittelstufenschülerin, wurde wegen chronischer, kräftezehrender Kopfschmerzen an mich verwiesen. Sie hatte gerade heftige Kopfschmerzen, als sie das erste Mal zu mir kam. Während ihre Mutter und ich uns unterhielten, ging sie in eine Ecke des Raumes, lauschte ihrem iPod und malte auf einem Whiteboard. Charlottes Mutter bemerkte, was sie tat, und rief: „Charlotte, überanstreng dich jetzt nicht; das macht deine Kopfschmerzen nur noch schlimmer." Ich war sprachlos, als ich erkannte, dass Charlotte trotz ihrer Kopfschmerzen hart arbeitete, sich über ihren iPod hochchinesische Sprachbänder anhörte und auf das Whiteboard Sätze in Mandarin schrieb.

Weder Charlotte noch irgendjemand in ihrer Familie war chinesischer Herkunft. Charlotte lernte Mandarin, weil sie hoffte, die Beherrschung einer Fremdsprache würde einen guten Eindruck bei ihrer Uni-Bewerbung machen. Ihre Mutter hatte getan, was sie konnte, um ihre Tochter davon zu überzeugen, dass es gut für sie wäre, sich zu schonen, aber nichts hatte funktioniert. Charlotte hielt an ihrem Glauben fest, dass es bei allem, was sie in Angriff nahm, nur zwei Möglichkeiten gab: absolute Perfektion oder komplettes Versagen.

Diese Kinder waren intelligente Menschen, die sich irgendwie in einer anstrengenden, pessimistischen Weise, die Welt zu sehen und mit der Erfahrung des Lebens zurechtzukommen, verhakt hatten. Achtsames Gewahrsein kann Kindern wie Nick, Melody und Charlotte dabei helfen, ihren negativen konzeptionellen Bezugsrahmen in einen positiven zu verwandeln. Das Verändern der Art und Weise, wie man über Dinge denkt und auf Lebensereignisse reagiert, erfordert harte Arbeit, Übung, überzeugende Modelle und Führung. Aber mit der angemessenen Anstrengung, einer unterstützenden Umgebung und ein wenig Glück wird der Prozess Wirkung zeigen, und dann kommt die Veränderung auf ganz natürlichem Wege. Der erste Schritt in diesem Prozess besteht darin, zu erkennen, welches der eigene konzeptionelle Bezugsrahmen ist, und dann, wenn nötig, an seiner Demontage zu arbeiten, um eine genauere Lesart dessen zu gewinnen, was in einem, mit einem und um einen herum geschieht. Hierbei kann die Praxis achtsamen Gewahrseins für jene, die von ihrer Entwicklung her dafür bereit sind, recht hilfreich sein.

Vor 2.500 Jahren beobachtete Aristoteles, dass „wir sind, was wir immer wieder tun", und dasselbe gilt auch heute. Was wir heute denken, sagen und tun, hat Einfluss auf das, was wir morgen denken, sagen und tun. Es ist einfach, Gewohnheitsmuster des Sprechens, des Verhaltens und des Denkens zu entwickeln, ohne es zu bemerken. Die Atmungsachtsamkeit hilft, wenn sie richtig praktiziert wird, bei der Entwicklung eines stabilen und starken Aufmerksamkeitsvermögens, das uns dazu befähigt, diese Muster zu erkennen. Man muss sehen, ob oder ob nicht man Neigungen oder Verhaltensmuster hat, die man gerne ändern würde, bevor man sie verändern kann.

Durch das Praktizieren von Achtsamkeit lernen Kinder Lebenskompetenzen, die ihnen dabei helfen, sich selbst zu trösten und zu beruhigen, ihrer inneren und äußeren Erfahrung Gewahrsein entgegenzubringen und ihren Handlungen und Beziehungen eine durch Reflexion hervorgerufene Qualität zu geben. Auf diese Weise zu leben hilft Kindern, mit sich selbst in Verbindung zu kommen (was fühle ich, denke ich, sehe ich?) sowie mit anderen (was fühlen sie, denken sie, sehen sie?) und vielleicht mit etwas Größerem als sie selbst. Dies ist eine Weltsicht, bei der alles als miteinander verbunden betrachtet wird. Wenn Kinder verstehen, dass sie und jene, die sie lieben, auf irgendeine Art mit jedem und allem anderen verbunden sind, kommt ethisches und sozial produktives Verhalten auf ganz natürliche Weise und fühlen sie sich zudem weniger isoliert – ein häufiges Problem bei Kindern und Teenagern. In einer Welt, in der die beliebtesten Reality-TV-Sendungen harsche Kritik an den Teilnehmern und ihre Bloßstellung beinhalten, ist es kein Wunder, dass Kinder traditionelle Werte wie Güte, Mitgefühl und Dankbarkeit häufig gering achten. In der Achtsamkeitspraxis aber stehen diese Qualitäten über allen anderen. Und weil Kinder lernen, sich der Auswirkungen bewusst zu sein, die ihre Handlungen und Worte auf andere haben, nehmen sie bei ihrer Zielsetzung und Planung Rücksicht auf andere Menschen und sind in Momenten realen oder wahrgenommenen Versagens mit größerer Wahrscheinlichkeit auch gütig gegen sich selbst.

Ein verbreiteter Irrglaube in Bezug auf Achtsamkeit ist der, dass es hierbei ausschließlich darum geht, ruhig dazusitzen und zu meditieren. Nichts könnte der Wahrheit ferner sein. Die Introspektion ist ein entscheidendes Element beim klaren und unvoreingenommenen Verstehen der Erfahrung des Lebens, aber was bringt diese Fähigkeit, wenn Kinder sie nicht in Situationen des realen Lebens anwenden können? Die

Achtsamkeitsfertigkeiten finden ihren höchsten Wert beim tagtäglichen Steuern der Kinder durch die Welt; sie geben Kindern und Teenagern hierbei eine Roadmap, einen Leitfaden, mit dem sie planen, organisieren und komplexe Probleme durchdenken können. Achtsamkeit hilft ihnen, zu bestimmen, was sie tun wollen (oder müssen), und sich an das Ausarbeiten eines Planes zu machen, um es zu schaffen.

Kapitel 1 bis 4
Die Bausteine der Achtsamkeit

Die Achtsamkeitspraxis ist ernsthafte Arbeit, die wichtige langfristige Auswirkungen auf die Gesamtgesundheit und das allgemeine Wohlbefinden hat; vor allem aber ist sie ein Vergnügen und kann spielerisch und effektiv präsentiert werden. In den Kapiteln 1 bis 4 werde ich Aktivitäten und Übungen vorstellen, mittels derer Eltern und Kinder achtsamkeitsbasierte Beruhigungstechniken erlernen und starke und stabile Aufmerksamkeitsfähigkeiten entwickeln können – die Bausteine der Achtsamkeit. Kapitel 1 fokussiert auf den wissenschaftlichen und theoretischen Hintergrund der Achtsamkeit und zeigt dabei Wege auf, wie Kindern Achtsamkeit erklärt werden kann. Da Achtsamkeit, insbesondere Aufmerksamkeitstraining, leicht ein wenig zu ernst genommen werden kann und dabei vergessen wird, dass Spaß an sich heilsam, nützlich und produktiv ist, sind die Kapitel 2 bis 4 voll mit Spielen, Liedern, Bildern und Gedichten, mit denen sich die Achtsamkeitsfertigkeiten meiner Erfahrung nach effektiv entwickeln lassen. Beispielsweise kann man, wenn ein kleines Kind verstört ist oder es in der Familie gerade einen Streit gibt, gemeinsam ein Lied über das Atmen singen, oder das Kind kann sich selbst beruhigen, indem es ein Stofftier auf seinen Bauch setzt und so tut, als würde es dieses in den Schlaf wiegen.

Das Spielen von achtsamkeitsorientierten Spielen und das Singen von achtsamkeitsorientierten Liedern sind lustige Methoden, um Kindern dabei zu helfen, Aufmerksamkeitsfähigkeiten zu entwickeln und zu verstehen, wie Atemachtsamkeit ihnen helfen kann, sich selbst zu regulieren. Es sind außerdem großartige Mittel, um eine Phase der Introspektion anzustoßen.

Für diejenigen, die meditieren, besteht eine der größten Herausforderungen darin, Gedanken beiseite zu schieben und in ihrer Erfahrung des gegenwärtigen Augenblicks zu ruhen. Die meiste Zeit denken wir und es kann schwierig sein, das Denken beiseite zu schieben. Haben wir jedoch Spaß, neigen wir dazu, das Denken automatisch beiseite zu schieben. Spiele zu spielen und zu singen hilft Kindern (und Erwachsenen), ihren konzeptionellen Bezugsrahmen zu durchbrechen, und diese Aktivitäten sind ein fantastischer Auftakt zum Praktizieren von Meditation. Erfahrungsgemäß ist es tendenziell für Neuanfänger einfacher, auf natürliche Weise, durch Spiel, aufzuhören zu denken, bevor sie meditieren, als willentlich mit dem Denken aufzuhören, nachdem sie sich auf ein Kissen gesetzt haben.

Falls Sie sich fragen, wie Sie Ihren Sohn oder Ihre Tochter dazu bekommen sollen, dies zu tun, hier ein paar meiner Empfehlungen für Anfänger:

Konzentriere dich auf das Gefühl *deines Atems, wie er durch deinen Körper fließt. Wenn dein Geist abschweift, ist das vollkommen normal; lenke ihn einfach wieder auf die körperliche Empfindung deiner Einatmung, deiner Ausatmung und der Pause dazwischen. Denke daran, nicht über deine Atmung nachzudenken oder sie auf irgendeine Weise zu verändern, fühle deinen Atem einfach so, wie er jetzt ist, und ruhe.*

Kapitel 5 und 6
Die Erfahrung des Lebens klar sehen und verstehen

In den Kapiteln 5 und 6 ermuntere ich Kinder und Jugendliche dazu, ihre Aufmerksamkeitsfähigkeiten und das Atemgewahrsein als Hilfe zu nutzen, um besser zu verstehen, was in ihnen, mit ihnen und um sie herum geschieht. Wenn sie geistiges und körperliches Unbehagen bemerken, fordere ich Kinder auf, so zu tun, als wären sie Wissenschaftler, die eine seltene Spezies (sich selbst!) untersuchen, indem sie fühlen, was als Reaktion mit ihrem Geist und ihrem Körper geschieht. Sie nutzen ihre angeborene Neugierde, um das Unbehagen besser zu verstehen, und zunächst besteht alles, was sie tun, darin, es zu fühlen. Verändert es sich oder bleibt es gleich? Wandert es oder bleibt es an einer Stelle? Gibt es einen Zusammenhang zwischen Dingen, die sie tun oder sagen, und der Art, wie sie sich fühlen? Gibt es einen Zusammenhang zwischen der Art, wie sie sich fühlen, und den Dingen, die sie tun oder sagen? Häufig lässt körperliches und geistiges Unbehagen einfach deshalb nach, weil ein Teil von ihnen es mit dem Auge eines neugierigen, aber leidenschaftslosen Wissenschaftlers wahrnimmt. Dr. Jeffrey Schwartz von der *University of California,* Los Angeles, beschreibt diese nicht-reaktive, wissenschaftliche Perspektive als die eines unparteiischen Betrachters. Wenn ich mit Kindern arbeite, betone ich, dass diese Perspektive auch durch klares Denken und Mitgefühl gekennzeichnet ist. Ich fordere Kinder nicht dazu auf, unangenehme Realitäten zu ignorieren, sondern zu erkennen, dass es vieles geben kann, das sie über Menschen und Situationen, die schwierig oder ungerecht erscheinen, nicht wissen.

Die Geschichte *Die Schöne und das Biest* hilft Kindern, zu verstehen, dass Dinge nicht immer so sind, wie sie zu sein scheinen. Am Anfang der Geschichte ist das Biest abscheulich, aber mit der Zeit sieht Belle, die Schöne, unter seinem furchterregenden Äußeren ein freundlicheres Biest. Die endgültige Enthüllung kommt, als Belle erfährt, dass aufgrund eines grausamen Fluches die ganze Zeit ein Prinz im Körper des Biests gefangen ist und dass nur ihre Entscheidung, ihn zu heiraten, den Prinz befreien kann. Belle erkennt, dass sie einen Menschen nicht allein nach seinem Aussehen beurteilen kann – mit anderen Worten: Kein Wunder, dass das Biest zuvor so verschroben war! Die Achtsamkeitspraxis hilft Kindern, unter die Oberfläche der Biester in ihrem eigenen Leben zu sehen, indem sie lernen, mit einem offenen Geist, mit Neugier und mit Mitgefühl auf sie zuzugehen.

Sobald Kinder lernen, ihre Aufmerksamkeit zu festigen, verlagert sich der Schwerpunkt darauf, die innere Erfahrung (Gedanken, Emotionen und körperliche Empfindungen) zu beobachten, ohne sie zu analysieren – mit anderen Worten, ohne die Erfahrung als gut oder schlecht zu etikettieren. Zum Beispiel merkte Melody, dass sie die Gewohnheit hatte, jede einzelne Frage beantworten zu wollen, egal, was es für eine war. Sie beurteilte die Gewohnheit nicht als gut oder schlecht. Sie sah sie sich einfach nur an und achtete darauf, wie sie sich fühlte, wenn sie nicht drangenommen wurde. Ich ermunterte Melody dazu, zu beobachten, wie sie sich jedes Mal, wenn sie eine Frage beantworten wollte, fühlte, und dabei auf die Empfindungen in ihrem Körper zu achten. Melodys Handlungen und Reaktionen würden sich im Laufe der Zeit weiterentwickeln, aber zuerst musste sie einen Zusammenhang herstellen zwischen dem, was in ihrem Geist, in ihrem Körper und in ihrem Verhalten geschah.

Nick, Melody und Charlotte sahen alle drei Zusammenhänge zwischen ihren Gefühlen und verschiedenen Aspekten ihres Lebens. Nick war in der Lage, zu sehen, dass seine Einsamkeit und seine Langeweile mit seinen Gefühlen der Traurigkeit zusammenhingen, und Charlotte erkannte, dass das harte Arbeiten nicht immer bewirkte, dass sie sich besser in ihrer Haut fühlte – genau genommen, sorgte es manchmal dafür, dass sie sich schlechter fühlte, weil Stress ihre chronischen Kopfschmerzen auslöste. Nick und Charlotte machten diese Beobachtungen ohne den emotionalen Stich der Beurteilung. Alle drei Kinder öffneten sich ihren Eltern mehr und sprachen über ihre Sorgen, Ängste, Ziele und Ambitionen.

Kapitel 8 und 9
Achtsamkeit im wirklichen Leben anwenden

In Kapitel 8 und 9 geht es darum, dass Kinder und Teenager das, was sie beim Praktizieren von Achtsamkeit lernen, nutzen, um die äußere Welt und ihre Entscheidung, wie sie in ihr leben wollen, besser zu verstehen. Indem sie aufmerksam darauf achten, was sie den ganzen Tag tun, können Kinder und Teenager ihre eigenen Gewohnheiten des Geistes (zum Beispiel Zögern, Optimismus oder Pessimismus) und ihres Körpers (zum Beispiel, ob sie aktiv sind oder viel sitzen) entdecken. Kinder können dann besser erkennen, wie diese Gewohnheiten ihr Leben beeinflussen, und besser verstehen, dass einige Gewohnheiten, beispielsweise Güte, mit größerer Wahrscheinlichkeit zu Glück führen als andere.

Nick begriff, dass er dazu neigte, nicht selbst zu entscheiden, was er tun wollte, sondern sich stattdessen darauf verließ, dass seine Eltern für ihn entscheiden würden. Er erkannte, dass er sich auch seine Freunde nicht auswählte, sondern Zeit mit demjenigen verbrachte, der gerade Zeit hatte, egal, wer es war. Er entschied sich, darauf zu fokussieren, was er gerne tat, und Freunde zu finden, die seine Interessen teilten. Melody erkannte, dass es nur eine Angewohnheit von ihr war, jedes Mal, wenn ein Lehrer eine Frage stellte, die Hand zu heben (selbst wenn sie sich der Antwort gar nicht sicher war). Ihr Klassenlehrer und ihre Eltern ermunterten sie dazu, ihre Hand bewusster zu heben. Der Lehrer verstärkte Melodys selbstregulierendes Verhalten, indem er sie schnell drannahm, wohl wissend, dass Melody ihre Antwort durchgedacht haben würde, bevor sie die Hand hob. Melody begann mehr nachzudenken, als sie lernte, ihre Hand absichtlich, statt automatisch zu heben. Charlotte erkannte, dass ihr Arbeitszwang eine Angewohnheit war. Ohne nachzudenken arbeitete sie, wann immer sich ihr die Gelegenheit bot. Sobald sie erkannte, dass sie automatisch, statt willentlich arbeitete, begann sie zu überlegen, womit sie ihre Zeit verbringen wollte. Sie liebte Jazz und hoffte, eine hervorragende Jazzflötistin zu werden, also entschied sie sich, mehr Zeit damit zu verbringen, sich Jazz anzuhören und Flöte zu üben, statt sich mit Arbeit zu beschäftigen, die unnötig war.

Indem sie langsamer wurden, um objektiv und mit Mitgefühl zu fühlen, was in ihrer inneren und äußeren Welt geschah, und dann achtsam handelten, erkannten Nick, Melody und Charlotte, dass sie keine hilflosen Opfer ihrer eigenen automatischen Denkprozesse waren und dass sie die Art und Weise, wie sie auf Situationen reagierten, steuern konnten, auch wenn sie die Situation selbst nicht steuern konnten. Nachdem Nick erfüllendere Interessen und Freundschaften gefunden hatte, wurde er auch belastbarer und merkte zu seiner großen Erleichterung, dass seine Eltern sich entspannten.

Obwohl Melody erst in der Grundschule war, begann sie einen Zusammenhang zwischen ihrem übertriebenen Enthusiasmus und der Tatsache, dass ihre Klassenkameraden sich von ihr zurückzogen, zu sehen. Langsam fing sie an, zu erkennen, wann sie die Kontrolle über ihre Handlungen verlor, und häufig war sie in der Lage, sich mit Atemachtsamkeit selbst zu beruhigen. Bald schon bemerkte sie soziale Signale, die ihr zuvor entgangen waren, und sie musste sich, was noch wichtiger war, nicht länger so stark darum bemühen, Akzeptanz zu erlangen. Binnen kurzer Zeit fand sie neue Freunde, die ähnlich enthusiastisch waren wie sie und deren Anerkennung sie nicht zu gewinnen brauchte.

Charlotte entschied sich dafür, nicht zu viele Dinge gleichzeitig zu tun, und stellte fest, dass sich, wenn sie sich gezielt auf ein oder zwei Bereiche fokussierte und in diesen anstrengte, die Wahrscheinlichkeit erhöhte, dass sie sich in diesen hervortun würde – was genau das war, nach dem, wie ihr gesagt worden war, die *College Counselors,* die Schüler bei der Bewerbung an einer Hochschule beraten, bei einem Prüfungskandidaten Ausschau hielten. Indem sie sich von der durch ihr Bedürfnis, bei allem, was sie tat, die Beste zu sein, hervorgerufenen Tyrannei befreite, wurde sie glücklicher und fühlte sich wohler dabei, mit Freunden und Familienmitgliedern zu entspannen. Sie begann, öfter mit Freunden wegzugehen und sich zu vergnügen. Es war keine Überraschung, dass ihre Kopfschmerzen seltener und weniger kräftezehrend wurden.

Durch die Achtsamkeitspraxis begannen Nick, Melody und Charlotte, ihr Leben durch eine andere Brille zu sehen. Sie fingen an, weniger selbstbezogen und mehr in Fühlung mit anderen zu sein. Viele Schüler, die Achtsamkeit erlernen, finden, dass dies der Fall ist. Beispielsweise schrieb eine Highschool-Schülerin: „Mit Achtsamkeit erkannte ich, dass sich nicht alles nur um mich dreht. Ich wusste das vorher schon, aber jetzt fällt es mir sehr viel leichter, zu verstehen, dass ich sein kann, wer ich bin, aber nicht das Zentrum der Welt." Große Denker, Wissenschaftler, Staatsmänner, Künstler, Lehrer, Eltern und andere herausragende Bürger teilen diese Erkenntnis und es ist eine Sichtweise, die wir alle brauchen, um in unserer komplexen und sich ständig verändernden Welt kreativ zu denken.

Das neue Abc:
Aufmerksamkeit, Ausgeglichenheit und Mitgefühl

Jede Bewegung hat ihren Moment des Durchbruchs, wenn sie ihre Botschaft nicht mehr länger verteidigen muss. Das Training achtsamen Gewahrseins für Kinder ist an diesem Moment angekommen. Indem wir eine durch mehr Reflexion und Introspektion gekennzeichnete Art des Seins mit den Erkenntnissen der modernen Psychologie und Neurowissenschaft verbinden, können wir die Art, wie wir unsere Kinder unterrichten, verbessern. Die traditionellen Grundlagen Lesen, Schreiben und Rechnen, die uns über Generationen hinweg gute Dienste geleistet haben, reichen nicht mehr ganz aus. Kindern dabei zu helfen, starke schulische Kompetenzen aufzubauen, ist fantastisch, doch ist dies nur eines von vielen Elementen, die eine ausgewogene Bildung ausmachen. Wir haben Kinder erlebt, die gute schulische Leistungen erbringen, sich aber in sozialer Hinsicht schwertun und emotional leiden. Wir haben gesehen, welchen Tribut Stress von Gesundheit und Wohlbefinden vieler Kinder gefordert hat. Als Reaktion wurde der Fokus der Bildung über die schulischen Kompetenzen hinweg ausgeweitet, auf dass sie dem ganzen Kind diene. Ziel des säkularen Achtsamkeitstrainings ist es, dass Kinder und Jugendliche auf ausgeglichene Weise schulische, soziale und emotionale Kompetenzen erlernen. Die klassische Achtsamkeitspraxis fokussiert auf die Förderung dreier Bereiche: Aufmerksamkeit, Weisheit und Werte. Angepasst an die Anwendung im säkularen Bereich mit Kindern und Teenagern, stellen sie die neuen Grundlagen oder das neue ABC des Lernens dar: Aufmerksamkeit, Ausgeglichenheit und Mitgefühl. Indem Kinder sowohl Aufmerksamkeitsfähigkeiten als auch eine mitfühlende Weltsicht erlernen, werden sie mit Werkzeugen bekannt gemacht, die ihnen helfen könnten, ein ausgeglichenes Leben zu führen.

Eine internationale Bewegung zur Förderung achtsamer Erziehung und Bildung etabliert sich zurzeit in so unterschiedlichen Städten wie Lancaster im US-Bundesstaat Pennsylvania, Wooster in Massachusetts, Boulder in Colorado, Oakland in Kalifornien, Kalamazoo in Michigan und Los Angeles in Kalifornien sowie in anderen Ländern, darunter Singapur, Irland, England, Deutschland, Mexiko und Australien. Andere Ansätze vermitteln produktive und gesunde Arten des Seins, lassen jedoch ein entscheidendes Element achtsamen Gewahrseins vermissen: die nicht-reaktive, zuversichtliche und mitfühlende Art, mit der man aufmerksam und für eine Erfahrung offen ist, wenn sie geschieht. Indem Kinder sich selbst genug Raum zum Atmen geben, um aufzunehmen, was in ihrer inneren und äußeren Welt geschieht, können sie durch die Nutzung von Achtsamkeitstechniken sowohl ihre Talente als auch ihre Schwierigkeiten identifizieren. Das Ergebnis hängt von den entwicklungsbedingten Möglichkeiten ab (kleine Kinder sind durch ihren körperlichen und emotionalen Reifegrad in dem, was sie tun können, eingeschränkt), aber jene Kinder, die Achtsamkeit praktizieren, können ein Gefühl der Ausgeglichenheit und einen ruhigen, konzentrierten Geist entwickeln, der zu Kreativität, Glück, Toleranz und Mitgefühl imstande ist. Mit einem solchen Geist sind die Kinder besser dazu in der Lage, zu definieren, was sie tun wollen, und die Ziele zu erreichen, die sie sich selbst setzen. Mit einem solchen Geist werden die Kinder dafür bereit sein, die Welt zu einem Besseren zu verändern.

Was die Gesundheit, die Bildung und das allgemeine Wohlergehen seiner Kinder angeht, hinkt Amerika heute anderen reichen Nationen hinterher. Eltern und andere Bürger sind beunruhigt, aber der Aufschrei in der Öffentlichkeit blieb verhalten. Viele US-Amerikaner sind zu sehr mit dem Bemühen beschäftigt, ihre eigene Familie zusammenzuhalten und ihren Kopf über Wasser zu halten, um eine Reformbewegung zu starten oder sich einer solchen auch nur anzuschließen. Überwältigt von den sozialen, wirtschaftlichen, ökologischen und geopolitischen Problemen, vor denen unser Land steht, sind viele Menschen demoralisiert und haben das Gefühl, dass was immer sie auch tun kaum von Bedeutung sein wird – sie können nichts bewirken. Doch, können sie.

Achtsamkeit ist ein Angebot der Hoffnung. Im letzten Jahrhundert haben die größten Persönlichkeiten des öffentlichen Lebens Frieden, Mitgefühl und Weisheit verkörpert: Martin Luther King Jr., Mahatma Gandhi, Mutter Teresa, der Dalai Lama, Robert Kennedy, Nelson Mandela und, in jüngerer Zeit, Aung San Suu Kyi. Auch wenn sie sehr unterschiedlich sind, haben diese Menschen viele Eigenschaften gemein: Reflexionsvermögen, Furchtlosigkeit, Mitgefühl, Sittlichkeit, Beharrlichkeit, Tatkraft, kritisches Denken, Empathie – alles Qualitäten, die durch Introspektion gewonnen werden.

Vielleicht haben die aufregendsten Entwicklungen der jüngsten Zeit in der Achtsamkeitsforschung stattgefunden. Durch gründliche Untersuchungen an bedeutenden Universitäten haben Wissenschaftler aufgezeigt, dass systematische und bewusste Meditationspraxis das Erwachsenengehirn physisch auf Arten und Weisen verändern kann, die nützlich sind und sich objektiv quantifizieren lassen. Natürlich weisen diese Wissenschaftler auf etwas hin, das viele Eltern intuitiv wissen – dass Reflexion und Introspektion psychologischen und ethischen Nutzen haben. Falls Sie noch keine regelmäßige Meditationspraxis etabliert haben, ermuntere ich Sie hiermit dazu, eine zu entwickeln. Sie können Ihren eigenen Seelenfrieden beeinflussen.

Gemeinsame Achtsamkeit

Seit Tausenden von Jahren versuchen Dichter, kontemplative Menschen, Musiker, Künstler und Romanciers, die essentielle Natur des Geistes auf verschiedene Weise und in unterschiedlicher Gestalt, Form und Farbe wiederzugeben. Meine Vermutung ist die, dass sie alle in zwei Dingen übereinstimmen würden: dass die Natur des Geistes sich nicht mit Worten einfangen oder beschreiben lässt (gleich der klassischen taoistischen Lehre: „Das Tao, das sich in Worte kleiden lässt, ist nicht das wahre Tao") und dass der Weg zu ihrem Verständnis in der persönlichen, direkten Erfahrung liegt.

Das Verständnis der Natur des Geistes rührt nicht alleine aus dem Intellekt her; es wird durch ein Gleichgewicht aus intellektuellem Begreifen und meditativer Erfahrung erreicht. Und da Ihre Meditationspraxis nicht kompliziert, lang oder formal sein muss, um Ihnen ein Gefühl für das in ihr steckende Potential zu vermitteln, habe ich in dieses Buch kurze Übungen mit aufgenommen, die Sie ausprobieren können und die als Sprungbrett für Ihre eigene introspektive Erfahrung dienen sollen. Ich habe außerdem einfache Möglichkeiten beschrieben, wie sie sich abwandeln lassen, damit Sie und Ihr Kind gemeinsam üben können. Wenn Sie die Übungen für Erwachsene zuerst alleine und dann zusammen mit Ihrem Kind durchführen, wird Ihre eigene Meditationserfahrung das Aufblühen Ihrer gemeinsamen Achtsamkeit ermöglichen.

Lassen Sie uns also damit anfangen, achtsames Gewahrsein zu praktizieren und es nach bestem Können modellhaft vorzuführen, um den unglaublichen Nutzen der Achtsamkeit an die nachfolgende Generation weiterzugeben. Und lassen Sie uns dabei auch etwas Spaß haben!

1 Eine Gelegenheit
Die Wissenschaft des achtsamen Gewahrseins nutzen

Ich möchte, dass meine Familie glücklich ist.
Ich möchte, dass meine Familie in Sicherheit ist.
Ich möchte, dass meine Familie nicht streitet.
Ich möchte, dass meine Familie zusammen ist.
Ich möchte, dass alle in meiner Familie sich mögen.
Ich möchte, dass meine Familie nett ist.
Ich möchte, dass alle in meiner Familie sich umeinander kümmern.
Ich möchte viele Freunde haben.
Ich möchte in Sicherheit sein und viele gute Leute kennen lernen.
Ich möchte, dass alle meine Wünsche in Erfüllung gehen.

Sechstklässler

In den frühen 2000er Jahren unterrichtete ich Achtsamkeit im *Santa Monica Boys and Girls Club* in Kalifornien. Zur selben Zeit fanden viele andere Aktivitäten statt – Billard, Tischfußball, Basketball, verschiedene Kunstprojekte –, weshalb am Anfang nicht viele Kinder an meinem Kurs interessiert waren. Aber die wenigen, die es waren, veränderten mein Leben.

Ein rothaariger, sommersprossiger siebenjähriger Junge namens Ezra und seine spitzbübische Freundin Hannah kamen regelmäßig in den Kurs. Sie waren nur selten voneinander getrennt. An den Mittwochnachmittagen errichtete ich auf dem Fußboden des Kunstraums ein Lager mit Kissen, Gummifröschen, Stoppuhren und Puzzles. Die Kinder kamen und gingen nach Belieben und niemand wurde dazu gezwungen, mitzumachen. Auch Hannah und Ezra rannten rein und raus, gesellten sich zur Gruppe und waren wieder weg. Keiner der beiden fand es leicht, sich sehr lange zu konzentrieren oder für mehr als ein paar Minuten bequem still zu sitzen.

Nachdem ich ungefähr sechs Monate unterrichtet hatte, kam eine Lehrerin, die ebenfalls im außerschulischen Nachmittagsprogramm des Clubs mitarbeitete, um sich eine Stunde anzuschauen. Sie war skeptisch gewesen, dass Kinder in der lauten Umgebung des *Boys and Girls Club* sitzen und sich konzentrieren könnten, aber der Leiter hatte ihr erzählt, dass er eine Veränderung in der Haltung und im Verhalten eines neunjährigen Jungen bemerkt hätte, eine neue „Ruhe und Nichtaggressivität", die „das Gegenteil dessen war, was er einst besessen hatte", und sie wollte sich die Sache mal ansehen. Der Leiter hatte achtsames Gewahrsein als „vergnüglich und friedlich" und den Kurs als „Spaß mit einem Zweck" beschrieben.

Sie und ich unterhielten uns nach dem Kurs, als Ezra in den Kunstraum gerannt kam. Er war an dem Nachmittag selbst für seine Maßstäbe ganz besonders wirbelig. Meine Besucherin warf einen Blick auf ihn und sagte: „Es ist völlig unmöglich, dass das Kind meditieren kann. Nie im Leben." Sie sagte es freundlich, aber es fühlte sich so an, als hätte sie mir den Fehdehandschuh hingeworfen. Und ich mag Herausforderungen.

Ezra und ich gingen hinüber zu den Meditationskissen und setzten uns einander gegenüber. Ich platzierte einen grünen Plastikfrosch zwischen uns auf den Boden, zusammen mit einer großen Stoppuhr aus Plastik. Ezra benötigte keine Anweisungen, weil wir dies schon viele Male zuvor getan hatten. Ich drückte auf den Startknopf der Stoppuhr und stellte sicher, dass sie für ihn sichtbar war, damit er selbst nach der Zeit schauen könnte. Er legte eine Hand auf seinen Bauch, ich legte eine Hand auf meinen Bauch, und beide saßen wir da und atmeten ruhig, konzentrierten uns auf das Gefühl der Bewegung unseres Bauches gegen unsere Hand, während er sich hob und senkte. Keiner von uns beiden sagte ein Wort. Meine Aufgabe bestand darin, einfach nur zu sitzen und Ezra zu begleiten, während er den Weg wies; seine bestand darin, sich unter Ausschluss alles anderen auf seine Atmung zu konzentrieren, solange er sich dabei wohlfühlte. Wenn er aufhören wollte, brauchte er lediglich den Stoppknopf der Uhr zu drücken. Drei, fünf, acht Minuten später saßen wir immer noch da – eine lange Zeit für Erwachsene angesichts des Lärms und der Ablenkung im Kunstraum und eine außergewöhnlich lange Zeit für einen Siebenjährigen, der als hyperaktiv galt. Ezra drückte den Stoppknopf nach elf Minuten und dreiundfünfzig Sekunden. Ich erkannte es damals noch nicht, aber dieses Erlebnis versetzte meiner Karriere als Anwältin den Todesstoß.

Die zum Zuschauen vorbeigekommene Lehrerin war begeistert und umarmte Ezra fest. Gerne würde ich Ihnen sagen, dass er ruhig aus dem Raum ging, fokussiert auf seinen Geist und seinen Körper, doch ist das nicht das, was passierte. Ezra rannte aus dem Raum, hüpfend und springend mit seiner üblichen Energie, und die andere Lehrerin stellte mir eine Frage, die mir seitdem unzählige Male gestellt worden ist: Hat Ezra wirklich meditiert? Meine Antwort – dieselbe, die ich noch heute auf diese Frage gebe – war, dass das schwer zu sagen ist. Manche Kinder können meditieren und manche können es nicht. Die Fähigkeit eines Kindes, zu meditieren, schwankt und hängt mit seinem Vermögen zusammen, seine Aufmerksamkeit zu steuern und aufrechtzuerhalten. Aber es ist nicht wichtig, ob Ezra meditiert hat oder nicht. Von Bedeutung ist, dass er Aufmerksamkeitsfähigkeiten entwickelte, die stabiler waren als die, mit denen er angefangen hatte. Diese Aufmerksamkeitsfähigkeiten wiederum würden es ihm ermöglichen, seine eigene Erfahrung des Lebens und die anderer Menschen klar, mit Güte und mit Mitgefühl zu betrachten.

Seit diesen ersten Kursen im *Boys and Girls Club* vor zehn Jahren habe ich sehr viel mehr über Achtsamkeit, Bildung, Erziehung und Psychologie gelernt sowie darüber, wie sich das menschliche Gehirn durch Geistestraining verändert und wie sich eine gesunde Einstimmung zwischen Erwachsenen und Kindern fördern lässt. Die Erkenntnisse aus all diesen Disziplinen spielten bei dem, was mit Ezra und mir an dem Tag passierte, eine Rolle.

Vor dreißig Jahren nutzte Dr. Jon Kabat-Zinn, der damals als Wissenschaftler an der *University of Massachusetts* arbeitete, die Praxis der

Achtsamkeit, um ein säkulares „achtsamkeitsbasiertes" Programm zur Stressbewältigung für Erwachsene zu entwickeln, das als MBSR bekannt ist *(Mindfulness-Based Stress Reduction)*. Grob beschrieben, brachte Dr. Kabat-Zinn Erwachsenen bei, sich, nur für eine kurze Weile, damit zurückzuhalten, auf eine Stresssituation zu reagieren oder sie gar zu analysieren, und in der Erfahrung dessen, was passiert, zu ruhen, um es klar zu sehen. Und es funktionierte. Diese erlernte Fertigkeit ermöglichte es jenen, die achtsamkeitsbasierte Stressbewältigung praktizierten, ihre eigenen reaktiven Emotionen besser zu kontrollieren und gegebenenfalls auf eine besser überlegte, ruhigere und vernünftigere Weise zu reagieren. Als ich mit Kindern Achtsamkeit zu praktizieren begann, bestand mein Ziel darin, dem durch die achtsamkeitsbasierte Stressbewältigung geschaffenen Präzedenzfall zu folgen und selbstgesteuerte, beruhigende Techniken zu vermitteln, um den Kindern zu helfen, aufmerksamer, ausgeglichener und bewusster zu werden. Ich hoffte, Achtsamkeit würde Kindern helfen, ihr Leben klar zu sehen und sich wohlüberlegte Ziele zu setzen, und sie mit den Mitteln ausstatten, um ihre Ziele zu erreichen und bewusste und fürsorglichere Erwachsene zu werden.

Achtsames Gewahrsein hängt nicht davon ab, ob man einen friedlichen Geisteszustand erlangt. Viele Male habe ich für ausgedehnte Zeit auf einem Kissen gesessen und nichts erreicht, was einem ruhigen, konzentrierten Geisteszustand auch nur nahe käme. Das ist kein Versagen, sondern ein integraler Bestandteil des Prozesses der Entwicklung von Achtsamkeit. Es passiert jedem. Bei achtsamer Introspektion kommt es darauf an, *dem Gewahrsein entgegenzubringen, was im eigenen Geist und Körper geschieht (seinen Gedanken, Emotionen und körperlichen Empfindungen beispielsweise). Seinen Geist nicht zu kontrollieren, sondern zu transformieren.* Es ist eine prozessorientierte Praxis. Dies steht im diametralen Gegensatz zum Schultag, an dem Kinder häufig dazu gezwungen sind, jedes bisschen ihrer Energie auf ein statisches, starres Ziel zu richten, das oft mittels standardisierter Testergebnisse gemessen wird. Achtsamkeit beinhaltet eine andere Betrachtungsweise des Lernens als die, die hinter dem Ansatz steht, nach dem in den meisten Schulen unterrichtet wird, und ich habe gesehen, wie sie die Lernfreude bei Kindern fördert.

Was ist ein achtsames Kind?

Häufig werde ich gefragt: Wie sieht ein achtsames Kind aus? Welche Eigenschaften erwarten Sie bei einem achtsamen Kind? Wie würden Sie eines erkennen? Es gibt mehrere wissenschaftliche Veröffentlichungen, in denen spezielle Verhaltensweisen, äußere Zeichen und psychologische Prozesse aufgeführt werden, die darauf hinweisen, ob eine Person mehr oder weniger achtsam ist als eine andere; meine bevorzugte Beschreibung des „achtsamen Kindes" aber verfassten zwei meiner Mittelstufenschüler für ihre Schülerzeitung: „Nach einer Stunde achtsamen Gewahrseins wurden die Schüler allmählich positiver und weniger müde, und ihr Stress begann zu verschwinden." Dies ist meiner Meinung nach die stärkste Bestätigung, die das Programm erhalten konnte.

Eine weitere Frage, die Eltern stellen, ist die, ob sie darauf bestehen sollten, dass ihr Kind jeden Tag meditiert. Die kurze Antwort lautet nein. Ich bestehe nie darauf, dass Kinder jeden Tag meditieren oder überhaupt meditieren.

Es ist relativ ungewöhnlich für Kinder, auf regelmäßiger Basis alleine Meditation zu betreiben, einige aber tun dies und erzählen mir, dass sie in der angenehmen Ruhe, die sie beim Meditieren spüren, Trost finden. Häufig handelt es sich hierbei um Kinder, deren Eltern regelmäßig meditieren, und sie befinden sich mit ihrer Sitzpraxis in guter Gesellschaft – im übertragenen wie im wortwörtlichen Sinne. Wenn das geschieht, ist es wunderbar, doch ist dies nicht der einzige Weg, wie sich von Achtsamkeitstraining profitieren lässt. Statt auf eine regelmäßige Praxis zu bestehen, können Sie regelmäßige Meditation modellhaft vorführen, indem Sie sie selbst betreiben. Möglicherweise machen Ihre Kinder dann einfach mit.

Kinder dazu zu veranlassen, für längere Zeit still zu sitzen, hat viele potentielle Kehrseiten, kann zum Beispiel eine lähmende Langeweile auslösen; andere Kehrseiten können potentiell schwerwiegend sein. Tiefgehend zu reflektieren, insbesondere während man gemeinsam mit anderen Menschen in einem Raum liegt, ist emotional nicht für jedermann eine sichere Sache. Angst, Depression und Befangenheit sind nur einige der vielen legitimen Gründe dafür, warum das Meditieren in der Öffentlichkeit für manche Kinder besonders schwierig sein kann. Beim Arbeiten mit einem unfreiwilligen Schülerpublikum in einem Klassenraum ist es extrem wichtig, daran zu denken, dass bei der Introspektion schmerzhafte Emotionen hochkommen können. Es ist nicht unüblich, dass Gedanken und Emotionen den Geist eines Kindes mit einer Stärke und Intensität überfluten, die sie nur schwer, wenn nicht unmöglich, alleine verarbeiten können.

Selbst wenn es keine emotionale Schwierigkeit gibt, die Kinder von der introspektiven Praxis abhält, ist es nicht sinnvoll, sie dazu zu zwingen. Man kann darauf bestehen, dass Kinder still sitzen und leise sind, und man kann im Zusammenhang mit ihrem Körper Grenzen geltend machen und Kontrolle ausüben, aber es ist unmöglich, im Hinblick auf das, was in ihrem Geist vor sich geht, Grenzen geltend zu machen und Kontrolle auszuüben. Wenn Kinder kein Interesse haben, sitzen sie vielleicht ruhig, aber die Wahrscheinlichkeit, dass sie meditieren, ist gering. Passt man nicht auf, kann es passieren, dass Meditation mit Bestrafung oder Disziplin assoziiert wird, insbesondere von Kindern, die es gewöhnt sind, nach unerwünschtem Betragen kurzzeitig von Reizen isoliert zu werden (time-outs). Ich sehe meine Rolle darin, in den Köpfen und Häusern von Kindern und ihren Familien Samen auszusäen. Wie diese Samen wachsen, liegt an ihnen. Durch die Wahl eines entspannten und spielerischen Ansatzes sinkt die Wahrscheinlichkeit, dass den Kindern die Lust an der Achtsamkeitspraxis genommen wird – heute mögen sie nicht interessiert sein, vielleicht aber werden sie es zu irgendeinem anderen Zeitpunkt in ihrem Leben sein.

Meditation ist nicht notwendig, damit ein Kind achtsamer wird, auch wenn sie gewiss dabei hilft. Wenn es für Ihr Kind sicher und angenehm ist, zu meditieren, wird es davon profitieren, Meditation und andere Formen der Introspektion zu praktizieren, um seine Achtsamkeit zu erhöhen und seine Selbsterkenntnis zu stärken. Jedoch wird die Achtsamkeit durch sämtliche Formen der Achtsamkeit erhöht, und es gibt eine Reihe anderer Möglichkeiten als die Sitzmeditation, um Achtsamkeit in das Leben von Kindern zu bringen. Viele Eltern integrieren Achtsamkeit in ihre Zubettgehroutinen und ihre Kinder stellen fest, dass das Ruhen in der körperlichen Empfindung des Atmens ihnen hilft, einzuschlafen. Das beliebteste Zubettgehritual, das Sie in Kapitel 3 finden, besteht darin, dass man so tut, als würde man ein Stofftier mit seinem Atem in den Schlaf schaukeln.

Sie sind mehr als die Summe Ihrer Teile

Durch bemerkenswerte Fortschritte in der modernen Wissenschaft können Forscher heute die chemischen und neuronalen Korrelate identifizieren, die für die Gedanken, Emotionen und körperlichen Empfindungen eines Kindes verantwortlich sind, und speziellen Komponenten des Achtsamkeitstrainings einen spürbaren Nutzen zuschreiben. Diese wissenschaftlichen Fortschritte wurden durch die harte Arbeit engagierter Forscher in der ganzen Welt erzielt, Wissenschaftler, die in der akademischen Gemeinde bestehende vorgefasste Meinungen über die Meditation außer Acht ließen und einen riskanten Glaubenssprung machten. Noch vor wenigen Jahren wurde die Untersuchung der Meditation als weiche Wissenschaft betrachtet, die der besten Forscher nicht würdig war; nichtsdestoweniger setzten viele von ihnen ihre Karriere, ihren Ruf und ihre Brieftasche aufs Spiel, um die wissenschaftliche Methode auf die Achtsamkeitspraxis anzuwenden. Sie entwarfen Doppelblindstudien, die sich ein ums andere Mal wiederholen lassen, ganz gleich, wer sie durchführt, und bestätigten Menschen, die Meditation zuvor niemals ernst genommen hätten, den Wert des Meditierens. Viele von denen, die auf diesem Gebiet arbeitende Wissenschaftler anfänglich scheel ansahen, reden jetzt über Achtsamkeit, schreiben darüber und meditieren sogar selbst.

Die westliche Wissenschaft hat das Gebiet der Achtsamkeit vorangebracht und legitimiert. Aber die Neurowissenschaft ist bislang nicht imstande gewesen, das Geheimnis des Bewusstseins zu erklären, die nur dem Menschen eigene Erfahrung, dass wir mehr sind als die Summe unserer Teile. In einem Kommentar in der Los Angeles Times schrieb Jonah Lehrer:

> Den Befunden der Neurowissenschaft zufolge enthält Ihr Kopf 100 Milliarden elektrische Zellen, aber nicht eine von ihnen ist Sie oder kennt Sie oder macht sich etwas aus Ihnen. Im Grunde genommen existieren Sie nicht einmal. Sie sind einfach eine ausgefeilte kognitive Illusion, ein „Epiphänomen" des Kortex. Unser Geheimnis wird geleugnet.[1]

Es ist bei diesem Geheimnis des Bewusstseins, an der Stelle, wo Achtsamkeit und Wissenschaft aufeinandertreffen, wo unsere Arbeit mit Kindern beginnt.

Als Eltern mühen wir uns jeden Tag mit Fragen ab, auf die es keine einfachen Antworten gibt, und mit Geheimnissen, die wir nicht verstehen. Unseren Kindern zu helfen, gesunde Entscheidungen zu treffen, ist eine unserer schwierigsten Aufgaben und eine unserer größten Verantwortungen. Ob wir es erkennen oder nicht: Was wir mit unseren Kindern tun, wie wir zu ihnen sprechen und wie wir ihre Zeit verplanen, beeinflusst ihren Charakter und lenkt sie in eine bestimmte Richtung. Es kann eine kreative, akademische, künstlerische, sportliche, spirituelle oder eine von unzähligen anderen Richtungen sein, aber welches dieser Weg ist und wohin er zeigt, wird jahrelang Auswirkungen auf unsere Kinder haben – oft ihr ganzes Leben lang. Wie können wir unseren Kindern dabei helfen, ihre Wege mit Integrität zu wählen? Um Worte aus *The Teachings of Don Juan* (Die Lehren des Don Juan) von Carlos Castaneda und aus dem Buch *Path with Heart (Frag den Buddha – und geh den Weg des Herzens)* des Meditationslehrers Jack Kornfield zu übernehmen, müssen wir sicherstellen, dass ihre Wege mit ihren Herzen verbunden sind:

> Jedes Ding ist einer von Millionen Wegen. Deshalb musst du immer daran denken, dass ein Weg nur ein Weg ist; wenn du das Gefühl hast, dass du ihm nicht folgen solltest, darfst du unter keinen Umständen bei ihm bleiben. … Deine Entscheidung, auf dem Weg zu bleiben oder ihn zu verlassen, muss frei von Furcht oder Ehrgeiz sein. Ich warne dich. Schau dir jeden Weg genau und bewusst an. Dann stelle dir, nur dir allein, eine Frage: „Ist dies ein Weg mit Herz?"[2]

Welchen Weg Ihr Kind auch immer für sich selbst wählen mag, die Einsichten, die es beim Praktizieren von Achtsamkeit sammelt, werden ihm helfen, einen Weg mit Herz zu wählen.

Die vier Einsichten der Achtsamkeit

Die Praxis der Achtsamkeit wurde vor mehr als 2500 Jahren als Antwort auf eine logische Einsicht in die Natur der alltäglichen Erfahrung entwickelt: die, dass sich jeder Aspekt des Lebens irgendwie in den Rahmen von vier Grundwahrheiten fügt. In seinem Buch *Breath by Breath* (Mit jedem Atemzug) beschreibt Meditationslehrer Larry Rosenberg die vier buddhistischen Wahrheiten: Es gibt Leiden; es gibt eine Ursache für dieses Leiden; es gibt ein Ende des Leidens; und es gibt einen Weg, der zu diesem Ende führt.[3] Diese vier Einsichten bieten einen Leitfaden für die Vermittlung von Achtsamkeit an Kinder und ihre Familien.

Die erste Einsicht
Das Leben hat seine Höhen und Tiefen

Leicht lässt sich unterschätzen, wie anstrengend Kindheit in der heutigen Zeit sein kann. Viele Kinder müssen die Regeln dafür, wie sie unter ihresgleichen akzeptiert werden, selbst herausfinden. Dies ist nicht einfach, zumal der Preis für Versagen hoch sein kann – Ächtung, Schüler-Mobbing, das Fehlen von Freunden. Andere Kinder, zum Beispiel solche, denen es schwerfällt, in der Schule gute Leistungen zu erbringen, und solche, die das Bedürfnis haben, ausschließlich Höchstleistungen zu erbringen, sind häufig mit lähmender Angst vor ihrem realen oder wahrgenommenen Versagen konfrontiert. Bei Familien, die Geldsorgen haben, in denen es gesundheitliche Probleme gibt oder in denen die Eltern im Streit miteinander sind, kann es sein, dass die Kinder erst in der Schule gestresst sind und dann einer stressigen häuslichen Umgebung ausgesetzt sind. Ganz gleich, was Sie tun und wie sehr Sie sich anstrengen, ganz gleich, was für eine gute Mutter oder was für ein guter Vater Sie sind, Ihre Kinder werden mit Problemen konfrontiert werden, die sie nicht ignorieren können. Das Training achtsamen Gewahrseins ist dazu gedacht, Kindern zu helfen, ihre Probleme dadurch in die richtige Perspektive zu rücken, dass sie besser verstehen, was in ihrer inneren und äußeren Welt vor sich geht.

Die meisten Probleme fallen unter die allgemeine Kategorie Stress, die alles von lebensbedrohlichen Situationen bis zu quälenden chronischen Sorgen und ständigem Druck umfassen kann. Stress wird durch tatsächliche, empfundene oder potentielle Ereignisse hervorgerufen, die uns aus dem Gleichgewicht bringen und das Stressreaktionssystem unseres Körpers aktivieren. In seinem Buch *Why Zebras Don't Get Ulcers* (auf Deutsch erschienen unter dem deutschen Titel: Warum Zebras keine Migräne kriegen) beschreibt der Neurowissenschaftler Dr. Robert M. Sapolsky von der *Stanford University*, was passiert, wenn die Stressreaktion in Gang kommt: Energie wird mobilisiert und zu dem Gewebe befördert, das sie benötigt; die Herzschlagfrequenz, der Blutdruck und die Atemfrequenz erhöhen sich; langfristige Bau- und Reparaturprojekte werden so lange zurückgestellt, bis die Katastrophe vorüber ist; Verdauung, Wachstum, Immunität und das Fortpflanzungssystem werden gehemmt. Der Schmerz wird gedämpft, die Kognition geschärft, bestimmte Aspekte des Gedächtnisses verbessern sich und stressinduzierte natürliche Schmerzhemmer werden wirksam bzw. es kommt zu Schmerzlosigkeit oder Analgesie.[4] Die Stressreaktion kann in einer Notsituation lebensrettend sein, wird sie aber über eine ausgedehnte Zeitdauer häufig aktiviert – wegen chronischer Sorge oder anhaltender emotionaler Herausforderungen –, kann dies von unserem Körper und unserem Geist einen schweren Tribut fordern. Wir werden erschöpft und anfällig für Krankheiten. Eine anhaltende Stressreaktion aufgrund von erwartetem Stress ist oft schädlicher als der Stressor selbst, nicht weil sie uns krank macht, sondern weil sie das Risiko erhöht, dass wir krank werden, oder unsere Fähigkeit verringert, gegen eine Krankheit anzukämpfen, die wir möglicherweise bereits haben.[5]

Stress ist größtenteils etwas Subjektives. Umstände, die manche Menschen als stressig empfinden, machen anderen überhaupt nichts aus. Selbst kleinere Probleme, die viele Menschen einfach gelassen hinnehmen, können bei anderen ein erhebliches Maß an Stress verursachen. Diese Diskrepanz wird zum größten Teil durch die genetische Prädisposition eines Menschen und durch seine Erfahrung des Lebens diktiert. Wir haben keine Kontrolle über unsere genetische Prädisposition, aber wir haben großen Einfluss darauf, wie wir leben. Und es ist nachgewiesen worden, dass die Achtsamkeitspraxis Erwachsenen dabei hilft, mit stressigen Lebensereignissen zurechtzukommen.

Die zweite Einsicht
Verblendung macht das Leben schwerer, als es sein muss

Das Streben nach einer Zauberlösung für alle mit der Kindheit verbundenen Probleme hat zu einer Fülle von kurzzeitig im Trend liegenden Bereicherungsprogrammen für Kinder geführt, darunter Ernährungs- und Trainingsprogramme, Therapien und spirituelle Aktivitäten. Im Kern nützen die meisten dieser Programme Kindern und Familien, doch wird ihr Nutzen von ihren Befürwortern derart häufig übertrieben dargestellt, dass die Eltern unrealistische Ergebnisse erwarten. Das hat zur Folge, dass gute Programme an Glaubwürdigkeit verlieren und dahinschwinden. Ich habe Menschen getroffen, die über die Achtsamkeitspraxis sprechen, als handle es sich hierbei um einen Zauberstab, der ihren Kindern Zugang zu materiellen Vorteilen aller Art verschafft: zu sozialem Erfolg, guten schulischen bzw. akademischen Leistungen, Reichtum und sogar Ruhm. Ich möchte ganz deutlich sagen, dass Achtsamkeit nichts Magisches ist. Jedoch hat es etwas Magisches, wenn ein Kind das erste Mal klar und ohne emotionale Aufladung sieht, was in ihm, mit ihm und um es herum geschieht. Dies gilt selbst dann, wenn das, was es sieht, unangenehm ist.

Ich habe eine Lektion über die Verbindung zwischen klarem Sehen und wahrem Glück an einem merkwürdigen Ort gelernt: in der Anlage, wo ich mein Auto waschen lasse, und die auch Grußkarten verkauft. Einmal, genau vor Muttertag, ging ich hinein, um eine Geburtstagskarte für eine Freundin zu kaufen, und sah ein riesiges Angebot an Karten zum Muttertag. Sofort drehte ich mich weg. Bis dahin hatte ich keine Ahnung gehabt, dass ich eine Abneigung gegen sie empfand. Als ich meine Abneigung erkannte, drehte ich mich in der lange erprobten Tradition der Achtsamkeit um, atmete ein paar Mal tief durch und nahm die ausgestellten Karten in mich auf. Ich nahm die Palette von Gefühlen, Sinneseindrücken und körperlichen Empfindungen wahr, die in dem Moment auftauchten, und war nicht überrascht, dass die Karten mich an meine Mutter erinnerten, die vor kurzem verstorben war. Eine Welle der Traurigkeit übermannte mich.

Bald schaute ich die Karten jedoch durch, eine nach der anderen, fasziniert von den zuckersüßen Reimen und den Bildern von Haustieren und

Sonnenuntergängen. Sie sprachen mich überhaupt nicht an. Ich fragte mich, wie eine Muttertagskarte aussehen würde, die wirklich all die Taten wiedergibt, die Teil der wahren Welt einer Mutter sind – stinkende Windeln wechseln, Erbrochenes aufwischen oder ihr Kind in der Notaufnahme festhalten, während der Arzt eine Wunde näht. Diese Erfahrungen des Mutterseins sind weit von den typischen, nichtssagenden Bildern auf diesen Karten entfernt. Als Mutter habe ich gelernt, Anblicke, Geräusche, Gerüche und Gefühle zu tolerieren, die unangenehm und schmerzhaft sind und außerhalb meiner Komfortzone liegen. Ich habe gelernt, dass Schmerz und Unbehagen ein ebenso bedeutsamer Teil des Mutterseins sein können wie Freude. Jetzt liebe ich das pulsierende, elektrisierende Gefühl, das entsteht, wenn man in einer Erfahrung vollkommen gegenwärtig ist, nicht nur in den großartigen Momenten, sondern auch in den unangenehmen. Wahres Glück, so habe ich erkannt, rührt aus Klarheit her, genau wie Verblendung Unzufriedenheit erzeugt. Zum Beispiel hätte ich die Tiefe der Freude, die das Muttersein bringen kann, nie kennen gelernt, wenn ich mich gegen die beängstigenderen Erfahrungen abgeschirmt hätte. Die schweren Dinge des Lebens klar zu sehen und vollständig zu erleben, ist zwar schwierig, kann uns aber zu einem gesünderen psychischen Ort führen. Indem ich mir diejenigen Karten, die ich zu vermeiden versucht hatte, genau ansah, begann ich die Fülle der Lebenserfahrung zu schätzen.

Wir Eltern haben manchmal Schwierigkeiten, zu akzeptieren, dass unsere Kinder Probleme haben werden und dass manche dieser Probleme ernsthafter Natur sein werden. Der erste Schritt dahin, Kindern und Teenagern beim Umgang mit Stress, Frustration und Enttäuschung zu helfen, besteht darin, ihnen zu helfen, sich die Hauptursachen ihrer Unzufriedenheit genau anzusehen. Es gibt viele Probleme, die weder Eltern noch ihre Kinder lösen können, egal, wie viel Mühe sie sich geben. Aber Probleme können bewältigt werden, wenn Kinder und ihre Eltern klar sehen, was sie verursacht, und erkennen, ob es etwas gibt, das getan werden kann, um die Situation zu verändern, oder nicht. Der Schlüssel zum Zurechtkommen mit Stress und anderen schwierigen Situationen liegt nicht immer in der Situation selbst, sondern eher in der Art und Weise, wie Kinder und ihre Eltern auf sie reagieren.

Es ist gut möglich, dass klares Sehen das größte Geschenk ist, das Achtsamkeit zu bieten hat. Ständig passiert viel; Achtsamkeit hilft uns, Erfahrungen den richtigen Platz zuzuweisen und unsere Reaktion abzuwägen, damit sie im richtigen Verhältnis zur Erfahrung steht. Schon mal den Zeh an etwas gestoßen, das irgendwo stehen gelassen worden war, wo es nicht hingehörte? Der Sinneseindruck Schmerz („Aua!") taucht plötzlich auf, sofort gefolgt von einem Gedanken („Wer hat das da stehen lassen?") und vielleicht einer Emotion (Wut zum Beispiel – „Was für ein Idiot!"). Mit einer achtsameren Herangehensweise bemerken und identifizieren Sie alles, was geschieht, während es geschieht, aber halten sich, nur für einen Augenblick, damit zurück, es in Worte zu fassen. Klar zu sehen, was in Ihnen, mit Ihnen und um Sie herum geschieht, während es geschieht, ohne Voreingenommenheit oder Reaktivität, ist ein Prozess, der zu Seelenfrieden führt, einer der außergewöhnlichsten Erfahrungen der Achtsamkeitspraxis. Stressgeplagten Kindern zu helfen, ein wenig Seelenfrieden zu finden, ist etwas, das mir sehr wichtig ist, und eines der Ziele des Trainings achtsamen Gewahrseins.

Seelenfrieden ist nicht dasselbe wie gedankliches Abdriften oder In-Trance-Gehen. Mit den Gedanken abzudriften oder in Trance zu gehen ist Unachtsamkeit, das genaue Gegenteil vom Achtsamsein. Jedermanns Aufmerksamkeit schweift von Zeit zu Zeit ab und es ist ganz wunderbar für Kinder, vor sich hinzuträumen, Als-ob-Spiele zu spielen und in ihrer inneren Welt Geschichten zu erfinden. Ein bisschen Tagträumen und gedankliches Abdriften ist nützlich. Aber es gibt Zeiten, da ist Konzentration nötig und gedankliches Abdriften nachteilig (zum Beispiel beim Ablegen einer Prüfung), und zu solchen Zeiten wird achtsames Gewahrsein dafür genutzt, das Tagträumen zu unterbrechen und die Aufmerksamkeit eines Kindes wieder zu der zu erledigenden Aufgabe zurückzulenken. Statt Kindern beizubringen, mit den Gedanken abzudriften, bringt Achtsamkeit ihnen bei, klar zu sehen.

Die dritte Einsicht
Glück ist in Reichweite

Das Familienleben liefert viele Beispiele für Momente, in denen Glück auf natürliche Weise entsteht, weil Leiden endet. Der Augenblick, in dem ein an Koliken leidendes Baby aufhört zu weinen und rasch einschläft, ist das Ende des Leidens für die Mutter wie für das Kind. Wenn Ihr Zwölftklässler erfährt, dass er an der Universität angenommen worden ist, verschwindet die Angst, die eine Familie häufig in dieser Zeit heimsucht. Es ist der Sonntagnachmittag nach einer besonders harten Arbeitswoche und Sie machen es sich auf dem Sofa bequem, um ein Schläfchen zu halten – und dann entscheidet sich Ihr Nachbar, den Rasen zu mähen. Das ist jetzt aber ein Leiden! Wenn er den Rasenmäher jedoch zurück in den Schuppen stellt, hört ihr Leiden augenblicklich auf. Augenblicke des Glücks, die entstehen, wenn Leiden endet, sind im alltäglichen Leben ganz gewöhnlich. Was aber passiert, wenn äußere Ereignisse sich nicht verändern oder wenn sie sich zum Schlechten hin verändern?

Dass Leiden existiert und dass es endet, sind offensichtliche Tatsachen des Lebens, aber die Vorstellung, dass wir uns dafür entscheiden können, inmitten des Leidens glücklich zu sein, ist weniger offensichtlich. Der schmerzhafteste Teil des Elterndaseins besteht möglicherweise darin, zu sehen, wie das eigene Kind auf eine Weise verletzt wird, die gänzlich ungerecht ist, aber dennoch nicht in der Lage zu sein, etwas dagegen zu tun. Es ist eine Binsenwahrheit, dass guten Menschen schlechte Dinge widerfahren und schlechten Menschen gute Dinge widerfahren. Manchmal gibt es absolut nichts, was wir tun können. Aber selbst wenn wir eine schwierige Situation nicht ändern können, können wir doch entscheiden, wie wir auf sie reagieren.

Gelegentlich ist ein Wechsel der Perspektive nötig, um das Leiden zu lindern. Haben Ereignisse in Ihrem Leben so lächerlich gewirkt, dass Sie zu lachen angefangen haben? In dem Moment hatte Ihr Leiden aufgehört. In der äußeren Welt hatte sich nichts geändert, aber durch einen Wechsel der Perspektive konnten Sie über das, was passiert war, lachen und eine Oase des Glücks erleben, wenn auch nur für einen Augenblick. Und gab es ein Mal Momente, da Sie absolut sicher waren, dass Ihr Kind gerade schlechte Entscheidungen traf, und später feststellten, dass Sie sich geirrt hatten?

Manchmal leiden wir als Eltern, wenn wir zu sehr an einer Vorstellung darüber, was das Beste für unsere Kinder ist, hängen. Wir leben schon länger als sie und wissen aus Erfahrung, dass einige schlechte Entscheidungen das Leben schwieriger machen können als nötig. Wenn also unsere Kinder keine guten Noten bekommen oder bei außerschulischen Aktivitäten keine führenden Rollen übernehmen oder sich nicht genug anzustrengen scheinen, leuchtet es ein, dass wir uns Sorgen machen, dies könnte nachteilige Auswirkungen auf ihre Zukunft haben. Wir können uns jedoch so darin verfangen, uns Sorgen wegen dem zu machen, was sie nicht tun, dass wir vergessen, uns an dem zu freuen und das zu schätzen, was sie tun. Es gibt wichtige Lebenskompetenzen, mit denen keine Trophäen gewonnen werden, die aber trotzdem verlässliche Anzeichen für Erfolg im späteren Leben sind. Vielleicht sind unsere Kinder großartig darin, Freundschaften zu schließen, anderen zu helfen oder Dinge so zu nehmen, wie sie kommen, und wenn wir einen flüchtigen Blick darauf erhaschen können, wie sie sich glücklich um eine Hausschildkröte kümmern oder eine Melodie summen, wechselt unsere Perspektive. In Windeseile können wir sie als die schätzen, die sie sind, und ihre Stärken klar sehen. Aus dieser Perspektive erscheint es töricht, sich darüber Sorgen zu machen, dass sie in der Fußballmannschaft kein Stürmer sind, in der Schulaufführung nicht die Hauptrolle spielen oder nicht auf der Liste der besten Schüler ihrer Schule stehen. Nichts hat sich geändert, nur unsere Perspektive – die äußeren Ereignisse bleiben dieselben –, und doch ist das Leiden verschwunden. Unsere Kinder sind glücklicher, als wir erkannt haben, und wir sind es ebenfalls.

Es ist eine grundlegende und tiefe Wahrheit, dass Leiden durch die Art, wie wir eine Situation sehen, verursacht werden und durch die Art, wie wir auf sie reagieren, verschlimmert werden kann. Die dritte Einsicht der Achtsamkeit sagt uns, dass Glück in Reichweite ist, manchmal durch so etwas wie einen simplen Wechsel der Perspektive. Die vierte Einsicht zeigt uns, wie man diesen Wechsel vornimmt.

Die vierte Einsicht
Der Schlüssel zum Glück

Wenn etwas Gutes passiert, neigen wir dazu, mehr davon zu wollen. Ziemlich schnell beginnen wir unsere Energie darauf zu fokussieren, es zu wiederholen (Verlangen). Wenn etwas Schlechtes passiert, neigen wir dazu, alles uns Mögliche zu tun, um es zu vermeiden (Abneigung), und versäumen möglicherweise Aspekte der ansonsten negativen Erfahrung, die zu nützlichen Lebenslehren führen können. Oder wir neigen dazu,

Erfahrungen zu ignorieren, denen gegenüber wir neutral eingestellt sind (Gleichgültigkeit), und beschäftigen uns mit etwas anderem. Verlangen, Abneigung und Gleichgültigkeit sind übliche, automatische Reaktionen auf die Erfahrung des Lebens, doch können sie uns Schwierigkeiten bereiten, wenn wir sie nicht erkennen. Bewusst oder unbewusst verbringen wir oft einen Großteil unserer Zeit damit, danach zu trachten, zu bekommen, was wir wollen, zu versuchen, zu vermeiden, was wir nicht wollen, und alles andere zu ignorieren.

Verlangen und Abneigung sind Gegensätze, aber wenn wir nicht aufpassen, können sie beide dieselben negativen Auswirkungen auf unseren gegenwärtigen Augenblick haben. Wenn wir mehr oder weniger von etwas wollen, sind wir leicht so fokussiert auf einen vergangenen oder zukünftigen Moment, dass wir etwas, wenn nicht alles, von dem verpassen, was gerade jetzt passiert. Es ist absolut sinnvoll, nach Glück zu streben und Unglücklichsein zu vermeiden, wenn wir uns aber dessen, was wir tun, gar nicht bewusst sind, können wir ebenso gut auf Autopilot laufen. Automatisch auf die Erfahrung des Lebens zu reagieren, statt wohlüberlegt auf sie zu antworten, kann versteckte Kosten haben. Viele Eltern beschreiben ihr Leben als ein betäubendes, kontinuierliches Empfinden von Stress, Streben und Strapazen, das durch ihre Gefühle des Verlangens, der Abneigung und Gleichgültigkeit aufrechterhalten wird. Es ist ein Narrenspiel – und tief im Inneren wissen sie es.

Die vier Einsichten der Achtsamkeit zusammen ermuntern Kinder und Eltern dazu, ihre Erfahrung klar zu sehen und wohlüberlegt mit Mitgefühl auf sie zu antworten. Klar zu sehen ist nicht immer einfach; die meisten von uns haben vorgefasste Meinungen, die Einfluss darauf haben, wie wir Dinge wahrnehmen. In seinem Buch *The Wise Heart* (Das weise Herz) schreibt Jack Kornfield: „Die Art und Weise, wie wir das Leben erfahren, hängt in erster Linie von den speziellen Geisteszuständen ab, mit denen wir ihm begegnen. Wenn Sie sich an der Highschool ein Entscheidungsspiel im Fußball ansehen und Ihre Tochter nervös im Tor steht, ist Ihr Bewusstsein bei jeder Wende, die das Spiel nimmt, voller Sorge, Anteilnahme und Aufregung. Sind Sie ein angeheuerter Fahrer, der darauf wartet, ein Kind nach Hause zu fahren, sehen Sie dieselben Anblicke, die Spieler und den Ball, auf eine gelangweilte, unbeteiligte Art. Sind Sie der Schiedsrichter, nehmen Sie die Anblicke und Geräusche wieder anders wahr. ... Das reine Gewahrsein wird durch unsere Gedanken, Emotionen und Erwartungen gefärbt."[6]

Gedanken, Emotionen und Erwartungen sind der Inhalt, nicht die Tatsache des Bewusstseins oder dessen, was Jack Kornfield „reines Gewahrsein" nennt. Zu glauben, dass unsere Eindrücke, Gedanken und Erinnerungen immer richtig sind, kann zu Enttäuschung und Frustration führen. Wenn wir eine emotionale Reaktion haben, ist es sinnvoll, die Aufmerksamkeit zurückzuziehen, damit wir uns selbst etwas Raum zum Atmen geben können, bevor wir zu einem eindeutigen Schluss darüber kommen, was gerade geschieht oder nicht geschieht. Mit etwas Abstand können wir das Gesamtbild besser sehen und auf eine kluge, gütige und mitfühlende Art reagieren. Diese durch klares Denken gekennzeichnete Perspektive ist der Eckpfeiler des achtsamen Lebens.

Es gibt eine Art zu leben, die Frustration und Unzufriedenheit minimiert und insbesondere Folgendes anerkennt:

- dass persönliches Wachstum sowohl Ziel als auch Prozess ist und sich mit Übung im Laufe der Zeit entwickelt
- die Bedeutung von Motivation und Anstrengung
- die wechselnde Natur aller Dinge
- dass alles, was wir sagen und tun, Konsequenzen hat
- dass wir mit anderen Menschen und der Umwelt auf Arten und Weisen verbunden sind, die wir möglicherweise nicht kennen oder vermuten.

Die vierte Einsicht zeigt uns, wie wir auf diese Art leben können. Achtsam zu leben ist ein Prozess, nicht eine unveränderliche Eigenschaft oder ein fester Charakterzug. Niemand von uns ist perfekt, aber wenn wir uns diesen Prozess zu Herzen nehmen, können wir ein ausgeglicheneres Leben führen. Menschen von überall auf der Welt und aus allen Gesellschaftsschichten arbeiten gemeinsam daran, das uralte System des Geistes- und Ethik-Trainings, das im Zusammenhang mit diesen vier Einsichten genau dargelegt wird, so zu übertragen, dass Kinder, Teenager und ihre Familien es für ihr modernes Leben bedeutsam finden. Ich bin an diesem Bemühen beteiligt. Meine Hoffnung ist, dass dieses Buch Ihnen einen hilfreichen und praktischen Kontext für das Praktizieren achtsamen Gewahrseins sowie grundlegende Praktiken achtsamen Gewahrseins bietet, die Sie und Ihre Familie in Ihre Alltagsroutine integrieren können.

Gemeinsame Achtsamkeit:
Mit einem tiefen Atemzug in den Tag starten

Ganz gleich, wie viele Bücher und Zeitschriftenartikel mein Mann und ich darüber gelesen hatten, welche Vorteile es hat, vor dem Schlafengehen die Schulrucksäcke und die Brotdosen zu packen und die Kleidung herauszulegen, kam es, als unsere Kinder klein waren, nur selten vor, dass wir vor dem Einschlafen alles für den nächsten Tag vorbereitet hatten. Und selbst wenn es so war, passierte normalerweise am nächsten Morgen etwas, das unsere gut organisierten Pläne durchkreuzte. Die Kinder für die Schule fertig zu machen ähnelte dem Ausführen einer Zirkusnummer und manchmal fühlten wir uns so, als würden wir aus einer Kanone geschossen.

Seth und mir gefiel es nicht, jeden Tag so hektisch zu beginnen, also führten wir ein Morgenritual ein, das uns gute Dienste leistete. Nachdem das Gehetze des Sich-Fertigmachens vorbei war, aber bevor wir das Haus verließen, hielten wir im Flur an, um gemeinsam drei tiefe Atemzüge zu tun. Die Kinder die Rucksäcke auf den Schultern, Seth und ich die Autoschlüssel in der Tasche und die Aktenkoffer in der Hand, taten wir zusammen einige Atemzüge, um den ruhigen Übergang in die Welt draußen zu erleichtern. Dies ermöglichte einen bedeutsamen Wechsel in unserem Tempo und unserer Perspektive, bevor wir loszogen, um dem neuen Tag zu begegnen. Ich ermuntere Sie dazu, dieses Ritual auszuprobieren, falls Ihre Morgen ebenfalls hektisch sein können.

2 Am Anfang
Verstehen und nähren Sie Ihre Motivation

Unter Stress stehen,
Nur Chaos sehen
Im Inneren.
Mich zurückziehen.
Ich bin froh, meinen Geist zu reinigen.
Vielen Dank, dass du meinen Stress verringert hast.

Mittelstufenschülerin

Als meine Tochter, Allegra, acht war und mein Sohn, Gabe, fünf, nahmen wir sie mit zu einem Zen-Zentrum in der Gegend, um mit ihnen an einem Programm für Familien teilzunehmen. Dies war ihre erste Erfahrung mit Meditation außerhalb unseres Zuhauses. Das Meditationszentrum war ein altes Haus auf einem landschaftsgärtnerisch gestalteten Gelände. Als wir vor Beginn der Sitzung durch die Gärten gingen, versuchten Seth und ich den Kindern ein Gefühl von Ruhe und Ehrfurcht einzuflößen. Ich erzählte ihnen etwas darüber, wo wir waren und was wir tun würden. Sie hätten es wahrscheinlich vorgezogen, zu Hause zu bleiben, folgten uns aber respektvoll. Während ich auf diese Pflanze und jene Blume hinwies, blieb meiner Tochter etwas im Hals stecken. Sie machte räuspernde Geräusche, hustete trocken und spuckte dann in die Büsche. Sie drehte sich zu mir und sagte mit einem verschämten Lachen: „Ich glaube, ich habe gerade auf die heiligen Pflanzen gespuckt!" Es fiel Allegra schwer, mein Interesse ernst zu nehmen, aber, das muss man ihr anrechnen, sie versuchte es. Gabe fand das Verhalten seiner Schwester natürlich wahnsinnig komisch, aber auch er versuchte es.

Nach diesem wenig verheißungsvollen Auftakt gingen wir ins Haus, in dem sich die Eltern und ihre Kinder versammelten, um einen Meditationskreis zu bilden. Insgesamt waren etwa fünfzehn Menschen da. Ich war gespannt darauf, zu sehen, wie es meinen Kindern gefallen würde. Meine Tochter war in dem Alter ziemlich beherrscht, trotz ihres gerade erfolgten Angriffs auf die „heiligen Pflanzen", aber mein Sohn war jünger und ungestümer. Ich warf einen heimlichen Blick auf Gabe, als der Leiter sich anschickte, die Meditationssitzung zu beginnen. Da saß er auf seinem Kissen, sich sammelnd, bereit, anzufangen. Ein Gong wurde geschlagen und die Sitzung begann. Der Leiter der Gruppe sagte uns, dass wir etwa fünfzehn Minuten lang meditieren würden – Eltern und Kinder gemeinsam. Seth fing meinen Blick auf. Dann verdrehte er die Augen. Fünfzehn Minuten lang mit kleinen Kindern zu meditieren schien ein überehrgeiziges Ziel zu sein. Und war es auch.

Die ersten dreißig Sekunden gingen vorbei und ich sah zu meinem Sohn hinüber. So weit, so gut. Er hatte kaum gezappelt. Eine weitere Minute verging und er hielt immer noch durch. Ich war begeistert. Noch eine Minute verstrich langsam und er hatte sich kaum bewegt. Erstaunlich! Aber nach fünf Minuten sah Gabe meinen Mann an, neben dem er saß, und fragte in klagendem Ton: „Wie lange muss ich noch so tun, als hätte mir jemand das Gehirn geklaut?" Seth sah dies als ein Zeichen und führte ihn aus dem Raum. Gemeinsam spazierten sie durch den Garten (wobei sie ohne Zweifel die „heiligen Pflanzen" betrachteten), bis die Meditation vorbei war. Mein süßer Sohn wollte nicht auf einem Kissen sitzen, wollte nicht seine Gedanken beobachten, hatte keine Freude an der Erfahrung, war aber bereit gewesen, es auszuprobieren, weil ich ihn darum gebeten hatte. Der Schlüssel zu einem achtsamen Leben ist ein offenes Herz. Zumindest wusste ich, dass er das bereits hatte.

Es gibt ein altes tibetisches Sprichwort, das lautet: „Achtsamkeit ruht auf der Spitze der Motivation." Zwischen dem Räuspern meiner Tochter und der Frustration meines Sohnes darüber, dass er so tun musste, als habe „jemand (sein) Gehirn geklaut", erkannte ich, dass es für mich an der Zeit war, mir anzusehen, welches meine Motivation dafür war, sie die Achtsamkeitsmeditation erlernen lassen zu wollen. War es für sie oder für mich oder für beide? Ohne Frage war ich durch universelle menschliche Wünsche motiviert worden, die guten Absichten entspringen. Als ich aber genau hinsah, musste ich mir eingestehen, dass meine Motivation zum Teil eine persönliche war. Ich wollte, dass meine Kinder verstehen, was ich in all diesen Stunden tat, die ich auf einem Kissen saß und meditierte. Ich wollte, dass sie es ebenfalls gerne tun und mich dafür respektieren, dass ich es tue. Außerdem wollte ich sie verändern, wollte ihnen Fertigkeiten an die Hand geben, die gewisse Aspekte ihrer Persönlichkeit, die meiner Meinung nach ein wenig Unterstützung gebrauchen konnten, fördern sollten. Dies sind nicht unbedingt schlechte Motivationen, aber sie waren problematisch, weil sie mir bis zu dem Punkt nicht bewusst gewesen waren.

Ich lernte dies auf die harte Art, nachdem unsere Familie diesen historischen Ausflug zum Zen-Zentrum unternommen hatte. Unsere Kinder wollten nicht auf einem Kissen sitzen und ihre Gedanken beobachten. Gabe hatte keine Freude an der Erfahrung. Ohne jeden Zweifel war es angemessen, sie zu bitten, das Meditieren einmal auszuprobieren, aber Gabe dazu zu zwingen, bis zum Ende der Sitzung durchzuhalten, wäre nicht angemessen gewesen. Erzwungene Achtsamkeit ist ein Widerspruch in sich. Hätte ich ihn zum Weitermachen gezwungen, als klar war, dass er nicht länger wollte, wäre dies dem Zweck zuwidergelaufen.

Die Achtsamkeitspraxis fällt manchen Menschen leichter als anderen. Das ist häufig bei Kindern, die nicht die List besitzen, ihr Desinteresse zu verbergen, offensichtlicher als bei Erwachsenen. Einige mögen die Ruhe und Stille der Introspektion; anderen ist sie egal; wieder anderen fällt es schwer, nicht voller Energie herumzutollen. Letztendlich finden Kinder zu ihrer Zeit und in ihrem eigenen Tempo zur Achtsamkeit. Heute lachen wir darüber, dass Allegra „auf die heiligen Pflanzen spuckte" und Gabe so tat, als hätte „jemand (sein) Gehirn geklaut." Aber die Geschichte ist mehr als nur ein Familienwitz. Sie ist eine ehrliche Abbildung eines frühen Versuchs der Achtsamkeit aus der Sicht eines Kindes und für mich ein wichtiger Augenöffner. Aus ihr lernte ich, dass der erste Schritt bei der Entwicklung einer Achtsamkeitspraxis darin besteht, die Motivation hierfür zu identifizieren, sowohl bei den Eltern als auch beim Kind.

Im Blickpunkt: die Motivation

Als ich anfing, offizieller mit Kindern zu arbeiten, suchten Eltern mich auf, damit ich ihren Kindern bei speziellen Schwierigkeiten hülfe: Einige Eltern wollten, dass sich die schulischen Leistungen ihrer Kinder verbessern; andere wollten ihren Kindern Beruhigungsfähigkeiten an die Hand geben; andere hofften, ihren Kindern Fähigkeiten der Konfliktlösung beizubringen; wieder andere wollten eine spirituelle Dimension einführen. Dies waren alles lobenswerte Ziele, doch sorgten sie auch für eine Verknüpfung der Praxis mit einem Zweck, was, wenn es unbeachtet bleibt, Achtsamkeit einfach zu einer weiteren Bereicherungsaktivität machen könnte, die unsere eigenen Ziele (und die unserer Kinder) voranbringen soll. Nach einer Sporttrophäe streben. Nach guten Noten streben. Sogar nach Spiritualität streben.

1993 fragte der Journalist Bill Moyers in einem vom *Public Broadcasting Service* ausgestrahlten Interview Dr. Jon Kabat-Zinn nach dem Zweck der Meditation. Dieser antwortete: „Ich würde sage, dass die Meditation keinen Zweck hat. Sobald Sie der Meditation einen Zweck zuschreiben, haben Sie aus ihr einfach eine weitere Aktivität gemacht, mit der man versucht, irgendwo hinzugelangen oder irgendein Ziel zu erreichen." Als Moyers darauf hinwies, dass die Menschen zu einem Zweck an seinem Programm zur Stressbewältigung teilnehmen, erwiderte Dr. Kabat-Zinn: „Das stimmt. Die Menschen in dem Programm sind alle zu einem Zweck da. Sie wurden alle von ihren Ärzten überwiesen, damit sich ihr Zustand auf irgendeine Art verbessert. Paradoxerweise machen sie in diesem Bereich aber wahrscheinlich den größten Fortschritt, wenn sie von dem Versuch ablassen, irgendwo hinzugelangen."[1]

Zweifellos gibt es ein Ziel oder Endergebnis, das wir zu erreichen hoffen, wenn wir mit unseren Kindern Achtsamkeit praktizieren. Die Betonung auf ein Ergebnis zu legen kann jedoch die Praxis selbst unterminieren. Indem Sie eine realistische Einschätzung dessen vornehmen, was Sie hoffen damit zu erreichen, Ihren Kindern Achtsamkeit zu vermitteln, und warum Sie dies möchten, können Sie diese beiden bisweilen konkurrierenden Ziele ausbalancieren.

Hier nun eine Aktivität, mit der Sie Ihre eigenen Hoffnungen und die Gefühle Ihres Kindes bezüglich der Achtsamkeitspraxis herausfinden können, damit Sie Ihre Reise mit einer gesunden, produktiven Herangehensweise an das Lernen beginnen können.

„Die fünf Warums" ist eine Methode, die ich anwende, wenn ich über die Frage der Motivation nachdenke. Diese Methode wurde ursprünglich von der *Toyota Motor Company* entwickelt und als ein Werkzeug für die Weiterentwicklung des Designs und der Herstellungsmethoden des Unternehmens eingesetzt; Meditationslehrer Ken McLeod verfeinerte sie für die Untersuchung von emotionalem Material. Die Methode geht von dem Prinzip aus, dass die Natur eines Problems und seine Lösung klar werden, wenn man eine Frage fünfmal stellt und beantwortet.

Die fünf Warums

Diese Methode wird in Zweiergruppen durchgeführt, wobei eine Person Fragen stellt und die andere sie beantwortet. Die Person, welche die Fragen stellt, hört sich die Antwort der anderen Person aufmerksam an und wiederholt diese Antwort anschließend in Form einer weiteren Frage. Die fragenstellende Person formuliert keine Theorien über die Antworten der anderen Person und bietet auch keinen Rat an. Ziel ist es, dass die Person, der die Frage gestellt wird, die Antwort selbst herausfindet.

Stellen Sie eine Frage, die als Ausgangspunkt dient:
„Warum wollen Sie mit Kindern Achtsamkeit praktizieren?"
  Antwort:
  Weil ich dazu beitragen möchte, das Leiden der Kinder zu lindern.

Erstes Warum
„Warum möchten Sie dazu beitragen, das Leiden der Kinder zu lindern?"
  Antwort:
  Weil Kinder im Moment viele Schmerzen haben.

Zweites Warum
„Warum haben Kinder im Moment viele Schmerzen?"
Antwort:
Weil das Leben einfach zu hart ist.

Drittes Warum
„Warum ist das Leben zu hart?"
Antwort:
Weil das ethische Fundament der Gesellschaft zerbröckelt ist.

Viertes Warum
„Warum ist das ethische Fundament der Gesellschaft zerbröckelt?"
Antwort:
Weil die Menschen Angst haben und nur ihre eigenen Interessen verfolgen.

Fünftes Warum
„Warum haben die Menschen Angst?"
Antwort:
Weil sie nicht das Gesamtbild sehen und nicht sehen, dass alles miteinander verbunden ist.

„Die fünf Warums" ist eine Aktivität, die auch mit Kindern Spaß macht. Mit kleinen Kindern nutze ich dieses Spiel, um ihnen zu helfen, aufmerksames Zuhören zu lernen und anzuwenden. Ich nutze es nicht, um mit kleinen Kindern emotionales Material zu untersuchen. Stattdessen frage ich ganz simple Fragen wie: „Warum magst du Tiere?" oder „Warum magst du Schokolade?". Die Antworten werden normalerweise ziemlich schnell albern, aber das ist in Ordnung; selbst wenn Antworten albern sind, müssen Kinder aufmerksam zuhören, um in Erwiderung darauf eine angemessene Warum-Frage zu formulieren.

Wohlgesinnte und enthusiastische Erwachsene können frustriert werden, wenn ich sie bitte, über ihre Motivation nachzudenken, bevor sie die Achtsamkeitsspiele und -aktivitäten lernen, die ich bei Kindern einsetze. Sie brennen darauf, anzufangen, und wollen diese Erkundigung über ihren eigenen Prozess überspringen. Aber das Verständnis der Motivation ist genaugenommen beim Achtsamkeitstraining der erste Schritt. Das Fragen und Beantworten der fünf Warums ist ein guter Ausgangspunkt.

Erwachsene zu ihrer Motivation zu befragen ist genauso wichtig, wie Kinder zu ihrer zu befragen. Bei meinen Schülern handelt es sich häufig um ein unfreiwilliges Publikum – von den Eltern gebracht, von Klassenlehrern geschickt, von Therapeuten überwiesen –, deshalb nehme ich es niemals persönlich, wenn einer oder eine von ihnen mir sagt, dass er oder sie am Anfang Bedenken hatte, zu mir zu kommen, oder sich dagegen sträubte. Eine der vielen erfrischenden Sachen bei der Arbeit mit dieser Altersgruppe ist die, dass Kinder normalerweise nicht vor schwierigen Fragen zurückschrecken, etwa: Warum bist du hier? Haben deine Eltern dich dazu gezwungen, an diesem Kurs teilzunehmen? Oder den Folgefragen: Gibt es, auch wenn deine Eltern dich dazu gezwungen haben, dich für diesen Kurs anzumelden, irgendetwas Positives, das du aus ihm mitnehmen kannst? Gibt es irgendwelche Lebenskompetenzen oder sozialen Fähigkeiten, die du gerne lernen oder auf denen du gerne aufbauen würdest? Wenn ich Kinder nach ihrer Motivation frage, ermuntere ich sie dazu, sich mit dem Analysieren der Frage zurückzuhalten und stattdessen das in ihrem Körper gespeicherte Wissensreservoir zu nutzen, um zu sehen, was für ein Gefühl diese Frage in ihnen erzeugt. Haben Sie jemals ein komisches Gefühl gehabt, von dem Sie absolut sicher waren, dass es ein verlässlicher Indikator von etwas war, auch wenn Sie keine Ahnung hatten, von was? Das ist ein Beispiel dafür, wie körperbasiertes Gewahrsein den denkenden Geist umgehen kann. Die Muskelkrämpfe im Nacken, die Schmetterlinge im Bauch und das Pochen in der Stirn speichern Mengen an Information. Mit Übung erkennen Schüler wichtige Signale, die von ihrem Körper kommen, und messen ihnen ebenso viel Gewicht bei wie denen, die aus ihrem Geist kommen.

Ein klassisches Bild, das genutzt wird, um eine unangebrachte Herangehensweise an das Erlernen von Achtsamkeit zu verdeutlichen, ist das der drei fehlerhaften oder unbrauchbaren Töpfe. Ein Topf kann aus drei Gründen unbrauchbar sein: wenn er auf dem Kopf steht, wenn er ein Loch hat oder wenn er Gift enthält. Ein umgedrehter Topf ist immer leer, ganz gleich, wie viel Wasser man über ihn gießt, so wie ein abgelenktes Kind, das vom Achtsamkeitstraining dieses und jenes behält, aber nie das Gesamtbild versteht. Ein Kind, das meditiert, Achtsamkeit aber nicht in sein tägliches Leben integriert, ist wie ein Topf mit einem Loch, aus dem das Wasser so schnell herausfließt, wie es hineingegossen wurde.

Ein Kind, das von einer bedenklichen oder verqueren Motivation geplagt wird, ist wie ein Topf, der Gift enthält. Das Gift verdirbt das Wasser in ihm und ist der bei weitem gravierendste Fehler.[2] Indem wir über unsere Motivationen sprechen, können wir mit Kindern arbeiten, um dafür zu sorgen, dass sie wie ein aufrecht stehender, starker Topf werden – offen für neue Erfahrungen und bereit, zu lernen.

Kinder drehen die Frage der Motivation häufig um und fragen mich, warum ich Achtsamkeit unterrichte. Es ist nur fair, dass ich genauso aufrichtig bin, wie ich sie auffordere zu sein. Also erzähle ich ihnen, dass ich anfänglich nach Mitteln suchte, die mir helfen sollten, mich zu konzentrieren und mit Stress umzugehen, aber schnell herausfand, dass hinter Achtsamkeit noch sehr viel mehr steckt als das. Je mehr ich übte, umso ausgeglichener wurde mein Leben und umso glücklicher fühlte ich mich. Außerdem schienen auch meine Familie und so ziemlich jeder in meiner Umgebung glücklicher zu sein, wenn ich übte. Aber dieser Nutzen war nicht immer leicht zu erreichen. Ausgeglichenheit stellte sich nur ein, wenn ich bereit war, einen klarsichtigen Blick auf das zu werfen, was in meinem Leben vor sich ging, es zu erkennen und dann, wenn nötig, eine Veränderung vorzunehmen. Das Verändern war (und ist häufig immer noch) der schwere Teil, aber es wäre keine Achtsamkeit gewesen, hätte ich nicht daran gearbeitet, das, was ich aus dem Üben gelernt hatte, in mein Leben zu integrieren.

Die Hunde ausführen: Absicht, Inbrunst und Beharrlichkeit

Selbst wenn unsere Motivation eine aufrichtige ist, kommt es doch vor, dass wir uns nicht danach fühlen, zu meditieren. Dieses Gefühl ist nur allzu natürlich, aber aufgrund einer Kombination aus Absicht, Inbrunst und Beharrlichkeit üben wir trotzdem. Das Festlegen der Absicht, etwas zu tun, ist der erste Schritt bei jeder Form von Disziplin; Inbrunst ist das erforderliche geistige Mittel, um etwas durchzuziehen, und Beharrlichkeit ist das tatsächliche Zu-Ende-Führen dieser Sache. Absicht, Inbrunst und Beharrlichkeit ermöglichen es uns, unseren Widerstand zu überwinden und uns um die vor uns liegende Aufgabe zu kümmern.

Diese Triade taucht auf, wenn ich unsere Hunde, Rosie und Lucy, ausführe. Obwohl sie unzertrennlich sind, könnten sie nicht unterschiedlicher sein: Rosie ist enthusiastisch und liebt das Wandern, Lucy aber ist sich da nicht so sicher. Was das Wandern angeht, ist mein Geist wie meine Hunde. Es gibt Male, da fühle ich mich wie Rosie und möchte wandern, und dann gibt es Male, da ist wandern, wie bei Lucy, das Letzte, was ich tun möchte. Wenn ich mich wie Lucy fühle, denke ich an das klassische Bild vom „Zerschmettern des Geistes mit ihm selbst" und stelle mir die Komikfigur Popeye mit einer Denkblase über dem Kopf vor. In meiner Vorstellung befindet sich in Popeyes Denkblase eine riesige Hantel, die nur darauf wartet, hinabzufallen und seinen Geist zu zerschmettern, sollte dieser von der vorliegenden Aufgabe abschweifen. Dieses Bild von Popeye mit seiner Hantel ist ziemlich nützlich für Erwachsene, aber etwas brutal für Kinder. Sich zu entscheiden, etwas zu tun, das nicht verlockend ist, auf stur zu schalten und es trotzdem zu tun, ist ein extrem nützlicher geistiger Muskel, der beim Praktizieren von Achtsamkeit entwickelt wird. An jenen Tagen, an denen so ziemlich alles, selbst das Wäschewaschen oder Saubermachen meiner Schreibtischschubladen, verlockender ist als das Wandern, beiße ich die Zähne zusammen, ziehe meine Wanderschuhe an und versuche mich trotzdem nach draußen auf den Wanderweg zu bringen. Ich schaffe es nicht immer, aber es hilft mir, mich daran zu erinnern, dass genau die Aktivitäten, vor denen mir graut, mich manchmal glücklicher, gesünder und ausgeglichener machen.

Die Disziplin zu haben, das Haus zu verlassen und mich auf den Wanderweg zu begeben, ist nur der erste Schritt. Um die gesamte Strecke zu gehen, muss ich meine Absicht bisweilen viele Male erneuern. Es gibt immer triftige Gründe dafür, die Wanderung abzukürzen und nach Hause zu gehen: Es sieht nach Regen aus; ich bin müde; ich habe Hunger; ich muss meine Schwester anrufen. Aber trotz dieser Entschuldigungen halte ich durch, weil ich weiß, dass es Teil des Prozesses ist, mir das Abgelenktsein auszureden und mich wieder zum Wandern zu überreden. Beim Praktizieren von Meditation ist es dasselbe. Das Erkennen und Überwinden von Ablenkungen gehört genauso zu einer Meditation wie das Ruhen in einem ruhigen und friedlichen Geisteszustand. Meditation und Ablenkung existieren nebeneinander. Das Ziel besteht nicht darin, seine Umgebung von Ablenkungen zu befreien, sondern darin, sie zu erkennen und der Beschäftigung mit ihnen zu widerstehen. Wenn Sie beispielsweise Atmungsachtsamkeit praktizieren, ist der Augenblick, in dem Sie sich der Tatsache bewusst werden, dass Sie abgelenkt sind, und Ihre Aufmerksamkeit wieder auf Ihren Atem lenken, per Definition ein Akt und eine Erfahrung achtsamen Gewahrseins. Dies wissen auch Kinder.

Kürzlich bat ich die Schüler einer Mittelstufenklasse, sich in kleine Gruppen aufzuteilen, um darüber zu diskutieren, wie sie Achtsamkeit in ihre Alltagsroutine integrieren. Als die Klasse wieder zusammenkam, berichteten die Schüler einer Gruppe, dass sie den größten Teil der Diskussionszeit über ein anderes Thema gesprochen hätten, nämlich über den bevorstehenden Schulball. Als die Glocke ihnen signalisierte, dass die Zeit um war, erkannten sie, dass sie vom eigentlichen Thema abgekommen waren und der großen Gruppe nichts zu berichten hatten. Stolz verkündeten sie, dass das Bemerken der Tatsache, dass sie sich hatten ablenken lassen und nicht über die Aufgabe gesprochen hatten, ein Beispiel dafür war, wie sie achtsames Gewahrsein in ihr Alltagsleben integrierten.

Uns allen fällt es manchmal schwer, eine Sache konsequent zu verfolgen. Jeden Tag die Hunde auszuführen, in einer Unterhaltung beim Thema zu bleiben und jeden Tag zu meditieren, all das erfordert – wie sämtliche anderen disziplinierten Aktivitäten – Inbrunst und Beharrlichkeit. Beim Praktizieren von Achtsamkeit ist das Anwenden dieser zwei Qualitäten nur selten ein linearer Prozess, sondern eher eine sanfte Entwicklung, die dem Flugmuster einer Motte ähnelt, die auf eine Flamme zufliegt. Die Motte wird vom Licht angezogen, aber wenn sie sich der Flamme nähert, wird es auch heißer. Fliegt die Motte zu weit in die Flamme, riskiert sie, sich zu verbrennen. Wenn es also zu heiß für die Motte wird, fliegt sie von der Flamme weg, umkreist sie und versucht es erneut. Wieder und wieder stürzt sich die Motte in Richtung Flamme und weicht dann zurück, kommt bei jedem Versuch etwas näher heran, weil das Feuer herunterbrennt und die Flamme schwächer wird. Dies trifft niemals mehr zu als dann, wenn man schwierigen Emotionen achtsames Gewahrsein entgegenbringt. Die Praxis, sich einer Emotion ein ums andere Mal mehr zu nähern, nur in dem Maße, in dem man sich dabei wohlfühlt, bietet Erwachsenen und Teenagern eine Gelegenheit, nach und nach die Grenzen ihrer Gefühle zu erkunden und die Fähigkeit zu entwickeln, die Emotion in der Aufmerksamkeit zu halten, was es ihnen letztendlich ermöglichen kann, sie besser zu verstehen. Diese Praxis erfordert einen Grad an aufmerksamkeitsbezogener und emotionaler Reife, der für kleine Kinder unerreichbar ist.

Praktischer Rat

Ich möchte Ihnen gerne drei praktische Ratschläge geben, wie Sie Ihren Kindern helfen können, mit der Konzentration bei den Achtsamkeitsübungen zu bleiben, die in den folgenden Kapiteln beschrieben werden:

Halten Sie es einfach.
Sorgen Sie dafür, dass es Spaß macht.
Bewahren Sie Ihren Sinn für Humor.

Halten Sie es einfach

Als ich erstmals begann, Kinder in Achtsamkeit zu unterrichten, brauchte ich einen Koffer, um all meine Utensilien zu den Kursen zu tragen. Bevor ich das Haus verließ, füllte ich eine Reisetasche mit Trommeln unterschiedlicher Form und Größe, mit Windrädchen, Kartenspielen, Stoppuhren, Gummienten und -fröschen, einem CD-Player, Stofftieren, Notizbüchern, Bleistiften, Buntstiften und Pastellkreiden, Tamburinen, Rainsticks (einen so genannten Regentäuscher), tibetischen Klangschalen, Stimmgabeln, Kissen, Decken, Aufklebern, Schaubildern, Puzzles, Bilderbüchern, Snacks, Trinkpäckchen… Man hätte meinen können, ich wäre auf dem Weg zu einer Tauschbörse. Es gibt mit Requisiten arbeitende Komiker, die weniger Ausrüstung auf die Bühne schleppen, als ich zu diesen Kursen mitnahm. Aber ich wollte all dieses Zeug haben, um das Interesse der Kinder aufrechtzuerhalten, während wir Spiele spielten, die dazu gedacht waren, ihr Leben zu vereinfachen. Zu der Zeit erkannte ich die Ironie der Sache nicht.

Nach meinem ersten Unterrichtsjahr verzichtete ich auf den Koffer und bekam alles in einem Rucksack unter. Ich musste nicht länger einen *Roadie* engagieren, aber es war immer noch eine Menge Zeug. Heute gehe ich mit meinem Hackbrett oder meiner Gitarre in die Klasse, mit ein paar kleinen, glatten Steinen in der Jackentasche und einer Segeltuchtasche, in der sich ein Klangstab, eine „Geist-Messer" genannte Karte, Flipcharts und ein Tamburin befinden. Manchmal bringe ich auch eine Trommel mit oder Zubehör für das Spiel, das wir an dem Tag spielen. Ich sehe diesen Übergang vom Koffer zum Rucksack und weiter zu einer kleinen Segeltuchtasche als eine Metapher für meine Entwicklung als Lehrerin. Im Laufe der Jahre habe ich gelernt, mehr auf die Achtsamkeitspraxis selbst zu vertrauen und weniger auf das, was sie begleitet.

Dasselbe galt auch für die Entwicklung der Achtsamkeitsspiele, die ich mit Kindern spiele; letztendlich schliff ich sie zurecht, indem ich absolut jedes Wort und jede Aktivität so anpasste, dass sie für ein vierjähriges Kind verständlich sein und ihm Spaß machen würden. Nachdem ich mehrere Jahre lang Schüler im Alter von sieben Jahren und älter unterrichtet hatte, bekam ich einen Anruf von Dr. Sue Smalley, einer Professorin an der *University of California,* Los Angeles, die daran interessiert war, zu untersuchen, welche Wirkung Achtsamkeit auf Kinder hat. Ich erklärte mich zu einem Treffen mit ihr bereit und erfuhr dann, dass sie eine Genetikerin war, die die Aufmerksamkeitsdefizit-/Hyperaktivitätsstörung (ADHS) untersuchte. Sie hatte kurz zuvor eine gesundheitliche Krise gehabt, die Meditation entdeckt und war, wie so viele von uns, zu der Annahme gelangt, dass diese, weil sie für sie selbst so nützlich gewesen war, sicherlich auch für Kinder von Bedeutung sein könnte.

Bei einem Kaffee fragte sie mich, ob ich glaube, dass sich Kindergartenkindern Achtsamkeit beibringen ließe. Ich konnte mir nur schwer vorstellen, dass so junge Kinder für die Achtsamkeitspraxis empfänglich sein würden, aber ich willigte ein, einen Versuch zu machen. Und es funktionierte, erforderte jedoch, dass ich mein Programm ein wenig veränderte. Wie das Beschränken meines fliegenden Kuriositätenladens auf nur so viele Stücke, wie ich tragen konnte, war auch das Vereinfachen meiner Übungen, damit sie für Kindergartenkinder verständlich sein würden, für mich eine machtvolle Übung. Wie der französische Philosoph Blaise Pascal im siebzehnten Jahrhundert schrieb: „Bitte entschuldigen Sie den langen Brief. Ich hatte keine Zeit, einen kurzen zu schreiben." Aus Konzepten das Wesentliche herauszudestillieren und sie auf ihr absolutes Minimum zu reduzieren, dauert lange und erfordert viel praktisches Herumprobieren, aber es ist den Versuch auf jeden Fall wert. Ich war überrascht, als die für kleine Kinder entwickelten einfachen Übungen und die leichte Sprache bei älteren Kindern und Teenagern besseren Anklang fanden als die komplizierteren Aktivitäten, die ich normalerweise bei ihnen eingesetzt hatte. Und was noch überraschender war: Einige Eltern und Fachleute erzählten mir, sie hätten durch die für sehr kleine Kinder bestimmten unkomplizierten Übungen ein besseres Verständnis von Achtsamkeit gewonnen als durch Jahre der Teilnahme an Kursen und des Lesens von Büchern zum Thema Achtsamkeit. Niemand drückt es besser aus als Henry David Thoreau: „Vereinfache, vereinfache, vereinfache."

Sorgen Sie dafür, dass es Spaß macht

Es ist beinah unmöglich, sich zu konzentrieren, wenn man hungrig oder müde ist, und es macht bestimmt keinen Spaß. Ich kann Ihnen nicht sagen, wie viele Male Kinder zum Achtsamkeitskurs gekommen sind und hungrig, müde oder beides waren.

Eine herausfordernde Erfahrung bestand darin, im Rahmen der Nachmittagsbetreuung zwischen sechzehn und siebzehn Uhr einen Kurs für Schüler der Mittelstufe zu geben. Eines der Mädchen, die regelmäßig kamen, war am ersten Kurstag in schlechter Stimmung. Kinder fühlen sich häufig aus dem ein oder anderen Grund unwohl, sie aber konnte nicht länger als eine oder zwei Minuten still sitzen. Ich fragte, was los sei, und sie sagte mir, dass sie Hunger habe. Ich verstand sehr gut, dass sie sich nicht konzentrieren konnte, und ebenso, dass ihr Vater keine Zeit hatte, ihr vor dem Kurs eine Kleinigkeit zu essen zu besorgen. Ich versprach, das nächste Mal Snacks mitzubringen. Die Woche darauf brachte ich gesunde Snacks mit und alle waren dankbar. Es stellte sich heraus, dass das Mädchen, dem es schwergefallen war, sich zu konzentrieren, nicht die Einzige gewesen war, die während des letzten Kurstermins Hunger gehabt hatte. Wir aßen Müsliriegel nach der Introspektion, kauten auf

Möhrenstäbchen, während wir im Kreis saßen und über Achtsamkeit sprachen, und tranken Saft aus Trinkpäckchen, bevor wir freundliche Wünsche sendeten.

Die Kinder hatten Spaß und ich freute mich, bis der Vater des Mädchens kam, um es abzuholen. Er musterte den Raum, sah die Essensreste und bat mich, mit ihm auf die Veranda zu gehen, um mit ihm zu sprechen. In freundlichem, aber bestimmten Ton dankte er mir für den Kurs, bevor er mir sagte, dass seine Tochter vor, nach oder in dem Kurs kein Essen mehr bekommen sollte. Ich fragte warum, dachte, dass das Mädchen vielleicht eine Krankheit hätte, von der ich nichts wusste. Das Mädchen war schwergewichtig, aber mir fiel nichts an ihm auf, das außerhalb des normalen Bereichs liegen würde. Weil, so sagte mir der Vater, er seine Tochter zu diesem Kurs angemeldet hätte, damit sie am Nachmittag beschäftigt wäre und nicht in der Lage sein würde zu essen.

Der Zusammenhang zwischen Nahrung und Aufmerksamkeit lässt sich leicht übersehen. Es ist nicht ungewöhnlich, dass Eltern in Workshops Sorgen über die Aufmerksamkeitsprobleme ihrer Kinder äußern sowie über die Schwierigkeit, sie sofort nach der Schule dazu zu bringen, zur Ruhe zu kommen und ihre Hausaufgaben zu erledigen. Wenn ich Eltern frage, ob sie es ausprobiert haben, den Kindern eine Kleinigkeit zu essen zu geben, bevor sie mit den Hausaufgaben beginnen, sind sie häufig überrascht. Einmal darauf hingewiesen, erkennen die meisten Eltern, dass es ihren Kindern hilft, sich zu konzentrieren, wenn sie vor (und manchmal während) der Erledigung der Hausaufgaben einen gesunden Snack bekommen. Nicht nur besteht eine Verbindung zwischen Essen und Konzentration; Forscher haben auch einen eindrucksvollen Zusammenhang zwischen regelmäßigen gemeinsamen Familienmahlzeiten und reduziertem Drogenmissbrauch bei Kindern und Teenagern festgestellt.[3]

Eine ähnliche Verbindung existiert zwischen Schlaf und Aufmerksamkeit. Es ist extrem schwer, sich zu konzentrieren, wenn man müde ist, und es besteht ein allseits bekannter Zusammenhang zwischen unzureichendem Schlaf und einem Rückgang der schulischen Leistungen von Kindern. Schlafmangel beeinträchtigt nicht nur die kognitiven Fähigkeiten eines Kindes; er wird auch mit Gesundheitsproblemen in Verbindung gebracht.

Dasselbe gilt, wenn Kinder überlastet sind. Manchmal kann ein übereifriges Bildungsengagement den Spaß am Lernen nehmen. Sehen Sie sich nur einmal den zunehmend durch Wettbewerb gekennzeichneten Ablauf der Bewerbung um einen Platz an einer „guten" Schule an. In einigen Teilen der USA hat sich der Wettbewerbsgrad, der einst nur von der Bewerbung um einen Studienplatz an der Uni bekannt war, auf weiterführende Schulen, Grundschulen und sogar Kindergärten ausgeweitet. In diesen Regionen ist es üblich, dass die Eltern von Kleinkindern hinsichtlich der Aussicht, einen geeigneten Kindergarten zu finden, Stress erfahren. Kleinkinder mögen die Ursache für den Stress zwar nicht verstehen, sie erfahren ihn jedoch indirekt durch ihre wohlmeinenden Eltern.

Der Druck lässt nicht nach, wenn ein Kind angenommen worden ist; von da an ist die Zeit des Kindes – durch außerschulische Aktivitäten und manchmal übermäßige Nachhilfe – dem Erbringen von noch mehr Leistung gewidmet, was versteckte Kosten haben kann, darunter die, dass das Selbstvertrauen eines Kindes unterminiert wird und es den Schulen schwer gemacht wird, die Effektivität ihrer Lehrpläne und das Unterrichtstempo zu beurteilen. Ich habe Verständnis für Eltern, die nur das Beste für ihr Kind wollen – ich zähle mich dazu –, und dieses „irrationale Engagement" einer Mutter oder eines Vaters für ein Kind, ein Begriff, der 1997 von der britischen Psychologin und Erziehungsexpertin Penelope Leach geprägt wurde, ist ein entscheidender Baustein gesunder Eltern-Kind-Beziehungen. Aber das automatische Bedürfnis, in Bildungs- und Leistungsangelegenheiten „mit den anderen gleichzuziehen", kann nach hinten losgehen.

Kinder sind nicht die einzigen, die überlastet und überfrachtet sind. Wenn Eltern gefragt werden, was ihre Alltagslast mindern würde, sagen sie häufig „mehr Zeit" und erklären, dass der Tag einfach nicht genug Stunden habe, um es ihnen zu ermöglichen, zu tun, was getan werden müsse. Aber glücklicherweise haben Eltern mehr Zeit, als sie glauben. Eltern übernehmen freiwillig viele Aktivitäten, von denen sie meinen, sie seien gut für ihre Kinder, ohne vollständig über deren versteckte Kosten nachzudenken. Als wenn Eltern aus Gewohnheit überlastet, überfrachtet und überengagiert wären und ihre Kinder ebenfalls. Sowohl Eltern als auch Kinder sind häufig so beschäftigt, dass sie vergessen, dass all das Tun die Zeit schmälern kann, in der sie einfach zusammen sind.

Wann war das letzte Mal, das Ihr Kind einen Nachmittag damit zugebracht hat, einfach im Garten oder Wohnzimmer herumzuexperimentieren, das Als-ob-Spiel zu spielen, mit Klötzen zu bauen oder auf Bäume zu klettern – alles nur mit Hilfe seiner Fantasie? Viele Eltern machen sich Sorgen über die potentiell negativen Auswirkungen, die eine ständige Abnahme der unverplanten, unstrukturierten Zeit zum Spielen auf Kinder hat. Pädagogen äußern ähnliche Sorgen. Dr. Paul Cummins, geschäftsführender Direktor der *New Visions Foundation,* die sich für die Bildung und Förderung benachteiligter Kinder und Jugendlicher stark macht, und Begründer der unabhängigen Schulen *Crossroads School* und *New Roads School* in Kalifornien, sagte zu mir: „Meine Frau ist Klavierlehrerin, und wir wissen, dass, wenn man mit einem Kind nicht in einem bestimmten Alter anfängt, eine Art Flexibilität der Finger weg ist. Man kann sie nicht zurückgewinnen, wenn man versucht, mit zwanzig, dreißig, vierzig oder fünfzig Jahren mit dem Spielen zu beginnen. Etwas ist verloren gegangen. Es ist nur ein Glaubensgrundsatz, aber ich glaube, wenn man Kinder ihrer Kindheit beraubt, raubt man ihnen etwas, das fundamental wichtig ist, und wenn es nicht unwiederbringlich ist, ist es doch sehr schwer wiederzuerlangen." Cummins fuhr fort: „Wie viele Menschen kennen wir, die *fantasielos* sind. Sie wissen es nicht, aber ihr Leben ist beeinträchtigt."[4]

Man kann kaum den Fernseher anstellen oder eine Zeitung in die Hand nehmen, ohne eine Sendung bzw. einen Artikel über ADHS zu sehen, an dem Morgen aber schoben Dr. Cummins und ich die Sorgen darüber, wie gut Kinder einer Sache ihre Aufmerksamkeit schenken können, beiseite und fragten uns, wie sich eine Fantasiedefizitstörung (*imagination deficit disorder* oder IDD) auf junge Menschen auswirkt, wenn sie erwachsen werden. Cummins bemerkte: „Wir überfrachten Kinder so stark, dass Reflexion nahezu unmöglich ist. Wir haben Drittklässler, die Hausaufgaben machen; es ist absurd. Was Kinder als Hausaufgabe tun sollten, ist spielen; wenn wir versuchen, das Spiel aus der Kindheit herauszuprogrammieren, richten wir meiner Meinung nach Entwicklungsschäden an."

Die Forscherin Dr. Adele Diamond von der *University of British Columbia* in Kanada äußerte die Sorge, dass ein Mangel an unstrukturierter Zeit zum Spielen negative Auswirkungen auf die Entwicklung der Planungs- und Organisationsfähigkeiten kleiner Kinder haben könnte. In

Diamonds Untersuchung wurden 147 Kinder im Kindergartenalter beobachtet, die nach einem Curriculum namens *Tools for the Mind* unterrichtet wurden, bei dem das Theaterspiel zum normalen Kindergartentag gehört. Bei den Kindern zeigte sich eine deutliche Verbesserung der exekutiven Funktionen oder der Planungs- und Organisationsfähigkeiten. In einer Studie, die in der Zeitschrift *Science* veröffentlicht wurde, schrieb Diamond: „Auch wenn das Spiel häufig als belanglos angesehen wird, ist es möglicherweise (für die Entwicklung der exekutiven Funktionen) von größter Wichtigkeit."

Unter dem Gesichtspunkt der Achtsamkeit betrachtet, hat es einen zusätzlichen Nachteil, erschöpft, überlastet, müde oder hungrig zu sein: den Verlust an Perspektive. Wenn wir nicht auf uns selbst aufpassen, nimmt unsere Fähigkeit, Ereignisse in unserem Leben klar und objektiv zu sehen, ab. Kinder müssen ausgeschlafen und satt sein, um erfolgreich lernen zu können. Wenn wir bei Familienmahlzeiten Abstriche machen und unsere Kinder im Streben nach Leistung bis zur Erschöpfung treiben, wird es für sie sehr viel schwerer, wenn nicht unmöglich, die nicht-reaktive, klare Denkart zu entwickeln, die nötig ist, damit sie ihre Ziele erreichen. Und, was nicht weniger wichtig ist, sie haben dann keinen Spaß mehr.

Bewahren Sie Ihren Sinn für Humor

Meinen erwachsenen Schülern (für gewöhnlich Eltern, Erzieherinnen und Erzieher sowie im Gesundheitswesen Tätige, die daran interessiert sind, Achtsamkeit mit Kindern zu praktizieren) gebe ich noch drei zusätzliche praktische Ratschläge für die Vermittlung von Achtsamkeit an Kinder: Schließen Sie erstens mit der Tatsache Ihren Frieden, dass, wenn Sie Kinder dazu auffordern, achtsam zu sein, diese Sie dabei ertappen werden, wenn Sie selbst nicht achtsam sind. Und natürlich ist niemand von uns ständig achtsam. Bleiben Sie zweitens im realistischen Rahmen, indem Sie nur das vermitteln, was Sie direkt erfahren haben. Und drittens wird der Weg, den Sie gewählt haben, sehr viel einfacher sein, wenn Sie sich Ihren Sinn für Humor bewahren. Um den weisen Hippie Wavy Gravy zu zitieren: „Wenn du keinen Sinn für Humor hast, ist es einfach nicht mehr lustig."

Die umgearbeiteten Achtsamkeitspraktiken in diesem Buch erfordern weit mehr Training und Verständnis, als die Definition von Achtsamkeit, die sich im Wörterbuch findet – „etwas Beachtung schenken" –, vermuten lässt. Viele, die ihr ganzes Leben dem Beherrschen dieser Praktiken gewidmet haben, glauben, nur an der Oberfläche gekratzt zu haben. Jedoch müssen Sie nicht warten, bis Sie ein jahrelanges Studium absolviert haben, bevor Sie Achtsamkeit mit Ihren Kindern praktizieren – vorausgesetzt, Sie halten sich an eine sehr wichtige Faustregel: *Vermitteln Sie nur das, was Sie aus eigener Erfahrung wissen.* Ich kann diesen Punkt gar nicht genug betonen. Wenn Sie etwas über einen interessanten Aspekt der Meditation lesen, ihn aber noch nicht selbst erfahren haben, vermitteln Sie ihn nicht. Kinder haben einen Riecher dafür, was authentisch ist und was nicht.

Eine der Klassenlehrerinnen, mit denen ich gearbeitet habe, stellte mir folgende Frage: „Ich bin keine Klavierlehrerin, aber ich kann ‚Alle Vögel sind schon da' auf dem Klavier spielen und bringe meinen Vorschülern bei, dieses Lied auf dem Klavier zu spielen. Kann ich Achtsamkeit vermitteln, auch wenn ich erst ein paar Monate Training gehabt habe?" Durchaus. *Durchaus konnte* sie ihren Vorschülern beibringen, was sie gelernt hatte, aber ich warnte sie davor, nur die Achtsamkeit zu vermitteln, die dem Niveau von „Alle Vögel sind schon da" entspricht. Zu dem Zeitpunkt verfügte sie über ein solides Verständnis der beruhigenden Eigenschaften der Atemachtsamkeit sowie der Art und Weise, wie diese Eigenschaften kleinen Kindern helfen können; also integrierte sie diese Übungen in ihre Arbeit mit der Klasse, und ich war hocherfreut zu erfahren, dass ihre Schüler begeistert mitmachten. Andere Lehrer aber gerieten in Schwierigkeiten, als sie versuchten, etwas zu vermitteln, das sie selbst nicht erlebt hatten. Dies ist gefährliches Terrain und kann ethische Fragen aufwerfen. Dennoch können Sie die Freude der Achtsamkeit mit Kindern teilen, auch wenn Sie selbst noch dabei sind zu lernen, indem Sie eine Übung von außen her „anprobieren", während Sie weiterhin daran arbeiten, sie von innen her zu verkörpern. „Eine Übung anzuprobieren" bedeutet, dass Sie ein Gefühl für sie bekommen, indem Sie ihre Schritte durchgehen und sich damit vertraut machen, was sie in sich birgt, auch wenn Sie den Prozess oder die hinter ihr stehende Theorie noch nicht vollkommen verstehen. Mit der Weiterentwicklung Ihrer Praxis werden Sie in der Lage sein, neue Dinge auszuprobieren.

Praktische Anwendung

Hier sind ein paar Leitlinien, die Ihnen dabei helfen sollen, anzufangen:

- Suchen Sie sich ein Unterstützungssystem, das Sie auf diesem Weg begleitet; es ist wichtig, einen anerkannten Achtsamkeitslehrer zu finden und mit anderen Menschen zusammenzukommen, die schon seit einer Weile regelmäßig meditieren.
- Menschen reifen in unterschiedlichem Tempo und die anspruchsvolleren Achtsamkeitskonzepte sind für viele Kinder und Teenager nicht zu erfassen. Das heißt nicht, dass sie niemals in der Lage sein werden, diese Konzepte zu begreifen, sondern lediglich, dass sie noch nicht dafür bereit sind, sie zu begreifen. Drängen Sie sie nicht jenseits ihrer Komfortzone.
- Denken Sie, wenn Sie mit Kindern meditieren, daran, dass Sie nicht alles über ihr inneres und äußeres Leben wissen, selbst wenn es Ihre eigenen Kinder sind. Gehen Sie vorsichtig vor, wenn Kinder über schmerzhafte emotionale Angelegenheiten sprechen, und scheuen Sie sich nicht davor, Hilfe bei einem Fachmann zu suchen, wenn ein Kind etwas sagt, das Sie beunruhigt, oder wenn es sehr großen emotionalen Schmerz hat.
- Bestehen Sie nicht darauf, dass ein Kind meditiert oder über schmerzhafte Emotionen spricht, wenn es dieses nicht möchte.
- Schieben Sie jedes Urteil oder jede Analyse beiseite, während Sie Achtsamkeit praktizieren, und widmen Sie sich voll und ganz der Erfahrung. Gedanken dazu, was Sie mögen, was Sie nicht mögen, wie toll die Kinder ihre Sache machen, wie gerne Sie die Gelegenheit gehabt hätten, dasselbe zu tun, als Sie Kind waren, wie albern die Übungen sein können, wie tiefgründig... – diese Art von Analyse ist normal. Indem Sie aber praktizieren, werden Sie eine andere Beziehung zum Denken entwickeln. Sie werden lernen, dass es nach Ihrer Meditation viel Zeit für Reflexion und Analyse gibt.

- Schauen Sie, ob Sie sich damit wohlfühlen können, „nicht zu wissen" oder zumindest „noch nicht zu wissen". Gehen Sie, wenn Sie während des Meditierens Fragen zur Meditation haben, diesen wohl nach, jedoch nicht, bevor Sie die Meditation beendet haben. Ein Verständnis wird sich durch die Praxis ganz natürlich entwickeln.
- Setzen Sie Kindern auf eine Art und Weise Grenzen, die mit den Prinzipien des achtsamen Gewahrseins übereinstimmt. Dies kann eine Herausforderung darstellen, doch gibt es einige elementare Tricks für das Setzen achtsamer Grenzen, von denen einige gleichzeitig altbewährte Mittel für das Klassenmanagement sind, die genauso gut zu Hause funktionieren:

  - Nutzen Sie jede Gelegenheit, um nonverbal mit Ihrem Kind zu kommunizieren. Wenn ein Kind beispielsweise redet, ohne an der Reihe zu sein, können Sie, statt es zu bitten, aufzuhören, Augenkontakt herstellen, lächeln und einen Finger auf Ihre Lippen oder eine Hand an Ihr Ohr legen oder in die Richtung dessen zeigen, auf das es seine Aufmerksamkeit konzentrieren soll.

  - Das Zeichen für „Ruhe" oder „Arm heben" ist ein effektives Mittel für das Klassenmanagement, das Sie zu Hause übernehmen können. Die Idee ist die, dass, wenn Sie Ihren Arm heben, jeder, der Sie sehen kann, dasselbe tut. Wenn die Arme gehoben sind, heißt das, dass keiner reden soll und dass Augen und Ohren auf Sie gerichtet sein sollen. Eine Variation des Zeichens für „Ruhe" besteht darin, mit einem verbalen Hinweis um eine nonverbale Geste als Antwort zu bitten. Wenn Ihre Kinder mit einer Aktivität beschäftigt sind und es wahrscheinlich nicht sehen würden, wenn Sie Ihren Arm heben, sagen Sie einfach: „Wenn ihr meine Stimme hört, hebt euren Arm." Wieder bedeutet das Heben der Arme, dass alle verstummen und Augen und Ohren auf Sie gerichtet sein sollten.

- Seien Sie sich dessen bewusst, wie Sie sich bewegen, und schauen Sie, ob Sie sich langsamer als in Ihrem üblichen Tempo bewegen können. Es macht Spaß, sich in Zeitlupe zu bewegen, und es hilft Kindern, bedächtiger zu werden, wenn sie sich bewegen, und sich dessen bewusster zu werden, wo sich ihr Körper im Verhältnis zu anderen Menschen und Dingen befindet. Es hilft Kindern ferner, einen achtsameren Geisteszustand zu bewahren, wenn sie ihre Aufmerksamkeit von einer Aktivität zu einer anderen verlagern.

- Wenn Sie gemeinsam Achtsamkeit praktizieren, sollten der Fokus Ihres Kindes und Ihr eigener auf derselben Aktivität liegen. Wenn Sie Ihrem Kind Gesellschaft leisten, während es übt, kann es für das Kind verwirrend sein, wenn Sie auf eine Sache fokussieren, während es selbst auf eine andere Sache fokussiert. Indem Sie Ihre Aufmerksamkeit auf das Objekt der Übung lenken (die Trommel, Ihren Atem, ein Stofftier auf Ihrem Bauch), führen Sie modellhaft vor, worauf sich die Aufmerksamkeit Ihres Kindes während dieser Praxis achtsamen Gewahrseins konzentrieren soll.

- Seien Sie so konsequent wie möglich und integrieren Sie achtsames Gewahrsein in Ihre täglichen Aktivitäten. Niemand von uns ist perfekt (fragen Sie nur mal meine Familie), aber je mehr Sie Achtsamkeit integrieren, umso mehr werden auch Ihre Kinder dies tun und umso mehr wird Achtsamkeit zu einer selbstverständlichen Gewohnheit werden.

- Gehen Sie nachsichtig mit sich um. Kultivieren Sie Geduld und denken Sie daran, dass es eine Lernkurve gibt. Achtsamkeit kommt mit der Übung.

- Seien Sie spontan und kreativ, wenn Sie mit Ihrem Kind üben. Wenn Ihnen eine Möglichkeit einfällt, wie Sie Achtsamkeit in etwas integrieren könnten, das Sie bereits zusammen tun, probieren Sie es aus. Eine unbegrenzte Anzahl an Achtsamkeitsaktivitäten wartet darauf, entdeckt zu werden, wenn Sie das Geschirr spülen, Kleidung zusammenlegen, Hausaufgaben machen, Spiele spielen, ans Telefon gehen und am Computer arbeiten.

Falls Sie Rat dazu suchen, wie Sie Achtsamkeit auf bedeutsame Weise in Ihr Familienleben integrieren können, ist das Beste, was ich Ihnen raten kann, eine regelmäßige Meditationspraxis zu etablieren, hoffentlich mit Freunden oder Familienangehörigen, und davon das zu übernehmen, was

Sie anspricht. Nutzen Sie Ihre eigene Meditationserfahrung als Kompass, wenn Sie mit Kindern arbeiten. Ich habe gesehen, wie Menschen versucht haben, so zu unterrichten wie jemand anders – vielleicht ihr eigener oder ein berühmter Meditationslehrer. Das funktioniert normalerweise nicht sehr gut. Einige von uns fühlen sich mit analytischen Übungen wohler, andere mit Mitgefühl. Einige von uns können besser mit Musik üben, einige mit Kunst, einige mit Bewegung. Üben Sie das, was für Sie gilt. Aber, und das ist am wichtigsten, üben Sie. Und machen Sie sich keine Sorgen, wenn es am Anfang nicht leichtfällt. Üben Sie einfach weiter.

Ihre Achtsamkeitspraxis: Andere finden, die Sie begleiten

Das Meditieren in einer Gruppe gleichgesinnter Freunde kann unsere Meditationspraxis unterstützen und uns dabei helfen, Achtsamkeit in unser Alltagsleben zu integrieren. Gruppen bieten Unterstützung und Ermutigung und können die Meditationserfahrungen der Teilnehmer verbessern, da jeder in der Gruppe von den Bemühungen der anderen profitiert. Der Zweck einer Meditationsgruppe besteht darin, die persönliche Entdeckung eines jeden Teilnehmers zu unterstützen, nicht darin, dass die Teilnehmer einander Rat geben oder füreinander Probleme lösen. Die Gruppe dient jedem Mitglied als Spiegel; ich glaube, der *Velvet-Underground-Song* von Lou Reed fasst es schön zusammen: „Ich werde dein Spiegel sein, widerspiegeln, wer du bist, für den Fall, dass du es nicht weißt."

Das Auge kann seine eigene Pupille nicht sehen ist eine Lehre, die eine fundamentale Schwierigkeit des Studiums der Natur des Geistes einfängt. Meditation ist das Studium unseres eigenen Geistes, und wenn wir mit diesem Studium beginnen, müssen wir die Beschränkung überwinden, dass der Geist sich nicht selbst sehen kann. Aber obwohl wir unser Gesicht nicht direkt sehen können, haben wir es doch im Spiegel gesehen und wissen, wie es aussieht. Die Rolle derer, die andere bei der Achtsamkeitspraxis begleiten, besteht darin, als Spiegel zu dienen und jemandes Worte und Handlungen gerade so widerzuspiegeln, wie ein Spiegel das Bild von jemandes Gesicht widerspiegelt. Die Meditationserfahrung eines anderen gekonnt widerzuspiegeln ist eine Kunst, eine zutiefst bewegende und unterstützende Erfahrung für alle Beteiligten, und erfordert Training und Anleitung, da einem häufig Projektionen und Wahrnehmungen in die Quere kommen können. Wir unternehmen jede Anstrengung, um uns gegenseitig (und uns selbst) im Prozess des Einkehrens, des Zurückkehrens und des erneuten Einkehrens in unsere Erfahrungen zu unterstützen, um zu entdecken, was in uns versteckt liegt. Eine Sitzgruppe fungiert noch auf eine andere wichtige Art als Spiegel: Indem wir unseren eigenen Geist beobachten, wenn wir in der Gruppe mitmachen, dienen wir uns selbst als Spiegel.

Sie brauchen nicht viele Leute, um ein Unterstützungssystem für Ihre Meditationspraxis zu schaffen. Eine weitere Person ist genug. Hier sind ein paar Leitlinien:

- Wenn wir uns gegenseitig bei der Meditationspraxis begleiten,
  - beobachten wir unseren eigenen Geist und dienen uns selbst als Spiegel, indem wir wahrnehmen, wie wir auf die Erfahrung anderer Menschen und wie auf unsere eigene reagieren
  - hören wir mit Güte und Mitgefühl zu, wenn andere Menschen ihre Meditationserfahrung beschreiben
  - dienen wir *anderen* als Spiegel, indem wir ihre Beschreibungen ihrer Erfahrungen unvoreingenommen zurückspiegeln und ohne die Spiegelung mit unseren eigenen Projektionen zu verfälschen.

- Wenn wir zuhören, sprechen und unseren eigenen Geist beobachten, ist es hilfreich, an Folgendes zu denken:
  - Es ist wichtig, dass wir, wenn wir uns negativer Eigenschaften in uns selbst und eigener Reaktionen auf die Erfahrungen anderer, auf die wir nicht stolz sind, bewusst werden, so gütig, verständnisvoll und mitfühlend gegenüber uns selbst sind, wie wir es mit anderen sind.
  - Überprüfen Sie, bevor Sie einen anderen Teilnehmer oder eine andere Teilnehmerin nach seiner oder ihrer Erfahrung fragen, erst einmal Ihre Motivation. Manchmal sind Fragen, die wir anderen Menschen stellen, tatsächlich verhüllte Fragen über uns selbst, die

dem Verlangen entspringen, unsere persönliche Erfahrung zu erforschen. Manchmal sind wir uns dessen bewusst und manchmal nicht. Achten Sie darauf, dass es bei allen Fragen, die Sie stellen, grundsätzlich um andere Teilnehmer geht und dass sie durch das aufrichtige Interesse motiviert sind, ihnen bei ihrem Prozess der persönlichen Entdeckung zu helfen.

- Irgendwann einmal wird es im Prozess des Spiegelns wahrscheinlich dazu kommen, dass etwas oder jemand ein unbehagliches Gefühl oder eine unangenehme Reaktion in Ihnen auslöst. Wenn dies passiert, scheuen Sie sich nicht davor. Beobachten Sie stattdessen Ihr Unbehagen, genauso, wie Sie Ihre Meditationserfahrungen beobachten, mit Neugier, Güte und Mitgefühl.

- Wenn Sie andere bei ihrer Meditationspraxis begleiten, ist es hilfreich, an Folgendes zu denken:
  - Anderen Menschen Ihr Mitgefühl zum Ausdruck zu bringen, indem Sie darüber sprechen, wie deren Erfahrungen Sie berühren, ist normalerweise nicht so hilfreich wie Fragen zu stellen, die sie zurück zu ihrer eigenen unmittelbaren Erfahrung bringen.
  - Vermutungen darüber anzustellen, was wohl in der Meditationspraxis eines anderen vor sich gehen könnte, oder Vergleiche mit Ihren eigenen Erfahrungen zu ziehen, ist normalerweise ebenfalls nicht so hilfreich wie Fragen zu stellen.

Gemeinsame Achtsamkeit

Wie viele Eltern, habe ich viele verschiedene Leben gelebt. Ich habe das Leben einer leitenden Angestellten, einer Mutter, einer Tochter, einer Schwester, einer Ehefrau, einer Kleinunternehmerin, einer Freundin, einer Ehrenamtlichen, einer Kranken, eines Menschen auf dem Weg nach oben und eines Menschen auf dem Weg nach unten gelebt. In einem jeden dieser Leben hatte ich Kollegen, Freunde und Familienangehörige, mit denen ich praktisch dasselbe Gespräch führte. Es geht in etwa so:

Von einem sehr jungen Alter an werden wir von der Welt, in der wir leben, dazu ermuntert, danach zu streben, jemand oder etwas Besonderes zu sein. Es ist eine Welt, die zwischen Menschen unterscheidet und Leistung wertschätzt, dabei Ergebnisse auf Kosten des Prozesses glorifiziert. Wenn wir aber erwachsen werden, beginnt das Streben danach, etwas Besonderes zu sein oder etwas Besonderes zu tun, hohl zu erscheinen. Wir erkennen, dass wir uns, ganz gleich, wie viel Glück wir haben, so fühlen können, als würde etwas fehlen, selbst wenn wir unsere kühnsten Träume verwirklicht haben oder dem zumindest recht nah gekommen sind. Mit jeder vollbrachten Leistung wird die Latte höher gelegt. Nichts würden wir lieber tun, als von diesem Karussell abzuspringen und aufzuhören, einem schwer zu erfassenden goldenen Ring nachzujagen, aber wir sehen keine Alternative. Liegt das daran, dass es keine Alternative gibt, oder versagt lediglich unsere Fantasie? Viele wären bereit, der materiellen Welt zu entsagen, wenn sie wirklich glaubten, sie würden mit weniger glücklicher sein. Aber würde es bedeuten, das Kind mit dem Bade auszuschütten, wenn wir dem Vollbringen von Leistung aus dem Weg gingen? Gibt es eine Möglichkeit, dieses Paradox bereitwillig anzunehmen und es besser zu verstehen, um das Leben zu zelebrieren, das wir bereits haben?

Möglicherweise hatten Sie ähnliche Gespräche mit Freunden und Kollegen. Wenn Sie auf der Suche nach Menschen sind, die sich Ihrer Sitzgruppe anschließen oder mit denen Sie einfach über Meditation sprechen können, ermuntere ich Sie dazu, mit jenen Menschen (wieder) in Kontakt zu treten, mit denen Sie das Leben hinterfragt und nach Antworten gesucht haben. Sie werden bei dieser Reise Ihre Spiegel sein – und Sie werden ihre sein.

3. So einfach wie das Atmen
Beginnen Sie mit Entspannung und Beruhigung

Voller Liebe sein.
Glücklich und in Sicherheit sein.
Frieden haben.
Keine Sorgen.

Zweitklässler

An einem frischen Wintertag in Los Angeles saß ich um 7 Uhr morgens in einem Grundschulklassenraum auf einem Stuhl, der für ein sechsjähriges Kind konzipiert war. Zu meiner einen Seite saß eine Übersetzerin und zu meiner anderen eine Sicherheitsbedienstete, und ich brachte einer Gruppe vorwiegend lateinamerikanischer Mütter einfache Techniken des Atemgewahrseins bei, die ihnen helfen sollten, sich inmitten der gewaltigen Belastungen, die sie jeden Tag schulterten, sowohl körperlich als auch psychisch besser zu fühlen. Diese Mütter waren alleinstehend, Opfer von häuslicher Gewalt und Misshandlung in der Ehe. Meine Aufgabe bestand darin, ihnen selbstgesteuerte Achtsamkeitstechniken beizubringen, die sie wiederum ihren Kindern beibringen würden – wenn nicht durch direkte Anleitung, dann dadurch, dass sie ein gutes Beispiel abgeben würden, was die bei weitem mächtigste Vermittlungsmethode ist, die wir als Eltern besitzen.

Diese Frauen waren nicht deshalb für diese Zusammenkunft am frühen Morgen aufgestanden, weil sie ein leidenschaftliches Interesse an Achtsamkeit gehabt hätten. Wenn überhaupt, hatten nur wenige von ihnen je etwas von Achtsamkeit gehört, bevor sie das Flugblatt des Frauenhauses lasen, und nach dem Lesen hatten viele von ihnen keinen positiven Eindruck von der Sache. Die meisten waren fromme Katholikinnen und einige glaubten, Achtsamkeit sei eine mystische Religion. Andere glaubten, es handle sich um irgendein kalifornisches New-Age-Ding. Sie waren skeptisch, kamen aber trotzdem sehr früh in den Klassenraum, um auf dem kalten Fußboden zu liegen und Achtsamkeit auszuprobieren, weil sie so ziemlich alles in ihrer Macht Stehende tun würden, um ihren Kindern zu helfen, eine Chance auf ein besseres Leben zu haben. Am Ende des Kurses sprachen sie, eine nach der anderen, darüber, was für eine Erleichterung es gewesen sei, sich Zeit für sich selbst zu nehmen, um ihren Geist und ihren Körper zu beruhigen.

Zu der Zeit war es für mich noch relativ neu, Kinder und Familien in Achtsamkeit zu unterrichten, und manchmal sah ich mich im Raum um und fragte mich: Wie kann ich mir so sicher sein, dass diese einfachen Atemtechniken, dieselben, die mir geholfen haben, eine besonders traumatische Zeit in meinem Leben durchzustehen, irgendjemand anders eine Hilfe sein würden? Es war eine Sache, mit privilegierten Kindern zu arbeiten, deren Eltern in der Lage waren, für eine Reihe von Bereicherungsaktivitäten zu sorgen. Schließlich tut es niemandem weh, Kindern Achtsamkeit beizubringen, und zumindest hilft es ihnen dabei, etwas auf eine neue Art und Weise zu sehen, ganz gleich, wie kurz.

Im Frauenhaus zu unterrichten war etwas anderes. In benachteiligten Regionen sind die Ressourcen Zeit und Energie genauso knapp wie Geld, und für meinen eigenen Seelenfrieden musste ich mir hundertprozentig sicher sein, dass das, was ich unterrichtete, diesen Familien helfen würde – und nicht nur ein wenig helfen würde. Die Hilfe musste so groß sein, dass sie nicht nur die Aufforderung an diese Kinder und Mütter rechtfertigen würde, früh am Morgen aufzustehen, sondern, noch wichtiger, auch das Ansteigen ihrer Hoffnungen.

Beinah ein Jahrzehnt später habe ich gesehen, wie sich der Nutzen von Achtsamkeit in verschiedenen Kulturen, in jeder Altersgruppe und über Kontinente hinweg manifestiert hat. Ich habe diese Zweifel nicht mehr.

Finden, was bereits da ist

Die natürliche Klarheit eines jeden Geistes kann durch das ruhelose geistige Geplapper der täglichen Erfahrung verdeckt werden. Stellen Sie sich vor, Sie würden die Oberfläche eines Teichs betrachten. Wenn das Wasser still ist, können Sie durch dieses hindurch zu dem Sand und den Steinen auf dem Grund sehen. An einem windigen Tag aber, wenn auf der Wasseroberfläche Wellen und Kräuselungen sind, können Sie nicht sehen, was darunter liegt. Geistige Ruhelosigkeit kann wie Wind auf der Oberfläche eines Teichs sein, kann Kräuselungen und Wellen hervorrufen, die den stillen, klaren Geist darunter verbergen. Introspektion beruhigt die Wellen, so dass wir erneut durch das stille Wasser auf den Grund des Teichs sehen können. Der Prozess der Introspektion bringt ruhelose Gedanken und Emotionen zur Ruhe und ermöglicht es uns, die Stille und geistige Klarheit zu entdecken, die bereits da ist. Es ist nicht einfach, Kindern dieses Konzept allein mit Worten zu erklären, Sie können es ihnen jedoch mit Hilfe einer Flasche Wasser und etwas Backnatron verdeutlichen.

Klarer-Geist-Spiel

Nehmen Sie eine klare, mit Wasser gefüllte Glasflasche, stellen Sie sie auf den Tisch und bitten Sie Ihre Kinder, durchzuschauen und zu gucken, was sich auf der anderen Seite befindet. Wahrscheinlich sehen sie Sie oder das, was auf der Tischplatte steht. Schütten Sie eine Tasse Natron ins Wasser und schütteln Sie die Flasche. Wie sieht sie jetzt aus? Können die Kinder noch immer durch sie hindurch auf die andere Seite sehen? Wahrscheinlich nicht: Das Backnatron trübt das Wasser und verschleiert die Sicht. Genau wie das Backnatron im Wasser können Gedanken und Emotionen in unserem Kopf Chaos anrichten und unseren ansonsten klaren Geist trüben. Werfen Sie nach ein oder zwei Minuten wieder einen Blick auf das Wasser. Was passiert, wenn Sie es in Ruhe lassen? Tatsächlich, je mehr das Wasser ruht, umso mehr setzt sich das Backnatron ab und umso klarer wird das Wasser. Bald wird sich das gesamte Natron am Boden der Flasche abgesetzt haben und Ihre Kinder werden wieder durch das Glas schauen können. Dasselbe gilt für unseren Geist. Je länger wir in dem regelmäßigen

Rhythmus unserer Atmung ruhen, umso mehr kommen unsere Gedanken und Emotionen zur Ruhe – und umso klarer wird unser Geist.

In seinem Buch *Zen Mind, Beginner's Mind*[1] *(Zen-Geist, Anfänger-Geist)* beschreibt Suzuki Roshi einen klaren Geist als „Geist eines Anfängers", einen Geist wie den eines Kindes. Der Geist eines Anfängers spiegelt einen Geisteszustand wider, der offen und empfänglich ist, einen Zustand nicht-reaktiven, nicht-konzeptuellen Gewahrseins. Er ist nicht leer, sondern er ist eine Linse, durch die wir das Leben direkt und klar denkend erfahren. Ich erkläre diese Art, das Leben zu sehen und zu erfahren, indem ich zwei unterschiedliche Sichtweisen eines Regenbogens miteinander vergleiche. Jemand, der weiß, dass ein Regenbogen existiert, aber selbst noch keinen gesehen hat, hat eine konzeptuelle Sichtweise, die sich stark von der eines Menschen unterscheidet, der den Zauber eines Regenbogens im Nachmittagshimmel tatsächlich gesehen und erlebt hat.

Der Geist eines Anfängers ist offen und empfänglich für neue Ideen, nicht dadurch verschlossen, dass die Person starr an dem festhält, was sie für wahr hält. Vorgefasste Meinungen und Vorstellungen beiseite zu schieben, um etwas mit einem frischen Blick zu betrachten, ist eine der schwierigsten Qualitäten, die es bei der Achtsamkeitspraxis zu kultivieren gilt, und sie ist nicht einfach zu beschreiben. Ich stieß aber zufällig auf eine Möglichkeit, dies zu tun, als ich es am wenigsten erwartete. Eines Morgens, als meine Kinder noch jünger waren, öffnete ich beim Zubereiten des Frühstücks eine rollenförmige Haferflockendose der Marke *Quaker* und erlebte eine Überraschung. Statt der Haferflocken fand ich einen Schatz aus farbenprächtigen, glänzenden Glasjuwelen vor, den meine Tochter versteckt hatte. Irgendwie war ihre Quaker-Schatztruhe wieder in den Küchenschrank gelangt. Als ich sah, was drinnen war, wurden meine Erwartungen durchkreuzt und ich erlebte einen Augenblick nicht-konzeptuellen Wissens – ein blitzartiges Gewahrsein – in dieser Unterbrechung der Hektik meiner Morgenroutine. „Aha", sagte ich zu mir selbst. Dies ist eine Möglichkeit, mit Kindern ein Gespräch über den Geist eines Anfängers zu beginnen. Also steckte ich die Haferflockendose in meinen Rucksack und machte mich auf den Weg zum Unterricht. Seither habe ich eine Quaker-Haferflockendose viele, viele Male als visuelle Hilfe in einem Achtsamkeitsspiel genutzt, das ich „Was ist in der Dose?" nenne.

Was ist in der Dose?

Nehmen Sie eine leere rollenförmige Verpackung, zum Beispiel eine Stapelchipsdose oder eine Espressodose, und tun Sie etwas Lustiges hinein, beispielsweise einen Satz bunter Murmeln, ein Spielzeugauto oder Legosteine. Lassen Sie die Kinder einen Kreis bilden und legen Sie die Dose in die Mitte, oder stellen Sie sie, falls Sie mit Ihren eigenen Kindern spielen, auf einen Tisch. Fordern Sie die Kinder auf, zu raten, was, abgesehen von Chips bzw. Espresso, möglicherweise in der großen rollenförmigen Dose sein könnte. Bei meiner Haferflockendose habe ich Vermutungen gehört, die von „Haferflocken" bis zu „Eidechsen" reichten. Stellen Sie den Kindern, nachdem jedes von ihnen mit Raten an der Reihe gewesen ist, Fragen dazu, wie es sich anfühlt, nicht zu wissen, was in der Dose ist. Wollen sie es wissen? Hat es in ihrem Leben Male gegeben, als etwas passierte und sie nicht wussten, was es war? Wie war das? Wie fühlt es sich an, so richtig neugierig zu sein und begierig darauf, etwas herauszufinden? Sitzen Sie bei den Kindern und achten Sie darauf, wie es sich anfühlt, etwas nicht zu wissen. Fragen Sie sie, wie sich ihr Körper anfühlt, wenn sie nicht wissen, was als Nächstes passiert. Ist es angenehm? Ist es unangenehm? Ist irgendwer aufgeregt? Fragen Sie sie, ob es sich so anfühlt, als hätten sie Schmetterlinge im Bauch. Schauen Sie, ob Sie und die Kinder fühlen können, wie die Energie und der Nervenkitzel des Nichtwissens den Raum füllen. Sitzen Sie, falls es Ihnen gelingt, einfach da und atmen Sie – und lassen Sie alles auf sich wirken. Jetzt können die Kinder in die Dose schauen!

Der Geist eines Anfängers ist die natürlichste Sache der Welt, aber vielen von uns ist er schon lange vor Erreichen des Erwachsenenalters wegkonditioniert worden. Er ist die Standard-Geisteshaltung eines Kindes, aber manchmal konditionieren wir ihn versehentlich auch bei ihnen weg. Wenn ich mit Kindern, vor allem mit Teenagern, arbeite, fühlte ich mich an einen Refrain des Songs *Anyone Can Whistle* von Stephen Sondheim erinnert: „Was schwer ist, ist einfach. Was natürlich ist, fällt schwer." Auch mit den besten Absichten machen wir Kindern das Leben nicht immer einfach.

Viele der Kinder, die ich unterrichte, sind extrem begabt. Sie bekommen gute Noten, schaffen es in die erste Schulmannschaft, spielen beim

Konzert ein Solo, leisten im Rahmen von gemeinnütziger Arbeit Erstaunliches, schneiden bei den standardisierten Tests gut ab: Was immer es ist, sie schaffen es. Weltlichen Erfolg zu haben fällt diesen Kindern relativ leicht. Kein Wunder: Viele von ihnen haben ihre Mütter und Väter das Erbringen von Leistung modellhaft vorführen sehen, seit sie klein waren. Hier kommt die gute Nachricht: Durch das modellhafte Vorführen harter Arbeit haben wir dazu beigetragen, dass schwierige Dinge, wie hart zu arbeiten, für unsere Kinder natürlich sind und ihnen leichtfallen. Die Kehrseite ist die, dass wir ihnen dabei bisweilen ganz natürliche Sachen – wie die, zu einem kindhaften, offenen und neugierigen „Geist eines Anfängers" zurückzufinden – sehr, sehr schwer machen.

Freundlichkeit

Eine Möglichkeit, wie Eltern und Kinder zur Klarheit des Geistes eines Anfängers zurückfinden können, besteht darin, dass sie auf eine Art und Weise leben, die Fürsorge, Güte, Freude, Gleichmut, Geduld, Großzügigkeit, Demut, Freude über das Glück anderer, Mitgefühl und Engagement fördert. Ich erzähle meinen Schülern eine Geschichte über ein Kind, das auf diese Weise lebt, die einer klassischen Achtsamkeitsgeschichte nachempfunden ist.[2]

Die gütige und sanfte Prinzessin

Ich hörte einmal von einer gütigen Prinzessin, die in einem Zauberreich lebte. Als sie ein kleines Mädchen war, schickten alle königlichen Familien des Reiches ihre Kinder auf Internatsschulen. Als für die Prinzessin die Zeit kam, da sie zur Schule gehen sollte, packte sie ihren Rucksack, verabschiedete sich von ihren Eltern und machte sich über eine gewundene Staubstraße auf den Weg zur Akademie der Weisheit. Die Akademie der Weisheit war eine besondere Schule, da weise Lehrer aus dem gesamten Reich kamen, um dort zu sprechen. Wenn sie Vorlesungen hielten, saßen die Gelehrten auf einem mit Edelsteinen geschmückten Thron, der hoch über dem Innenhof schwebte, und ihre Schüler saßen darunter auf einer Rasenfläche aus dem leuchtendsten grünen Gras, das man je gesehen hat.

Die Akademie war berühmt für diese Vorlesungen und Menschen reisten aus benachbarten Dörfern und Städten an, nur um die goldenen Worte der Gelehrten zu hören.

Die gütige und sanfte Prinzessin war aufgeregt, als sie an ihrer neuen Schule ankam. Bald schon aber erkannte sie, dass sie nicht zu der Menge passte. Sie tat nicht, was die anderen Kinder taten, und sie sagte nicht, was die anderen Kinder sagten. Ihre Freunde und Lehrer meinten, dass die gütige Prinzessin nichts anderes täte als vor sich hinzuträumen. Ihre Professoren sahen sie niemals lernen und sie schien die ganze Zeit zu schlafen; sie wussten nicht, was sie von ihr halten sollten. Also entschieden sie, ihr Wissen zu testen. Die Professoren baten ihre tagträumende Schülerin, im Innenhof einen Vortrag zu halten, in der Hoffnung, dass sie lernen und sich vorbereiten würde, um sich nicht vor ihren Freunden und Nachbarn lächerlich zu machen. Die gütige Prinzessin sagte zu, lernte jedoch weiterhin nicht. Der Tag ihres Vortrages rückte näher und ihre Professoren waren sehr, sehr besorgt.

Als es an ihr war, zu sprechen, kletterte die gütige und sanfte Prinzessin auf den Thron hinauf, der für die weisesten Menschen bestimmt war, und begann zu sprechen. Als die gütige Prinzessin sprach, versammelte sich eine Menge aus ihren Freunden und aus Menschen der Gegend im Innenhof der Akademie. Hoch oben auf dem schwebenden Thron erzählte die tagträumende Prinzessin allen Zuhörern, dass sie sich selbst das Versprechen gegeben habe, jedem, den sie treffen würde, zu helfen, glücklich zu sein. Ihre Stimme wurde in die Umgebung getragen und bald war der Innenhof voller Stadtbewohner, die von dem, was die Prinzessin sagte, angezogen worden und aufs Schulgelände gekommen waren.

Die gebannte Menge hörte sie sagen, dass sie die Häuser der Menschen mit süßer Musik erfüllen wolle. Die Menschen hörten sie sagen, dass sie wünschte, es würde Blumen aus dem Himmel in ihre Gärten regnen. Sie wollte Leibwächterin werden, um ihre Freunde und ihre Familie vor Schaden zu bewahren. Sie wollte ein Boot sein, ein Floß oder eine Brücke, um ihren Freunden zu helfen, stürmische Flüsse zu überqueren; ein sanftes Bett, in dem Menschen sich ausruhen könnten, wenn sie müde wären; und eine Taschenlampe für diejenigen, die sich vor der Dunkelheit fürchten. Die gütige Prinzessin wollte Ärztin werden, um die Kranken zu heilen, und eine Wunderlampe, die anderer Menschen Wünsche Wahrheit werden lassen könnte. Dies sind nur einige der freundlichen Wünsche, welche die gütige Tagträumerin zu denen sprach, die ihr an dem Tag zuhörten.

Diese Geschichte hat noch eine Fortsetzung, die ich an späterer Stelle, in Kapitel 9, mit Ihnen teilen werde. In diesem Moment, in dem ich hier in meinem Schlafzimmer vor mich hintippe, während Seth unten an seinem Computer sitzt, Gabe Gitarre übt und Allegra neben mir auf meinem Bett liegt und gegen eine Kopfgrippe ankämpft, möchte ich Ihnen freundliche Wünsche senden.

> Mögen Sie immer Ihren Sinn für Humor bewahren.
>
> Mögen Sie viel Spaß dabei haben,
> mit Kindern Achtsamkeit zu praktizieren.
>
> Mögen Sie den Entdeckungsprozess lieben, der diese Arbeit bestimmt, und sich damit wohlfühlen, nicht alle Antworten zu wissen.
>
> Mögen Sie daran denken, dass es in der Tat ernsthafte Arbeit ist,
> Kindern dabei zu helfen, sich ihrer selbst
> und anderer und des Planeten bewusster zu werden.
>
> Gleiches gilt für das Lieben,
> Singen, Tanzen, Lachen, Spielen und Spaßhaben.

Freundliche Wünsche wie jene, die die gütige Prinzessin und ich gerade ausgesandt haben, wirken möglicherweise ein wenig kitschig und weichgespült, doch sind sie eine Schlüsselkomponente der Achtsamkeitspraxis für Kinder, eine, mit der ihnen Rücksichtnahme und Mitgefühl beigebracht wird. Und sie könnte Ihnen bekannt vorkommen, wenn Sie bereits mit der klassischen Übung der Liebenden Güte in Berührung gekommen sind.

Freundliche Wünsche senden

Mit den klassischen Übungen, die ich am liebsten mag, wird Wohlwollen kultiviert. Sie gehörten zu den ersten, die ich mit Kindern durchführte. Als ich aber vom ausschließlichen Arbeiten mit älteren Kindern dazu überging, mit Vierjährigen zu arbeiten, musste ich für diese Übungen einen Namen finden, der das, was wir taten, auf eine Weise beschrieb, die sehr kleine Kinder verstehen konnten. Ich wandte mich an die Kleinkindererzieherin Gay Macdonald, die über mehr als 25 Jahre Erfahrung in der Erziehung von Vorschulkindern verfügt und in den fünf der *University of California*, Los Angeles, angegliederten Kinderbetreuungseinrichtungen jedes Jahr etwa 350 Kinder in ihrer Obhut hat. Sie schlug vor, dass ich über Liebende Güte im Zusammenhang mit Freundschaft spreche. Aus diesem Gespräch wurde die Praxis des *Sendens freundlicher Wünsche* geboren.

Gelegenheiten für das Senden freundlicher Wünsche finden sich in jedem Aspekt des Lebens versteckt und werden lediglich durch Ihre Fantasie begrenzt. Lehrer und Eltern, mit denen ich gearbeitet habe, haben freundliche Wünsche in alltägliche Aktivitäten eingeflochten, inspiriert durch Schwimmbäder, Rockkonzerte und stille, abgeschiedene Wälder. Ich ermuntere Sie dazu, sich den Menschen, Orten, Tieren und anderen Lebewesen zuzuwenden, die in Ihrem Leben bedeutungsvoll waren, und diese Erinnerungen als ein Seidenband zu nutzen, aus dem Sie Ihre eigenen freundlichen Wünsche flechten können. Um Ihnen zu helfen anzufangen, hier nun ein allgemeiner Rahmen, der durch die klassische Übung der Liebenden Güte inspiriert ist, aber für kleine Kinder umgearbeitet wurde, deren Geist sich aufgrund ihrer Entwicklungsstufe mit abstrakten Konzepten noch schwer tun kann.

- Bitten Sie Ihre Kinder, freundliche Wünsche an sich selbst zu senden, sich vorzustellen, dass sie glücklich sind und Spaß haben, dass sie gesund sind und mit ihrer Familie und ihren Freunden in Sicherheit sind.
- Schlagen Sie als Nächstes vor, dass sie sich einen Freund oder eine Freundin oder ein Familienmitglied aussuchen, möglichst jemanden, der mit ihnen im Raum ist, und still freundliche Wünsche senden, die speziell auf diese Person zugeschnitten sind. Zum Beispiel: „Papa, ich möchte, dass du glücklich bist; ich hoffe, dass all deine Träume in Erfüllung gehen; ich möchte, dass du gesund und stark bist; ich möchte, dass du in deinem Leben ganz viel Liebe fühlst; ich möchte, dass du

früh von der Arbeit nach Hause kommst, damit du mit mir spielen kannst; ich hoffe, dass du dich friedlich und ruhig fühlst; ich möchte, dass du immer in Sicherheit bist."

- Schlagen Sie – nachdem die Kinder freundliche Wünsche an jemanden gesandt haben, den sie kennen, vorzugsweise an jemanden, der mit ihnen im Raum ist – vor, dass sie freundliche Wünsche an jemanden senden, der nicht im Raum ist. Hierbei sollten sie mit ihrer Familie und ihren Freunden beginnen, dann zu Menschen übergehen, die sie kennen gelernt haben, dann zu denen, die sie noch nicht kennen gelernt haben, aber gerne kennen lernen würden, und schließlich zu allen Lebewesen auf der ganzen weiten Welt. Die Kinder könnten sich vorstellen, dass sie zu diesen Menschen, Orten und Lebewesen sagen: „Ich hoffe, dass du glücklich bist; ich hoffe, dass du gesund bist und viel Spaß hast, dass du in Sicherheit bist und nie verletzt wirst und dass du mit Menschen, die du liebst, in Frieden lebst."
- Ältere Kinder und Teenager können freundliche Wünsche an Menschen senden, die sie ärgern oder die gerade eine schwierige Zeit durchmachen. Bei kleinen Kindern vermeide ich diese Übungen allerdings.
- Bei kleinen Kindern schließe ich den Kreis freundlicher Wünsche mit ihnen selbst, indem ich die Kinder bitte, die Wünsche noch einmal zu verinnerlichen und still zu sich selbst zu sagen: „Ich möchte glücklich sein, ich möchte gesund und stark sein, ich möchte mich wohlfühlen, ich möchte in Sicherheit sein und in Frieden mit meiner Familie, meinen Freunden, meinen Haustieren und allen, die ich liebe, leben."

Das Senden freundlicher Wünsche ist eine von mehreren Übungen, die Kinder dahin führen können, den Geist eines Anfängers zu erfahren. Eine andere ist die Atmungsachtsamkeit.

Atme ein ... Atme aus

Die meisten von uns können mit großer Genauigkeit einen Zeitpunkt festmachen, an dem wir uns in einem transzendenten Geisteszustand befanden oder den Geist eines Anfängers hatten. Diese Erfahrungen können wie aus dem Nichts auftauchen und so mächtig sein, dass sie das Leben verändern. Stellen Sie sich vor, Ihren Geist so zu trainieren, dass Sie besser dazu in der Lage sind, diesen Geisteszustand zu jeder Zeit und an jedem Ort Ihrer Wahl zu erreichen. Relativ wenige Menschen haben die vollständige Beherrschung dieses Könnens erlangt, aber das Training, mit dem die geistige Fähigkeit hierfür aufgebaut wird, ist bemerkenswert unkompliziert, ja sogar einfach. Es ist so einfach wie das Atmen.

Ein untrainierter Geist wird mit einem wilden Elefanten verglichen, der durch den Wald jagt und eine Spur der Verwüstung hinterlässt. Ein wilder Elefant hat ein enormes Potential für das Gute, die Herausforderung besteht jedoch darin, ihn zu trainieren. Die klassische Vorstellung davon, wie man einen wilden Elefanten trainiert, besteht darin, ihn an einen Pflock anzubinden. Zuerst zieht der Elefant an der Leine und versucht, sich zu befreien, aber die Leine hält ihn fest. Schließlich erkennt er, dass sein Bemühen vergeblich ist, und steht friedlich da. Wenn ein untrainierter Geist erstmals die Atmungsachtsamkeit erlernt, schweift er von Gedanke zu Gedanke, von einer Geschichte zur nächsten, genau wie ein wilder Elefant, der versucht, vom Pflock wegzulaufen. In der Praxis des Atemgewahrseins ist der Pflock der physische Akt des Atmens und die Leine ist die Achtsamkeit, die unsere Aufmerksamkeit sanft zum Atem zurücklenkt. Wie ein Elefant, der an einen Pflock festgebunden ist, werden unser Geist und unser Körper sich friedlich beruhigen, wenn wir achtsames Atmen praktizieren, sofern wir geduldig sind und uns die Zeit und den Raum geben, um dies geschehen zu lassen.

Beim Praktizieren achtsamen Atmens fühlen wir, was in unserem Geist und unserem Körper geschieht, während wir in der Empfindung unseres Atems ruhen. Es gibt keine richtige oder falsche Art, zu atmen; lange Atemzüge sind nicht besser als kurze, tiefe Atemzüge nicht besser als flache. Auch besteht keine Notwendigkeit, irgendetwas Besonderes zu tun; das Ziel besteht darin, vollständig zu erfahren, wie es ist, genau jetzt, in diesem gegenwärtigen Augenblick, lebendig zu sein. Probieren Sie es aus, zuerst Sie ganz alleine und dann Sie und Ihre Kinder zusammen. Es gibt eine klassische Lehre, die Eltern, selbst jene, die sich mit Achtsamkeit gut auskennen, häufig vergessen: *Wenn du dich selbst schützt, schützt du andere. Wenn du andere schützt, schützt du dich selbst.*[3] Eltern sind dafür bekannt, dass sie die Bedürfnisse aller anderen Familienmitglieder vor ihre eigenen stellen. Ungeachtet unserer guten Absichten, ist es möglich, dass wir die Verbindung zwischen dem Sorgen für unsere Familie und dem Sorgen für uns selbst übersehen. Um einen großen Achtsamkeitslehrer frei zu zitieren: „Wenn du im Schlamm versunken bist, kannst du anderen nicht aus ihm heraushelfen."

Probieren Sie das Atemgewahrsein also alleine aus, bevor Sie es mit Ihrem Kind üben, um den Nutzen zu sehen, den es in Ihrem eigenen Leben hat. Sobald Sie das achtsame Atmen verstehen, werden Sie in der Lage sein, es Ihrem Kind beizubringen. Aber als Erstes müssen Sie und Ihre Kinder eine bequeme Sitzhaltung zum Meditieren finden.

Indianersitz

Stellen Sie sich einen dreibeinigen Schemel vor, dessen Gewicht gleichmäßig auf alle Beine verteilt ist. Das ist die Idee, die hinter einer Haltung steckt, die Kinder „Indianersitz" nennen und in der man mit überschlagenen Beinen auf einem Kissen sitzt, ein Bein über dem anderen, und in der das Gewicht gleichmäßig auf die beiden Knie und den Po verteilt ist. Im Indianersitz halten Sie Ihren Rücken aufrecht und haben Ihre Augen geschlossen oder Ihren Blick sanft nach unten gerichtet. In einigen Traditionen wird dieser sanft nach unten gerichtete Blick „Bescheidenheit der Augen" genannt. Falls es Ihnen schwerfällt, mit gekreuzten Beinen auf dem Boden zu sitzen, gibt es weniger anstrengende und genauso stabile Positionen, darunter das Knien auf einem Kissen oder einer Meditationsbank und das Sitzen auf einem Stuhl mit geradem Rücken und flach nebeneinander auf dem Boden aufgestellten Füßen.

Kinder werden während des Meditierens manchmal krumm und manchmal verspannt sich ihr Körper, wenn sie aufrecht sitzen. Probieren Sie, um Kindern zu helfen, eine entspannte und aufrechte Haltung zu finden, die Methode „Zip – Wir schließen unseren Reißverschluss". Führen Sie sie alle gemeinsam durch, indem Sie sich vorstellen, entlang Ihrer Körpermitte würde ein Reißverschluss verlaufen, der beim Bauchnabel beginnt und genau unter dem Kinn endet. Halten Sie nun eine Hand vor den Oberkörper, in die Nähe des Bauchnabels, aber ohne ihn zu berühren, und die andere Hand hinter den Oberkörper, an das Ende der Wirbelsäule, aber ohne es zu berühren, und bewegen Sie Ihre Hände Ihre Wirbelsäule und Brust entlang aufwärts und über Ihr Kinn hinweg, indem Sie sagen: „Ziiiiiiiip!" Jetzt, wo Sie alle Ihren Reißverschluss geschlossen haben, brechen Sie, die Hände hoch über Ihre Köpfe gestreckt und nach dem Himmel greifend, in **stillen** Jubel aus, indem Sie mit den Händen wedeln, ohne ein Wort zu sagen. Lassen Sie dann Ihre Arme sinken und beginnen Sie wieder von vorne, jetzt mit der anderen Hand vor und der anderen Hand hinter dem Körper. Schließen Sie den Reißverschluss und jubeln Sie erneut still, bevor Sie Ihre Hände wieder sinken lassen, so dass sie locker auf Ihren Knien liegen.

In dieser zentrierten und bequemen Haltung sind Sie und Ihre Kinder bereit, Ihre Aufmerksamkeit auf das Gefühl Ihrer Atmung zu fokussieren, während Ihr Atem in Ihren Körper hinein- und wieder aus ihm herausfließt.

Atemgewahrseinsübung

Lassen Sie zu Beginn einer jeden Meditationsperiode so viel körperliche Anspannung los wie möglich, um in einem Gefühl der Leichtigkeit und Geräumigkeit zu ruhen. Entspannen Sie Ihren Körper und Ihren Geist und lassen Sie Ihren Geist ohne große Anstrengung oder Erwartung seinen natürlichen Zustand – offen, klar und weit – einnehmen, während Sie Ihrem Körper und Ihrem Geist die Möglichkeit geben, zu ruhen. Unabhängig davon, wo Sie jetzt sind und was Sie später zu tun haben, ist das Einzige, was es in diesem Augenblick zu tun gibt, zu meditieren und zu ruhen. Es gibt keinen anderen Ort, an den Sie gehen müssen. Es gibt nichts anderes, das Sie tun müssen. Es gibt niemand anders, dem Sie gefallen müssen. Genau jetzt ist nichts wichtiger, als dass Sie sich um sich selbst kümmern. Gönnen Sie sich also eine Pause, nur für ein paar Minuten. Spüren Sie die

Empfindung Ihres Atems, wie er genau jetzt ist, ohne ihn auf irgendeine Weise zu beeinflussen. Vielleicht ist Ihr Atem langsam und ruhig. Vielleicht ist er schnell und kurz. Vielleicht ist er regelmäßig, vielleicht nicht. Ob er so ist oder so, spielt keine Rolle. Alles, worauf es ankommt, ist, dass Sie darauf achten, wie er sich anfühlt, ohne ihn zu analysieren, ohne überhaupt irgendetwas anderes zu tun als in der Erfahrung des Atmens und Lebendigseins zu ruhen.

Seien Sie nicht beunruhigt, wenn Sie oder Ihre Kinder sich die ersten paar Male, die Sie auf diese Weise auf Ihre Atmung fokussieren, körperlich unwohl fühlen. Es ist nicht ungewöhnlich, dass Kinder das Gefühl haben, ihre Kehle sei zugeschnürt, oder zum ersten Mal erkennen, dass sie durch den Mund und nicht durch die Nase atmen, und es nicht mögen, wie sich das anfühlt. Auch ist es nicht ungewöhnlich, dass sofort eine unangenehme oder schwierige Emotion hochkommt. All dies ist vollkommen natürlich. Ermuntern Sie die Kinder einfach dazu, das Gefühl zur Kenntnis zu nehmen und seine Analyse auf später zu verschieben. Ich erkläre dies meinen Schülern auf die folgende Art; Sie können es mit eigenen Worten ausdrücken, wenn Sie es Ihren Kindern beschreiben.

Kindern das Atemgewahrsein erklären

Bei mir passiert etwas Komisches, wenn ich meinen Atem beobachte, und vielleicht passiert das bei euch auch. Ihn einfach nur zu beobachten, ohne irgendetwas zu tun, kann die Art und Weise verändern, wie ich atme. Oft wird mein Atem einfach dadurch, dass ich auf ihn achte, tiefer und langsamer, und der Abstand zwischen dem Einatmen und dem Ausatmen wird länger. Das ist ganz schön erstaunlich! Dann passiert etwas anderes. Wenn mein Atem anfängt, langsam und tief zu werden, beginnen mein Körper und mein Geist sich anders zu fühlen. Wenn mein Atem langsamer und ruhiger wird und ich in der Lage bin, mich ausschließlich auf ihn zu konzentrieren, entspannt sich normalerweise mein Körper, und wenn mein Körper sich entspannt, fühle ich oft, dass mein Geist langsamer wird und sich beruhigt. Aber manchmal kann ich mich einfach nicht auf meinen Atem konzentrieren, ohne durch das abgelenkt zu werden, was ich denke oder fühle. Mein Geist wird nicht langsamer und mein Körper entspannt sich nicht. Es geschieht sogar das Gegenteil. Wenn ich wegen irgendetwas besorgt bin und mich nicht konzentrieren kann, kann mein Atem kurz und schnell werden und mein Körper sich so anfühlen, wie er sich anfühlt, wenn ich beunruhigt oder verstört bin. Wenn euch das auch passiert, macht euch keine Gedanken; es ist vollkommen normal und ergibt viel Sinn, schließlich denkt ihr ja an etwas, das euch zu schaffen macht. Wenn ihr an etwas Verstörendes denkt, konzentriert ihr euch nicht auf euren Atem, sondern auf etwas anderes. Lenkt also, sobald ihr erkennt, dass ihr über eure Probleme nachdenkt, eure Aufmerksamkeit sanft zu eurem Atem zurück und schaut, ob ihr beginnt, euch besser zu fühlen. Der Augenblick, in dem ihr bemerkt, dass ihr abgelenkt seid, bevor ihr eure Aufmerksamkeit wieder eurem Atem zuwendet, ist in der Tat ein Augenblick achtsamen Gewahrseins.

Bevor ich mit kleinen Kindern die Atmungsachtsamkeit übe, erzähle ich ihnen, wie Atem, Körper und Geist sich normalerweise verändern, wenn wir auf diese Weise unserer Atmung Beachtung schenken. Wenn ich mit älteren Kindern und Teenagern arbeite, beschreibe ich den Prozess nicht. Stattdessen üben wir zusammen, und dann stelle ich ihnen Fragen, die sie hoffentlich dazu veranlassen, ihre eigenen Prozesse zu erkennen. Beispielsweise frage ich Teenager und ältere Kinder: „Wie war eure erste Atemgewahrseinsübung?" „Seid ihr mit dem Geist bei eurem Atem geblieben?" „Hat sich euer Atem verändert, während ihr geübt habt?" Dies ermuntert sie dazu, als Erstes nach innen zu schauen, um die Antworten zu finden, und dann ihrem eigenen Verständnis dessen, was passiert ist, zu vertrauen.

Kürzlich befragte ich einen achtjährigen Schüler namens Carey zu seiner Meditationspraxis. Als wir begannen, miteinander zu arbeiten, konnte er weder längere Zeit still sitzen, noch war er in der Lage, seine Gedanken zurückzuhalten. Carey musste alle seine Gedanken zum Ausdruck bringen, welche es auch waren und wann auch immer sie aufkamen. Ich arbeitete mit ihm über einen Zeitraum von drei Wochen zweimal in der Woche und in der sechsten Sitzung sagte er: „Wenn ich böse bin, ist mein Atem stark wie ein Löwe. Wenn ich aufgeregt bin, ist mein Atem wie ein herumlaufendes Eichhörnchen. Wenn ich müde bin, ist mein

Atem langsam wie eine Schildkröte." Hier haben wir ein Kind, das versteht, auf welche Weise sein Atem mit unterschiedlichen geistigen und körperlichen Zuständen in Zusammenhang steht.

Im Allgemeinen ruhen wir beim Praktizieren der Atmungsachtsamkeit in dem gewöhnlichen Heben und Senken des Atems, ohne irgendetwas Besonderes mit ihm zu tun. Wenn wir uns in unsere Atmung versenken, nehmen wir die Veränderungen wahr, die auf natürliche Weise in unserem Körper und Geist geschehen. Genau wie Carey beginnen wir zu verstehen, dass unterschiedliche Arten, zu atmen, Einfluss auf unseren Geist und unseren Körper haben. Bisweilen benötigen Kinder Hilfe, um diese Zusammenhänge zu sehen, und selbst diejenigen, die selbst Zusammenhänge herstellen können, brauchen manchmal lange, um sie herauszufinden. Sie können den Prozess beschleunigen, indem Sie Kinder langsam oder schnell atmen lassen und sie auffordern, Zusammenhänge zwischen der Art, wie sie atmen, und dem, was in ihrem Geist und ihrem Körper geschieht, herzustellen. Normalerweise fühlen sich Kinder ruhiger, wenn sie langsam atmen, als wenn sie schnell atmen, aber nicht immer. Ohne eine Übung wie diese hier, die Kinder auf eine zwischen Atem, Körper und Geist bestehende Verknüpfung hinweist, kann es für sie schwierig sein, die drei miteinander in Zusammenhang zu bringen. Besonders schwierig, wenn nicht unmöglich, ist das Herstellen dieses Zusammenhangs für sehr kleine Kinder. Drängen Sie sie also nicht jenseits ihrer Fähigkeitsstufe. Behalten Sie dies bei der folgenden Übung im Kopf, die auszuprobieren mit Kindern jeden Alters angemessen ist.

Zusammenhänge zwischen Atem, Körper und Geist herstellen

Untersuchen Sie, wie sich Ihr Geist und Ihr Körper jetzt fühlen. Machen Sie drei tiefe Atemzüge und untersuchen Sie noch einmal Ihren Geist und Ihren Körper. Hat sich irgendetwas verändert? Betrachten Sie drei unterschiedliche Teile des Atmens: die Einatmung, die Ausatmung und die Pause zwischen den beiden. Lassen Sie uns jeden dieser drei Teile des Atems beobachten und sehen, was passiert. In bequemer Sitzhaltung werden wir absolut allem, was mit unserer Atmung zu tun hat, Beachtung schenken.

1. Lassen Sie uns als Erstes sehen, wie es sich anfühlt, wenn unsere Atemzüge lang sind. Atmen Sie lange ein und atmen Sie lange aus. Achten Sie auf alles an Ihrer langen Einatmung. Achten Sie nun auf alles an Ihrer langen Ausatmung. Wie fühlt sie sich an? Wo spüren Sie sie in Ihrem Körper? Ist sie schnell? Ist sie langsam? Ist sie kühl? Ist sie warm? Ist sie sanft? Ist sie rau? Ist sie regelmäßig? Achten Sie darauf, wie Ihr Körper sich genau jetzt anfühlt. Fühlt er sich irgendwie anders an als vorher? Wie? Wo? In Ihrem Kopf, Ihrem Magen, Ihren Schultern, Ihrem Nacken?

2. Als Nächstes werden wir beobachten, wie es sich anfühlt, wenn unsere Atemzüge kurz sind. Atmen Sie kurz ein und atmen Sie kurz aus. Achten Sie auf alles an Ihrer kurzen Einatmung. Achten Sie nun auf alles an Ihrer kurzen Ausatmung. Wie fühlt sie sich an? Wo spüren Sie sie in Ihrem Körper? Ist sie schnell? Ist sie langsam? Ist sie kühl? Ist sie warm? Ist sie sanft? Ist sie rau? Ist sie regelmäßig? Achten Sie darauf, wie Sie sich genau jetzt fühlen. Fühlt sich Ihr Körper, wenn Sie lange Atemzüge tun, genau so an wie dann, wenn Sie kurze Atemzüge tun? Falls nicht, was ist anders? Wo fühlen Sie die Unterschiede? In Ihren Schultern? Ihrem Nacken? Ihrem Rücken?

3. Atmen Sie jetzt normal. Widmen Sie Ihre Aufmerksamkeit der Einatmung, der Ausatmung und dem Abstand dazwischen. Achten Sie auf den Beginn und das Ende einer jeden Einatmung und Ausatmung. Können Sie in dem Abstand zwischen den beiden ruhen, ihn nur einen Augenblick verlängern? Wie fühlt sich das an? Verändert sich irgendetwas in Ihrem Geist und Ihrem Körper? Fühlen sich irgendwelche Teile Ihres Körpers anders an als vorher?

4. Lassen Sie das Gefühl Ihrer Atmung in den Hintergrund treten, wenn Sie Ihre Aufmerksamkeit nun von Ihrem Atem Ihrem Körper als Ganzes zuwenden. Wie fühlen sich Ihre Arme an? Ihre Beine? Ihre Stirn? Ihre Schultern? Haben Sie Hunger? Ist Ihnen kalt? Warm? Sind Sie entspannt? Angespannt? Ändert sich, wenn Sie die Art des Atmens ändern, auch die Art, wie sich Ihr Körper anfühlt?

5. Nutzen Sie nun Ihren Atem als Hilfe, um langsam zu werden und sich zu entspannen. Atmen Sie ein und entspannen Sie Ihre Muskeln. At-

men Sie aus und lassen Sie jegliche Anspannung in Ihrem Geist und Körper los. Atmen Sie ein und entspannen Sie Ihre Muskeln. Atmen Sie aus und lassen Sie jegliche Anspannung los. Atmen Sie ein, entspannen Sie. Atmen Sie aus, ruhen Sie. Atmen Sie ein, entspannen Sie. Atmen Sie aus, ruhen Sie.

Atemgewahrsein im Bewegen und im Liegen

Es gibt Menschen, die es schwierig, wenn nicht gar unmöglich finden, still zu sitzen, um Achtsamkeit zu praktizieren; sie können das Atemgewahrsein im Bewegen oder im Liegen üben. Das Praktizieren von Atmungsachtsamkeit im Liegen ist eine nützliche Zubettgehroutine und funktioniert auch gut vor der Ruhezeit im Kindergarten. Weil die Kinder für relativ lange Zeit still liegen, ist es hilfreich, mit einer Streckung zu beginnen. Jede Streckübung aus dem Tanz oder Yoga erfüllt den Zweck. Ich mag die Seestern-Streckübung, weil sie Atemgewahrsein mit Strecken verbindet.

Seestern-Streckübung

Bevor ich mit dieser Streckübung beginne, erzähle ich den Kindern, dass Seesterne fünf Arme oder Gliedmaßen haben, die in der Mitte des Körpers zusammenlaufen. Fast alles, was ein Seestern tut, beginnt in seiner Mitte. Seesterne essen mit ihrer in der Körpermitte sitzenden Mundöffnung und ihre Bewegungen gehen von ihrer Mitte aus. Wir sprechen darüber, dass auch Menschen viel von ihrer Mitte aus tun. Wir atmen sogar von unserer Mitte aus. Dann sucht sich jeder einen Platz auf dem Boden, wo er auf dem Rücken liegen und die Arme und Beine zu den Seiten ausstrecken kann wie ein Seestern, ohne jemand anders zu berühren. Wir stellen uns vor, dass unsere zwei Arme, zwei Beine und unser Kopf (einschließlich des Halses) die fünf Gliedmaßen des Seesterns sind. Während wir tief in unseren Bauch (oder unsere Mitte) einatmen, strecken wir alle fünf Gliedmaßen wie ein Seestern auf dem Boden aus und stellen uns dabei vor, dass die Bewegung in unserer Mitte beginnt und sich durch unsere Arme, Beine, unsere Brust und unseren

Hals hindurch in unsere Hände, Füße und unseren Kopf hinein ausweitet. Nachdem wir uns beim Einatmen gestreckt haben, atmen wir aus und entspannen uns, lassen unseren Körper auf dem Boden ruhen – Arme, Beine, Rücken, Hände, Füße, Hals und Kopf. Dann strecken wir unsere fünf Gliedmaßen (einschließlich Kopf und Hals) erneut, während wir einatmen. Wenn wir ausatmen, entspannen wir uns und lassen jegliche Anspannung, die wir in unserem Körper hatten, in den Boden und die Erde darunter fallen.

Wir wiederholen die Seestern-Streckübung noch ein paar Mal, bevor wir in eine ruhige Haltung sinken und das Gewicht unseres Körpers entspannt in den Boden fallen lassen. Jetzt sind wir bereit, zu ruhen und unser Stofftier in den Schlaf zu wiegen.

Ein Stofftier mit seiner Atmung in den Schlaf wiegen

Bitten Sie Ihre Kinder, ruhig auf dem Rücken zu liegen, mit den Beinen flach am Boden (oder auf der Matratze), den Armen an den Seiten und, wenn sie sich dabei wohlfühlen, mit geschlossenen Augen. Wenn die Kinder bequem liegen, ermuntern Sie sie dazu, das Gewicht ihres Körpers in den Boden oder die Matratze unter ihnen sinken zu lassen. Dann setzen Sie jedem Kind ein Stofftier auf den Bauch. Verwenden Sie Ihre eigenen Worte, wenn Sie die Kinder durch diese Übung leiten; vielleicht hilft es Ihnen aber, zu wissen, was ich beispielsweise sagen würde:

„Schau, ob du entspannen und fühlen kannst, wie dein Kopf auf dem Kissen liegt. Dein Rücken auf dem Boden. Deine Arme an deinen Seiten. Spür das Gewicht des Stofftiers auf deinem Bauch. Jetzt stell dir vor, dass du das Tier mit deinem Atem sanft in Bewegung setzt: Wenn du einatmest, füllt sich dein Bauch mit Luft und das Tier schaukelt nach oben; wenn du ausatmest, leert sich dein Bauch und senkt sich. Beim Einatmen schaukelt das Tier nach oben, und beim Ausatmen schaukelt es nach unten. Du musst deinen Atem nicht verändern oder überhaupt irgendetwas tun, achte einfach nur darauf, wie es sich anfühlt, wenn du einatmest und ausatmest. Falls du spielen möchtest, dein Stofftier sei ein echtes Tier, kannst du so tun, als würdest du es mit einem sanften Ritt auf deinem Bauch in den Schlaf wiegen, während dein Atem ein- und ausströmt."

Je nach der Fähigkeit Ihres Kindes, bequem über längere Zeit ruhig und still zu liegen, können Sie auf einen oder alle der folgenden Punkte hinweisen. Die Ansagen dazu ähneln denen, die ich mache, wenn Kinder Atemgewahrsein im Sitzen üben, ich habe sie jedoch so umgearbeitet, dass sie sich bei kleineren Kindern anwenden lassen, wenn sie liegen.

- „Vielleicht merkst du, dass deine Atmung sich automatisch verändert, wenn du auf sie achtest; zum Beispiel kann sie langsamer und tiefer werden."
- „Vielleicht merkst du, dass der Abstand zwischen der Ein- und Ausatmung sich verlängert, wenn du auf deine Atmung achtest."
- „Vielleicht merkst du, dass die Gefühle in deinem Körper sich auf natürliche Weise verändern, wenn du auf deine Atmung achtest; zum Beispiel kann sich dein Körper ruhiger und entspannter anfühlen."
- „Vielleicht merkst du, dass es einfacher wird, still zu liegen, wenn dein Atem langsamer und tiefer wird, und auch dein Geist auf natürliche Weise langsamer und ruhiger werden kann."
- „Vielleicht merkst du, dass die Atmosphäre im Raum sich verändert und sich ein bisschen anders anfühlt, wenn jeder langsamer wird und auf seinen Atem achtet. Vielleicht wird es für dich einfacher, ruhig zu liegen und so zu tun, als würdest du dein Stofftier in den Schlaf wiegen."
- „Vielleicht merkst du, dass es dir hilft, achtsam zu sein, wenn deine Freunde, Geschwister und Eltern auf die gleiche Weise auch achtsam sind. Das ist Gemeinschaftsarbeit und das ist es, was geschieht, wenn wir alle zusammenarbeiten."

Am Ende dieser Übung lade ich die Kinder dazu ein, still freundliche Wünsche zu senden, falls sie noch wach sind. Zur Anregung können Sie leise Hoffnungen und Sehnsüchte aussprechen, die für Sie und Ihre Familie von Bedeutung sind. Das könnte zum Beispiel so aussehen:

Bitten Sie Ihre Kinder als Erstes, freundliche Wünsche an sich selbst zu senden: „Ich möchte glücklich sein; ich möchte gesund sein und viel Spaß haben; ich möchte in Sicherheit sein und stark sein; ich möchte in Frieden mit meiner Familie und den Menschen, die ich liebe, leben ..." Dann an andere: „Alle sollen glücklich sein; jeder soll Menschen in seinem Leben haben, die er liebt. Ich möchte, dass jeder auf der Welt ein Zuhause hat, wo er es gemütlich hat und sich sicher fühlt; ich hoffe, dass jeder gesund ist und viel gutes Essen hat; ich wünsche mir, dass alle Menschen auf der ganzen weiten Welt in Frieden zusammenleben können." Und sie können freundliche Wünsche an die Stofftiere senden, die sie vorgeben in den Schlaf zu wiegen: „Lasst uns so tun, als hätte euer Stofftier wahre Gefühle und würde es lieben, auf eurem Bauch auf- und abzuschaukeln, während ihr atmet. Legt eure Hände auf das Stofftier und tätschelt es ein bisschen. Stellt euch vor, wir würden zu ihm sagen: ‚Ich hoffe, dass du glücklich bist; ich hoffe, dass du Liebe fühlst; ich möchte, dass du ein friedliches Leben führst; ich hoffe, viele, viele Kinder spielen mit dir und senden dir freundliche Wünsche.'"

Seien Sie nicht überrascht, wenn Ihre Kinder anfangs nicht zur Ruhe kommen, obwohl sie liegen. Einer meiner Schüler im Kindergartenalter hatte Schwierigkeiten damit, weil er es nicht mochte, wenn ich über die Stofftiere so sprach, als wären sie echt. Er unterbrach mich immer wieder, um zu flüstern, dass sein Frosch nicht echt sei. Jedes Mal, wenn er sagte, dass die Stofftiere nicht lebendig seien, erinnerte ich ihn daran, dass wir doch nur so taten, als ob sie es wären. Nach einigen Minuten schien er mit meiner Erklärung zufrieden zu sein und fand letztendlich einen Weg, sich zu beruhigen, indem er sich in einer Decke zusammenrollte und vor- und zurückrollte, dabei sich selbst in den Schlaf wog, statt das Stofftier zu wiegen. Diese rhythmische und wiederholte Bewegung half ihm, zu entspannen und letztendlich still zu liegen.

Die Nutzung rhythmischer und wiederholter Bewegungen, wie das Sich-Wiegen, das meinen Kindergartenschüler tröstete, ist in der ganzen Welt bei kontemplativen und beruhigenden Aktivitäten üblich: Orthodoxe Juden und tibetische Mönche wiegen sich vor und zurück, während sie Texte auswendig lernen, die Ältesten der amerikanischen Ureinwohner wiegen sich beim Singen, Sportfans schwingen im Stadion hin und her, ältere Menschen wiegen sich in Schaukeln auf ihrer Veranda, Mütter wiegen ihre Kinder in den Schlaf. Als ich auf dieses ganze quer durch verschiedene Traditionen stattfindende Wiegen und Schwingen aufmerksam wurde, war ich neugierig darauf, herauszufinden, was dabei in wissenschaftlicher Hinsicht abläuft. Also wandte ich mich an die Pädagogin und Tanz-/Bewegungstherapeutin Dr. Suzi Tortora, die in Garrison, New York, die Tanzlehrerin meiner Tochter gewesen war. Sie brachte die Wiege- und Schwingbewegungen mit zwei entscheidenden und häufig übersehenen sensorischen Systemen in Verbindung: dem propriozeptiven System und dem vestibulären System. Diese zwei sensorischen Systeme sind häufig bei Kindern mit Entwicklungsverzögerungen unterentwickelt, insbesondere bei denen, die Schwierigkeiten mit der sensorischen Integration haben.

Das propriozeptive System ist das Rückkopplungssystem, durch das man weiß, wo sich der eigene Körper im Raum befindet, sowohl für sich allein als auch in Beziehung zu anderen Menschen und Dingen. Schließen Sie, um ein Gefühl für das propriozeptive System zu bekommen, Ihre Augen oder schauen Sie geradeaus und heben Sie langsam einen Arm, während Sie auf alle Empfindungen achten, die diese Bewegung begleiten. Dank des propriozeptiven Systems wissen Sie, wo Ihr Arm ist, obwohl Sie ihn nicht ansehen.[4] Das vestibuläre System steuert Ihren Gleichgewichtssinn, Ihr Gleichgewicht und den Muskeltonus. Es hat auch Einfluss auf die Fähigkeit von Kindern, während einer Handlung Aufmerksamkeit zu selektieren und aufrechtzuerhalten. Indem sie zusammenarbeiten, ermöglichen es diese Systeme Kindern, zu fühlen, dass ihr Körper in sich geschlossen, integriert und physisch von anderen getrennt ist, und ihren Körper in Bezug auf andere Menschen und Objekte angemessen im Raum zu platzieren. Mit anderen Worten, verstehen Kinder mit erhöhtem Gewahrsein für das Gleichgewicht sowie dafür, wo sich ihre Körper im Raum befinden, sich selbst besser und sind besser dazu in der Lage, ihre Körper zu kontrollieren. Als ich dies wusste, ergab es für mich Sinn, dass jede Bewegung, die diese sensorischen Systeme aktiviert und entwickelt, für Kinder, die Achtsamkeit praktizieren, nützlich sein würde, insbesondere für jene, die es unbequem finden, für längere Zeit still zu sitzen.

Vielen Kindern fällt es schwer, still zu sitzen und zu meditieren. Das körperliche Unbehagen und die extreme Anstrengung, die bei ihnen erforderlich ist, um beherrscht und ruhig zu bleiben, können überwältigend sein, weshalb das Hin- und Herschaukeln für viele hilfreich, wenn nicht gar entscheidend ist, wenn sie erstmals eine formelle introspektive Übung in Angriff nehmen. Ich habe auf der Basis der Pendelbewegung eine Übung ausgearbeitet, um diesen Kindern zu helfen, wobei mir die klassische Übung der Gehmeditation – die ich „Langsames und leises Gehen" nenne – als Modell gedient hat.

Langsames und leises Gehen

Das langsame und leise Gehen umfasst drei Hauptbewegungen: das Heben, das Vorwärtsbewegen und das Wiederabsetzen des Fußes. Am Anfang ist es hilfreich, den Fokus der Aktivität zu verengen, indem man nur auf einen Aspekt des Gehens achtet: Dies könnte zum Beispiel der physische Druck auf die Fußsohle sein, wenn man auf den Boden tritt, oder jeder andere Aspekt des Schreitens. Wichtig ist, dass Ihr Gewahrsein bei dem Sinneseindruck bleibt – dem Gefühl des Hebens, Bewegens und Absetzens. Nachdem sie diese Übung ein paar Mal zu unterschiedlichen Stunden gemacht haben, können die Schüler auf zwei Aspekte des Gehens achten: zum Beispiel auf das Heben und das Senken des Fußes oder auf das Vorwärtsbewegen und das Absetzen des Fußes auf den Boden. Schließlich achten die Schüler auf alle drei Aspekte: das Heben, Bewegen und Absetzen. Bitte beachten Sie, dass das Ziel des langsamen und leisen Gehens nicht darin besteht, sich in die sensorische Erfahrung zu versenken, sondern darin, sich bewusst zu werden, wie sie sich anfühlt, und jeglicher emotionaler Reaktionen, die während der Übung aufkommen, gewahr zu werden.

Beim aufmerksamen Achten auf ihr Gehen werden manche Schüler leicht automatisch langsamer, während andere es schwierig finden, ihren Schritt zu verlangsamen. Ist Letzteres der Fall, drehen Sie die Reihenfolge dieses Prozesses um und ermuntern die Schüler dazu, als Erstes bewusst langsamer zu werden. Langsames Gehen kann frustrierend sein. Wie bei jeder Übung mit Kindern ist es wichtig, diese Gehübung so zuzuschneidern, dass Ihre Kinder sich wohlfühlen und Spaß daran haben, sie auszuführen.

Das „Pendel" unterrichte ich auf ähnliche Art und Weise wie das „Langsame und leise Gehen" und ersetze dabei das Gehen aber durch die Bewegungen von einer Seite zur anderen. „Langsames und leises Gehen" und das „Pendel" sind beide Konzentrationsübungen, bei denen das Objekt der Aufmerksamkeit die sensorische Erfahrung ist. Wie bei allen Konzentrationsübungen gilt, dass die Kinder ihren Geist, wenn er abgeschweift ist, wieder auf das Objekt der Aufmerksamkeit richten sollen.

Pendel

Ziel dieser Aktivität ist es, denen zu helfen, denen es schwerfällt, beim Meditieren in der Gruppe still zu sitzen. Hierfür helfe ich Kindern, einen repetitiven, rhythmischen Schwung zu finden und herzustellen, den sie beruhigend finden. Bewegungen mit unregelmäßigem Tempo oder unregelmäßiger Gestalt neigen nicht dazu, ein Gefühl der Ruhe, Zentriertheit und Konzentration zu fördern. Weil das „Pendel" beruhigend sein muss, um wirksam zu sein, und das, was für ein Kind beruhigend ist, ein anderes aufregen oder frustrieren kann, variieren das Tempo und die Dauer der Schwünge unterschiedlicher Kinder. Solange die Kinder nicht absichtlich mit anderen zusammenstoßen, gibt es für die Schwingbewegung kein richtiges oder falsches Tempo.
Ich nutze die klassischen Anleitungen für das „Langsame und leise Gehen" als Anhaltspunkt, wenn ich Schülern das „Pendel" beibringe. Wie es beim Gehen drei Hauptbewegungen (manchmal Ereignisse genannt) gibt – das Heben, Bewegen und Absetzen –, gibt es auch beim Pendel drei Hauptbewegungen: das Bewegen, Verlagern und Finden der Mitte. Sie beginnen die Übung in einer zentrierten Haltung, entweder auf einem Kissen sitzend oder im Stehen, und bewegen (oder schwingen) sich als Erstes zu einer Seite hinüber, wobei Ihr Gesäß auf dem Kissen bleibt. Die Schwingbewegung ähnelt dem Bewegen in der Übung „Langsames und leises Gehen". Wenn Sie den Punkt erreichen, an dem Sie sich nicht weiter neigen können, ohne Ihr Gesäß anzuheben, verlagern Sie Ihr Gewicht, um sich wieder in Richtung Mitte zu schwingen. Die Gewichtsverlagerung ähnelt der Hebebewegung beim „Langsamen und leisen Gehen". Sobald Sie Ihr Gewicht verlagert haben, schwingen Sie sich wieder zurück in Richtung Mitte. Wenn Sie die Mitte des Kissens erreicht haben, halten Sie einen Moment inne. Falls Sie das Gefühl haben, in der Mitte des Kissens vollkommen gerade zu sitzen, haben Sie Ihren Mittelpunkt gefunden. Einen Augenblick in der Mit-

te innezuhalten ähnelt der Absetzbewegung beim „Langsamen und leisen Gehen". Die Anleitung für das „Pendel" lautet in etwa so: schwingen, verlagern, schwingen, Mitte. Fahren Sie mit Ihrer Hin- und Herbewegung zur anderen Seite hin und dann zur Mitte zurück fort: schwingen, verlagern, Mitte, schwingen, verlagern, Mitte.

Am Anfang entsteht bei jedem Wechsel eine kleine Pause, allmählich aber wird die Übung, wie es auch beim „Langsamen und leisen Gehen" der Fall ist, flüssiger. Wenn die Schüler mit den acht Teilen der Übung vertraut werden (schwingen, verlagern, schwingen zur Mitte, schwingen, verlagern, schwingen zur Mitte) und die Bewegung flüssiger wird, können Sie sie dazu ermuntern, durch die Mitte hindurchzuschwingen, so dass sie ohne Pause von einer Seite zur anderen schwingen. Es ist hilfreich, ein Saiteninstrument zu nutzen, um jeden Wechsel zu akzentuieren, indem man es anschlägt, wenn die Schüler sich bewegen, sich verlagern oder pausieren. Sowohl beim „Langsamen und leisen Gehen" als auch beim „Pendel" kann die Bewegung am Anfang eckig sein, wenn sie in verschiedene Abschnitte untergliedert ist, mit der Zeit aber wird sie einfacher und wird der Bewegungsfluss natürlicher.

Es muss noch erforscht werden, ob das „Pendel" die Entwicklung der sensorischen Systeme fördert oder nicht, aber praktisch betrachtet ermöglicht es diese Übung Kindern, denen es schwer fällt, still zu sitzen, in sitzender Haltung achtsames Atmen zu praktizieren. In der Gruppe zu üben ist nützlich und das „Pendel" bietet Kindern, die an unterschiedlichen Enden des Selbstregulations- und des Aufmerksamkeitsspektrums angesiedelt sind, die Möglichkeit, zusammenzuarbeiten.

Als sie den Erfolg des Pendelschwungs sah, entwickelte Suzi Tortora eine weitere lustige Aktivität, um Kindern zu helfen, Körpergrenzen und Körperhaltung noch weiter zu verstehen, diesmal mit Hilfe einer imaginären Blase. Ich führe diese Übung in einem Kurs folgendermaßen ein:

Blasen im Raum

Kinder markieren ihren Raum, indem sie um ihren Körper herum einen imaginären Kreis auf den Boden zeichnen. Dieser Kreis ist die Grenze für eine imaginäre „Blase", die nicht ohne Erlaubnis zum Platzen gebracht werden kann und die sich ausdehnen und riesig werden kann – mit genug Platz in ihrem Inneren, um eine unbegrenzte Anzahl Menschen und Möglichkeiten zu fassen – oder sich zusammenziehen und sehr, sehr klein werden kann. Kinder können ihre Blase nach Belieben ausdehnen oder zum Schrumpfen bringen. Wenn der Raum übervoll ist, sind die Blasen klein. Wenn viel Platz da ist, kann die Blase so groß und weit sein wie die Fantasie eines Kindes.

> „Stell dir, während du im Schneidersitz auf dem Boden sitzt, vor, dass deine Blase riesig ist, und streck deine Arme aus, um sie zu spüren. Jetzt zieh deine Arme nah an deinen Körper heran und stell dir vor, dass auch deine Blase kleiner wird. Achte darauf, wie deine Blase sich die ganze Zeit verändert. Wenn du in einem weiten, offenen Raum bist, kann deine Blase riesig sein, wenn du es möchtest. Wenn du in einem kleinen Raum bist, wie dem Klassenzimmer, ist deine Blase kleiner und sehr nah an deinem Körper. Groß oder klein, deine Blase ist trotzdem da, und niemand, absolut niemand, kann sie zum Platzen bringen, wenn du es nicht möchtest."

Jede Blase ist einzigartig und die Schüler können sich vorstellen, sie würden ihre Blase mit Herzen, Sternen, Legosteinen, Reptilien, Familien, Bonbons und so ziemlich allem, was sie möchten, „dekorieren". Dann gehen sie um den Kreis herum und „testen" gegenseitig die Blasen, indem sie so tun, als würden sie gegen die Wand der unsichtbaren Blase eines anderen Kindes prallen. Dann „testen" zwei Kinder in Zeitlupe gegenseitig ihre Blasen, indem sie ihre Handflächen so weit wie möglich einander nähern, ohne dass sie sich berühren, und dann dasselbe mit ihren Armen, Beinen, Hüften und Schultern tun.

Die Übungen mit den Blasen sind ein lustiges und wirksames Mittel zur Förderung des Gewahrseins für die Körpergrenzen und zur Entwicklung von Selbstregulierungsfähigkeiten. Sie sind auch ein fantastischer Auftakt zu einem Spiel, das wir „Tick-Tack" nennen und das eine für kleine Kinder umgearbeitete Version des „Pendels" ist.

Tick-Tack

Bei dieser Übung sitzen die Kinder auf einem Kissen oder Stuhl und haben ihre Augen geschlossen oder sanft auf einen Gegenstand gerichtet – vielleicht auf einen Stein oder eine Trommel. Beginnen Sie mit einem weiten Schwung von einer Seite zur anderen, um das Gewahrsein der Kinder auf das Gefühl der Bewegung Ihres Körpers im Raum zu lenken. Aus einer aufrechten Sitzhaltung heraus schwingen die Kinder ihren Körper langsam nach rechts (wobei sie mit ihrem Gesäß fest auf dem Kissen bleiben) und dann langsam zurück durch ihre Mitte nach links. Bei kleinen Kindern ist es eine gute Idee, die Zeit, die sie von Seite zu Seite schwingen, zu begrenzen und ihr Tempo zu regulieren. Sie können einen Rhythmus angeben, indem Sie auf eine Trommel schlagen, auf einer Gitarre, einem Hackbrett oder einem anderen Saiteninstrument zupfen oder die Kinder zu folgendem Satz schwingen lassen: „Tick-Tack, wie die Uhr, wir finden uns're Mitte" – hierbei schwingen sie mit dem Wort Tick nach rechts, mit Tack nach links, mit wie die Uhr nach rechts, mit wir finden uns're nach links und kehren mit dem Wort Mitte wieder zu eben dieser zurück, um in einem körperlichen Gefühl für ihre Mitte zur Ruhe zu kommen.

Ich nutze Bewegung auch, um den Übergang von einer Aktivität zu einer anderen zu erleichtern. Im Anschluss an ein Achtsamkeitsspiel bitte ich die Kinder, in Zeitlupe aufzustehen und dabei aufmerksam jede Bewegung zu verfolgen. Ich ermuntere sie, darauf zu achten, wie sich ihr Gewicht verlagert, wie ihre Arme, Beine und ihr Kopf sich bewegen und wie ihr Körper sich anfühlt, und dabei ihre Gedanken für einen Moment beiseitezuschieben. Dann schlage ich vor, dass sie dasselbe in umgekehrter Reihenfolge tun, vom Stehen zum Sitzen, dabei aufmerksam auf das Gefühl der Bewegung in ihrem Körper achten sowie darauf, wie sich diese Empfindungen verlagern, verändern und in etwas vollkommen Anderes und Unerwartetes verwandeln, ganz von alleine. Wenn wir auf diese Weise üben, tun wir nichts Besonderes oder Ungewöhnliches mit unserem Körper. Wir sind einfach mit dabei und nehmen zur Kenntnis, was auf natürliche Weise geschieht.

Ob im Bewegen, im Stillsitzen oder im Liegen: Das Praktizieren von Atmungsachtsamkeit – alleine oder gemeinsam mit Ihrer Familie – ist eine Freude und zu jeder Tages- und Nachtzeit möglich. Es ist nicht nötig, in der vollen Lotushaltung zu sitzen, um zu meditieren, auch wenn in Hochglanzillustrierten, in Fernsehsendungen und Kinofilmen wunderschöne, fitte Menschen in dieser Haltung abgebildet sind. Sie und Ihre Kinder können durchaus gut meditieren, wenn Sie auf einem Stuhl oder einem Kissen sitzen oder einen Flur auf- und abgehen. Lassen Sie sich durch dieses klassische Bild aus der herrlichen Landschaft Tibets inspirieren: *Der Körper wie ein Berg; der Atem wie der Wind; und der Geist wie der Himmel.*

Gemeinsame Achtsamkeit: Den friedlichen Platz entdecken, der bereits in Ihnen ist

Viele der Achtsamkeitsaktivitäten, die ich mit Kindern durchführe, sind von klassischen Atemgewahrseinsübungen für Erwachsene abgeleitet. Aber es gibt eine Reihe klassischer, nicht auf das Atemgewahrsein fokussierender Übungen, die ebenfalls für Kinder und Teenager umgearbeitet werden können. Eine leitet uns dazu an, uns der Erfahrung des gegenwärtigen Moments zu öffnen und den friedlichen Platz zu entdecken, den es in jedem von uns gibt. Sie geht folgendermaßen:

Sitzen Sie bequem auf Ihrem Stuhl und legen Sie die Hände auf die Knie. Stellen Sie die Füße flach auf den Boden, halten Sie den Rücken aufrecht, ziehen Sie das Kinn ein und richten Sie den Blick sanft nach unten oder schließen Sie die Augen, je nachdem, was für Sie am angenehmsten ist. Tasten Sie kurz mit Ihrer Aufmerksamkeit Ihren Körper ab und verändern Sie, falls Sie irgendein körperliches Unbehagen bemerken, Ihre Haltung, so dass Sie sich wohler fühlen. Wenn Sie sich so wohl wie möglich fühlen, wenden Sie Ihre Aufmerksamkeit dem Fließen des Atems durch Ihren Körper zu und versenken sich für einen oder zwei Augenblicke in die körperliche Empfin-

dung des Atmens. Richten Sie Ihre Aufmerksamkeit dann, wenn Ihr Körper entspannt ist, auf Ihren Geist.

Manchmal können wir uns so fühlen, als wäre unser Geist in unserem Körper eingeschlossen, aber das ist er nicht; wenn wir meditieren, kann unser Geist so offen sein wie freier Raum. Und wo immer wir nach unserem Geist suchen – in den Beinen, in den Fingern, im Magen, im Herzen –, werden wir ihn finden, denn die Natur des Geistes ist zur selben Zeit überall und nirgendwo.

Falls diese Art, den Geist zu sehen, Ihnen nicht zusagt, gibt es andere, konkretere Möglichkeiten, ihn sich bildlich vorzustellen. Eine besteht darin, den Geist als eine Naturgewalt zu sehen, gleich dem Himmel, einem Ozean oder einem Fluss. Stellen Sie sich den Himmel an einem späten Sommernachmittag vor, eben vor Sonnenuntergang, an einem Tag ohne Wolken. Wenn Sie in die großen Weiten des Himmels dort oben sehen, sehen Sie die untergehende Sonne und eine riesige Palette an Farben: Rosa-, Orange-, Blau- und Lilatöne. Der Geist in seinem natürlichen Zustand kann ein klein wenig so sein.

Wenn wir aufschauen und den Himmel sehen, wissen wir, dass er da ist, und wir verstehen, was er ist. Aber wir können ihn nicht berühren. Auch können wir nicht lediglich einen Ort identifizieren, wo er liegt. Wir können eine Naturgewalt nicht immer begrifflich erfassen, noch können wir sie akkurat in Bestandteile untergliedern. Wie Alan Watts in *The Watercourse Way* (Der Lauf des Wassers) schreibt: „Es gibt keine Möglichkeit, einen Bach in einen Eimer zu stecken oder den Wind in eine Tasche."⁵ Wie die Flüsse, der Wind und der Himmel ist auch der Geist eine Manifestation der Natur und kann nicht vom Ganzen getrennt werden. Er lässt sich nicht an einem einzigen Ort finden. Er ist nicht in unseren Herzen oder unseren Köpfen eingeschlossen. Er fängt nicht an einem Punkt an und hört an einem anderen auf. Hier ist eine Möglichkeit, eine Meditation unter Verwendung dieser Symbolik zu beginnen:

Lasst uns unseren Körper entspannen, lasst uns unseren Geist entspannen und lassen wir ohne große Mühe oder Erwartung unseren Geist zur Ruhe kommen. Ermöglichen wir es unserem Geist, offen zu sein, weit zu sein und reich an Farben, wie ein Sommerhimmel bei Sonnenuntergang, wenn wir unserem Körper und unserem Geist Gelegenheit geben, in ihrem natürlichen Zustand zu ruhen.

4 Verfeinertes Gewahrsein
Lernen, aufmerksam zu sein

> *Ich wünschte, ich wäre schlau.*
> *Ich wünschte, meine Familie wäre nett.*
> *Ich wünschte, meine Mutter wäre glücklich.*
> *Ich wünschte, meine Familie wäre glücklich.*
> *Ich wünschte, meine Familie würde verreisen.*
> *Ich wünschte, ich und meine Familie könnten glücklich sein.*
>
> Sechstklässlerin

Das erste Mal, das Jessica zu mir ins Büro kam, setzte sie sich in der vollen Lotushaltung auf ein Kissen, die Beine überkreuzt wie eine Brezel. Ihre Augen waren geschlossen und ihre Handflächen zeigten nach oben, Daumen und Mittelfinger berührten sich in einer der klassischen Handgesten, auch *Mudras* genannt. Die volle Lotushaltung mit dieser Mudra ist häufig im Fernsehen und in Zeitschriften zu sehen, aber sie kann schwer beizubehalten sein und lenkt viele Kinder von der Atmungsachtsamkeit ab. Ich saß neben Jessica auf dem Boden und schlug vor, dass sie sich ausschließlich darauf konzentriert, die Bewegung ihres Atems zu fühlen. Ich spürte, dass ihr Geist irgendwo anders war, und fragte: „Wo bist du mit deiner Aufmerksamkeit? Auf was konzentrierst du dich *genau jetzt?*" Jessica dachte eine Sekunde nach und sagte mir, dass sie daran dachte, ihre Daumen und Mittelfinger weiterhin so zu halten, dass sie sich berührten. Sie schenkte ihre Aufmerksamkeit ihrer Haltung statt ihrem Atem, was, solange sie dessen gewahr war, nicht besser oder schlechter war, als ihre Aufmerksamkeit ihrer Atmung zu schenken. Also wechselten wir von Atemgewahrsein zu Metagewahrsein und begannen unsere erste Unterrichtsstunde zu dem Thema, wie wir darauf achten, welcher Sache wir unsere Aufmerksamkeit schenken und wie wir dies tun.

Aufmerksamkeit: Sie ist nicht das, was Sie denken

Erinnern Sie sich an ein Mal, als Sie erstmals etwas gewahr wurden, bevor Sie die Vorstellung in Worte fassten? Vielleicht war es, als Sie erkannten, dass jemand auf Sie zukam, aber Sie nicht sicher waren, wer, oder vielleicht war es ein Blitz des Gewahrseins, gerade bevor Sie imstande waren, eine Idee zu verbalisieren. Kinder bewohnen diesen geistigen Raum einen Großteil der Zeit. Da sind eine bemerkenswerte Klarheit in diesen kurzen Momenten nonverbalen, nicht-reaktiven Gewahrseins sowie ein Gefühl von Ehrfurcht, Möglichkeit und Geheimnis, das sich nur schwer in Worte fassen lässt. Diese geistigen Eindrücke, die als bare Aufmerksamkeit bezeichnet werden, sind ethisch neutral[1] oder, um das Vokabular aus Jon Kabat-Zinns achtsamkeitsbasierter Stressbewältigung zu verwenden, nicht urteilend,[2] sie können aber trotzdem einen positiven Wechsel in der Perspektive eines Kindes erzeugen. Mit Schulung und Übung können Menschen lernen, diese kurzen, neutralen Eindrücke so auszudehnen, dass sie länger dauern als nur einen flüchtigen Moment, und sie Stück für Stück zusammenzusetzen, bis sich allmählich die Fähigkeit entwickelt, immer längere Phasen nicht-reaktiven Gewahrseins aufrechtzuerhalten. Ausgerüstet mit dieser Perspektive, lernen sie zu entspannen und zu fühlen, was geschieht, während es geschieht, ohne darauf zu reagieren. Diese achtsame Perspektive ist durch klares Denken und Neugier gekennzeichnet, ist frei von vorgefassten Meinungen, die häufig diktieren, wie Menschen leben.

Genauso, wie wir lernen müssen zu gehen, bevor wir laufen können, und zu addieren, bevor wir Algebraprobleme lösen können, entwickelt sich auch die Fähigkeit, auf diese Art aufmerksam zu sein, mit der Zeit und mit Übung. Manchmal stellen sich starke, stabile Aufmerksamkeitsfähigkeiten auf natürliche Weise ein, aber nicht immer, und in Schulen, in denen das Besitzen und Bewahren einer starken Konzentration nötig ist, um Erfolg zu haben, können unterentwickelte Aufmerksamkeitsfähigkeiten ein enormes Lernhindernis bedeuten. In diesen höchst zielorientierten Umgebungen gibt es wenig bis gar keinen Raum für Kinder, deren Aufmerksamkeit der Entwicklung bedarf. Achtsamkeitslehrer Gene Lushtak, der ein Jahr mit mir in Los Angeles unterrichtet hat, gestand auf einer frühen Konferenz über Achtsamkeit und Bildung: „Als ich Kind war, sagten mir die Erwachsenen immer, ich solle aufmerksam sein. Egal, wie sehr ich mich anstrengte, ich begriff es nicht. Ich verstand es einfach nicht, bis ich selbst mit Kindern zu arbeiten begann und erkannte, dass wir ihnen nicht beibringen, wie! Kein Wunder, dass ich in meiner eigenen Kindheit so viele Schwierigkeiten hatte."

Kindern beizubringen, wie man aufmerksam ist, ist wichtig, lassen Sie uns jedoch als Erstes die größere, häufig übersehene Frage untersuchen: Wenn wir zu Kindern sagen „pass auf!" oder „sei aufmerksam!", was fordern wir sie dann genau auf zu tun? Fordern wir sie auf, unter Ausschluss alles anderen auf eine Sache zu fokussieren? Oder fordern wir Kinder dazu auf, mehrere Dinge gleichzeitig wahrzunehmen, vielleicht einen Gedanken, eine Emotion und eine körperliche Empfindung? Oder hätten wir es in Wirklichkeit gerne, dass sie mit ihrer Aufmerksamkeit zwischen einer Sache und einer anderen Sache hin- und herwechseln? In ihrem Buch *Distracted* schreibt Maggie Jackson über Dr. Leanne Tamm, Dozentin für Psychologie am *Southwestern Medical Center der University of Texas*, die erklärt, dass, wenn Kindern etwas über Aufmerksamkeit erzählt wird, „es eines der entscheidendsten Elemente ist, Kindern in einer einheitlichen Sprache zu beschreiben, was es heißt, aufmerksam zu sein."[3] Um das zu tun, müssen wir selbst besser verstehen, dass es verschiedene Arten der Aufmerksamkeit und verschiedene Wege, aufmerksam zu sein, gibt. Dann werden wir dazu gerüstet sein, ihnen beizubringen, wie.

Lassen Sie uns unsere Erörterung der Aufmerksamkeit und der Frage, wie sie funktioniert, damit beginnen, sie aus dem Blickwinkel zweier in hohem Maße exakter Disziplinen zu betrachten, die sich mit dem Studium des Geistes beschäftigen: der kontemplativen Praxis und dem neueren Feld der Neurowissenschaft.

In der Welt der Aufmerksamkeitsforschung ist der Neurowissenschaftler Dr. Michael Posner ein Rockstar. Posner hat sein Arbeitsleben damit zugebracht, die Aufmerksamkeit zu untersuchen, und wenn auch nicht jeder Wissenschaftler mit seinem Konstrukt dessen, wie Aufmerksamkeit funktioniert, einverstanden ist,[4] kann doch niemand seinen Einfluss auf dem Gebiet oder die gewaltigen Auswirkungen seiner Arbeit auf dessen Entwicklung bestreiten. In *Distracted* schreibt Maggie Jackson: „Indem er uns das Gerüst und die Werkzeuge gegeben hat, um das Rätsel der Aufmerksamkeit zu entschlüsseln, hat Posner uns die Mittel geboten, um uns selbst zu verstehen und zu formen."[5] Was wir als „Aufmerksamkeit" betrachten, ist gemäß Posners Vorstellung ein komplexes System, das aus drei primären Aufmerksamkeitsnetzwerken besteht,[6] von denen ein jedes durch Erfahrung geprägt wird und durch Training gestärkt werden kann.[7] Es sind das Vigilanznetzwerk, verantwortlich für das Erreichen und Aufrechterhalten eines wachen Geisteszustands, der bereit ist, Information effizient zu verarbeiten; das posteriore Netzwerk, das die Aufmerksamkeit einer Person in Richtung sensorischer Ereignisse orientiert; und das anteriore oder exekutive Netzwerk, das von zentraler Bedeutung für die Regulierung von Emotionen und Kognition (Denken) ist. Das anteriore Netzwerk, manchmal exekutive Funktion genannt, versetzt ein Kind in die Lage, bewusste Kontrolle über sein eigenes Verhalten auszuüben und Konflikte zu lösen.[8] In ihrem 2007 publizierten Artikel über die theoretischen Grundlagen der Achtsamkeit und über Beweise für ihre heilsame Wirkung schreiben die Professoren Kirk Warren Brown, Richard M. Ryan und J. David Creswell, dass frühe Forschungsergebnisse darauf hindeuten, dass Achtsamkeit mit diesen drei primären Aufmerksamkeitsnetzwerken in Verbindung gebracht werden kann.[9]

Bemerkenswerte Fortschritte in der Technik der Neuro-Bildgebung ermöglichten es Posner, ein bahnbrechendes Schaffenswerk hervorzubringen: Er untersuchte die Aufmerksamkeit von außen, indem er die fMRI (funktionelle Magnetresonanztomografie) nutzte, um Filme vom menschlichen Gehirn zu machen, während es arbeitet. Währenddessen untersuchte Dr. Alan Wallace die Aufmerksamkeit von innen, und zwar durch eine klassische Meditationspraxis, die als *Samatha* bekannt ist. Das Ziel von Samatha besteht darin, durch einen aus zehn aufeinander aufbauenden Stufen bestehenden Trainingsprozess ein hohes Maß an Gleichgewicht und Stabilität der Aufmerksamkeit zu entwickeln. In seinem Buch *The Attention Revolution* (Die Achtsamkeitsrevolution) schreibt Wallace: „Die Stufen beginnen bei einem Geist, der nicht länger als ein paar Sekunden fokussieren kann, und gipfeln in einem Zustand von vollendeter Stabilität und intensiver Klarheit, der stundenlang aufrechterhalten werden kann."[10] Die Atmungsachtsamkeit bringt, zusätzlich zur Stabilität der Aufmerksamkeit, bedeutende Vorteile; eine Voraussetzung für das Erfahren dieser Vorteile aber ist die Entwicklung eines starken, stabilen Aufmerksamkeitsvermögens. Wallace zitiert gerne den amerikanischen Philosophen und Pionier im Bereich der modernen Psychologie, William James, der schrieb: „Die Fähigkeit, eine umherschweifende Aufmerksamkeit bewusst immer und immer wieder zurückzuholen, ist die eigentliche Wurzel von Urteilsvermögen, Charakter und Willensstärke."[11] Wallaces Leidenschaft für die klassische Aufmerksamkeitsschulung ist in jedem Gespräch offensichtlich: Er charakterisiert Aufmerksamkeit als süß, tief und als die eigentliche Essenz von Charakter und Persönlichkeit.

Wenn Kinder lernen, dass ihr Gehirn sich jedes Mal verändert, da sie versuchen, aufmerksam zu sein, beginnen sie Verbindungen zwischen Anstrengung und Ergebnis herzustellen. Wenn sie den ganzen Tag lang Videospiele spielen und den Matheunterricht vernachlässigen, purzeln möglicherweise ihre Noten. Wenn sie zu Hause oder in der Schule hilfsbereit sind, ist die Wahrscheinlichkeit höher, dass ihre Freunde und Familienmitglieder positiv reagieren. Durch das Herstellen dieser Verbindungen verstehen Kinder besser, welche Bedeutung es hat, sorgfältig auszuwählen, wem oder was sie ihre Zeit und Aufmerksamkeit widmen. Ich habe dramatische, bedeutsame Veränderungen in der Haltung von Kindern, insbesondere von Teenagern, gesehen, sobald sie erkennen, dass sie ihr Gehirn trainieren und auf eine spezielle Art verändern, indem sie *wählen*, wie sie aufmerksam sind und welcher Sache sie ihre Aufmerksamkeit schenken. Auf was Kinder sich entscheiden, ihre Aufmerksamkeit zu lenken, und wie sie dies tun, hat einen enormen Einfluss darauf, wer sie sind und wer sie sein werden. Diese elementare Tatsache des Lebens wirklich zu verstehen (als Kind oder als Erwachsener) ist keine kleine Leistung, und sie Kindern zu vermitteln ist von entscheidender Bedeutung. Ich habe voller Staunen zugesehen, als Kinder ihre eigene Macht erkannten, ihr Gehirn und ihr Schicksal zum Besseren zu formen. Im nächsten Abschnitt werde ich Ihnen einige Wege aufzeigen, wie sich Kindern die Wissenschaft der Aufmerksamkeit verständlich machen lässt.

Direkte, fokussierte Aufmerksamkeit

Die erste Art von Aufmerksamkeit, die bei der klassischen Praxis entwickelt wird, ist nicht-reaktive, auf ein gewähltes Objekt gerichtete Aufmerksamkeit, auch bekannt als fokussierte, direkte Aufmerksamkeit. Wenn ich Kindern die fokussierte Aufmerksamkeit beschreibe, vergleiche ich sie mit dem Bogenschießen, einem Sport, bei dem es darum geht, mit Pfeil und Bogen die gelbe Mitte einer Zielscheibe, das Gold, zu treffen. Der Pfeil repräsentiert Aufmerksamkeit und das Gold repräsentiert das von den Kindern gewählte Objekt, das vielleicht ihr Atem, ein Buch oder ein Spiel ist. Die Kinder richten ihre Aufmerksamkeit aus und versuchen ihr Bestes. Als würden sie mit Pfeil und Bogen auf die Mitte einer Zielscheibe schießen, verfehlen sie ihr Ziel manchmal komplett und treffen es manchmal exakt.

Fokussierte Aufmerksamkeit steht im Zusammenhang mit der selektiven Funktion der Aufmerksamkeit, weil Kinder ihr Feld des Gewahrseins auf ein spezielles Ziel verengen. Wallace beschreibt dies als „einfach in der Lage sein, seinen Geist auch nur ein oder zwei Sekunden lang auf das von einem selbst gewählte Meditationsobjekt zu richten"[12]. Wie beim Sport des Bogenschießens, so sind beim Trainieren der Aufmerksamkeit sowohl das Treffen als auch das Verfehlen des metaphorischen Golds Teil des Lernprozesses. Ganz gleich, was für lausige Schützen Kinder am Anfang sind, mit der Zeit, mit Übung und mit Motivation werden sich ihre Fähigkeiten verbessern.

Nachdem Kinder ihre Aufmerksamkeit auf ein von ihnen gewähltes Objekt gerichtet haben, besteht ihre nächste Hürde darin, sie für längere Zeit dort zu halten. Das bedeutet, dass sie die Fähigkeit entwickeln müssen, zu beobachten, worauf ihre Aufmerksamkeit fokussiert ist, zu bemerken, ob sie abgelenkt sind, und, wenn sie abgelenkt sind, ihre Aufmerksamkeit von der Quelle zu lösen, um sie umzulenken und wieder zum gewählten

Objekt der Aufmerksamkeit zu steuern. Bei der Atmungsachtsamkeit ist das Zielen oder Ausrichten relativ leicht, aber die Aufmerksamkeit auf den Atem gerichtet zu halten kann schwierig sein. Die Aufmerksamkeit auf den gesamten Atmungskreislauf gerichtet zu halten, von der Nasenspitze durch den Körper hindurch und wieder hinaus, und sie zu verfeinern ist ein ehrgeiziges Unterfangen, ganz gleich, in welchem Alter. Aber insbesondere für kleine Kinder ist es ein ehrgeiziges Ziel, das für einige unter ihnen vollkommen unerreichbar ist, sofern nicht, statt mit einem ganzen Atemzug, mit einem halben Atemzug begonnen wird (entweder dem Einatmen oder dem Ausatmen). Die Grundanleitung ist unkompliziert:

Ausrichten und halten

Wir starten mit der Einatmung. Richten Sie Ihre Aufmerksamkeit auf die Empfindung der Luftbewegung, wenn Sie einatmen, und halten Sie sie dort für einen halben Atemzug, bis zur Pause zwischen der Ein- und der Ausatmung. Kehren Sie den Prozess dann um, richten Sie Ihr Gewahrsein auf die Empfindung der Atembewegung, wenn Sie ausatmen, und halten Sie es dort während Ihrer gesamten Ausatmung. Vergessen Sie nicht, Ihren Körper zu entspannen, und nehmen Sie die Pause zwischen dem Einatmen und dem Ausatmen wahr und dann wieder die Pause zwischen dem Ausatmen und dem Einatmen. Machen Sie sich nichts draus, wenn Sie abgelenkt werden – Sie können immer wieder neu anfangen.

Mit sehr kleinen Kindern übe ich das Atemgewahrsein auf spielerische Weise, indem wir gegen bunte Windrädchen pusten und zuschauen, wie sie sich drehen.

Windrädchen

Es gibt mehrere Varianten dieser Aktivität, von denen jede eine bestimmte Eigenschaft des Atems hervorhebt. Lassen Sie die Kinder als Erstes tief durch die Nase einatmen und mit dem Mund gegen das Windrädchen pusten, und fordern Sie sie dazu auf, darauf zu achten, wie sich ihr Körper anfühlt, wenn sie lange Atemzüge machen. Bei der zweiten Variante atmen die Kinder kurz durch die Nase ein und stoßen den Atem beim Ausatmen kurz durch den Mund aus, um das Windrädchen wieder anzutreiben, wobei sie darauf achten, wie sich ihr Körper anfühlt. Es macht Kindern Spaß, zuzuschauen, wie sich die Windrädchen drehen, während sie darauf achten, wie es sich für sie anfühlt, lange und kurze Atemzüge zu machen.

Nach dem Praktizieren von Atemgewahrsein, ob beim Pusten von Windrädchen oder beim stillen Sitzen, um die Bewegung ihres Atems zu spüren, bitte ich die Kinder, zu beschreiben, was in ihrem Geist und ihrem Körper passiert. Sie können dies mit Worten und mit Bildern tun. Im Laufe der Jahre haben Kinder Bilder von allem möglichen gezeichnet, von Engeln über Wolken bis zu Sternen. Ein Kind schrieb unter seine Zeichnung: „Es fühlt sich an, als wenn man bei den Engeln wäre." Ein anderes schrieb: „Ich mache einen Schneeengel in den Wolken." Ein drittes schrieb: „Ich fühlte mich wie eine Wolke im Himmel."

Im Laufe eines Tages trainieren Kinder diesen Prozess des Ausrichtens und Haltens von Aufmerksamkeit viele Male – zum Beispiel, wenn sie ein Buch lesen, Musik hören oder Sport treiben. In der Achtsamkeit beleuchten wir diesen natürlichen, häufig automatisch ablaufenden Prozess, um ihn bewusst zu nutzen. In Anbetracht der großen Reihe an Schmerzen, Anblicken, Geräuschen, Geschmäckern, Gerüchen und allem anderen, das unser Geist in jedem Moment verarbeitet, kann es für Kinder schwierig sein, ihren Fokus zu verengen und sich auf eine Sache zu konzentrieren. Es erfordert ein erhebliches Maß an geistiger Disziplin, ein Objekt der Konzentration weise zu wählen, nebensächlichen sensorischen Input herauszufiltern, die Aufmerksamkeit auf das Objekt zu richten, sie aufrechtzuerhalten und zu verfeinern. Unabhängig vom Alter kann es eine Herausforderung darstellen, sich ohne Ablenkung in das Atmungsgewahrsein zu versenken. Doch gibt es einige etablierte Techniken, die selbst dem ablenkbarsten Geist dabei helfen, zur Ruhe zu kommen. Eine von ihnen besteht darin, den denkenden Geist durch das Zählen von Atemzügen zu zügeln. Beim Praktizieren von Meditation ist das Denken nur selten unser Verbündeter, aber das Zählen von Atemzügen stellt eine Ausnahme von dieser Regel dar. Alan Wallace vergleicht es mit dem Gebrauch von Stützrädern beim Fahrradfahrenlernen.[13] Das

Zählen beschäftigt den denkenden Geist mit einer einfachen Aktivität und verengt den Fokus bei relativ wenig geistiger Anstrengung. Es gibt mehrere verschiedene Möglichkeiten, achtsam Atemzüge zu zählen. Hier sind einige, die sich zu Hause üben lassen:

Atemzüge zählen

- *1–1–1–1–1–1 zählen.* Wenn Sie einatmen, entspannen Sie Ihren Körper. Wenn Sie ausatmen, zählen Sie still eins, eins, eins, eins, bis sich Ihre Lungen leer anfühlen. Wiederholen Sie das Ganze, indem Sie sich wieder entspannen, wenn Sie einatmen, und still zwei, zwei, zwei, zwei zählen, während Sie ausatmen. Wiederholen Sie dieses noch einmal, indem Sie sich beim Einatmen entspannen und während der gesamten Ausatmung drei, drei, drei, drei zählen. Machen Sie mit dieser Übung in Sätzen von drei Atemzügen weiter (zählen Sie beim ersten Ausatmen 1, beim zweiten 2 und beim dritten 3), bis Ihr Geist sich beruhigt und Sie in der körperlichen Empfindung des Atmens ruhen können, ohne zu zählen.
- *Eine Zahl im Geist behalten.* Eine andere Möglichkeit, Atemzüge zu zählen, besteht darin, an die Zahl „eins" zu denken und sie während des Ausatmens im Geist zu behalten. Entspannen Sie sich, während Sie einatmen, und denken Sie während des Ausatmens an die Zahl „eins" und behalten Sie sie die ganze Ausatmung lang im Geist. Dehnen Sie das Wort „eins" mit anderen Worten still vom Beginn der Ausatmung bis zu ihrem Ende aus. Beim zweiten Atemzug entspannen Sie sich erneut, während Sie einatmen, und behalten die Zahl „zwei" die gesamte Ausatmung lang im Geist, bis sich Ihre Lungen leer anfühlen. Wiederholen Sie das Ganze, indem Sie sich beim Einatmen wieder entspannen und während der ganzen Ausatmung die Zahl „drei" in Ihrem Geist behalten. Wiederholen Sie diese Abfolge aus drei Atemzügen, bis sich Ihr Geist beruhigt und Sie in der körperlichen Empfindung des Atmens ruhen können, ohne zu zählen.
- *Beim Ausatmen von eins bis zehn zählen.* Für ältere Kinder, Teenager und Erwachsene kann es hilfreich sein, während des Ausatmens von

eins bis zehn zu zählen (Sie müssen ziemlich schnell zählen). Wieder entspannen Sie sich, während Sie einatmen, und zählen von eins bis zehn, während Sie ausatmen. Wiederholen Sie dies, bis sich Ihr Geist beruhigt und Sie in der körperlichen Empfindung des Atmens ruhen können, ohne zu zählen. Manche Menschen finden, dass das Zählen von eins bis zehn das Denken stärker begünstigt als andere Zähltechniken. Andere finden, dass das Gegenteil der Fall ist. Deshalb ist es wichtig, dass jedes Kind verschiedene Zähltechniken ausprobiert, um zu sehen, welche davon (wenn überhaupt irgendwelche) ihm helfen können.

Menschen reagieren zu unterschiedlichen Zeiten auf unterschiedliche Art auf jede dieser Zähltechniken, deshalb ermuntere ich jedermann dazu, alle drei auszuprobieren. Manchmal wird die Methode, bis zehn zu zählen, funktionieren; zu anderen Zeiten gilt dies für das stille Wiederholen des Wortes „eins". Achten Sie auf Kinder, die ihren Atem anhalten oder Einfluss auf ihre normale Art des Atmens nehmen, während sie Atemzüge zählen. Bei dieser Übung sollte die Geschwindigkeit, mit der Kinder zählen, nicht das Tempo ihrer Atmung beeinflussen. Der Atem diktiert das Tempo des Zählens, nicht andersherum. Achten Sie außerdem darauf, dass die Kinder während dieser Übung nicht in ihrer Entschlossenheit, den Fokus ihres Geistes zu halten, ihre Muskeln anspannen. Beim Praktizieren des Atemgewahrseins sind körperliche und geistige Entspannung wichtig. Wenn die Kinder angespannt und verkrampft sind, ist das Fokussiertsein keine große Hilfe. Das Ziel besteht darin, fokussiert und geistig wie körperlich entspannt zu sein.

Atemzüge zu zählen ist für sehr kleine Kinder vom Niveau her ein wenig zu fortgeschritten, glücklicherweise gibt es aber einfache Wege, Atemgewahrsein zu entwickeln, die sich für alle Altersstufen eignen, auch für Kinder im Kindergartenalter. Einer davon ist ein Spiel, das mit einem oder mehreren Kindern gespielt werden kann und „Klang im Raum" heißt. Ziel ist es, dass die Kinder sich in das Gefühl des Atmens versenken, bevor sie dem Klang eines Tons lauschen. Sobald der Klang verstummt, heben die Kinder ihre Hand. Wenn ich dieses Spiel mit sehr kleinen Kindern spiele, führe ich ihnen erst einmal vor, was passieren wird, indem ich die Glocke anschlage und abdämpfe, damit sie wissen, wie es sich anhört, wenn der Klang einsetzt und wenn er aufhört.

Klang im Raum

Zu Spielbeginn legen Sie vor jede Person in der Gruppe einen glatten Stein, etwa in der Größe einer Handfläche eines Kindes. Ich nenne diese Steine „Fokussteine" und lade die Kinder dazu ein, sie unter Zuhilfenahme von Filzstiften mit Worten zu dekorieren, die bedeutsam sind, zum Beispiel **ruhig, gütig, glücklich, Freude, Fokus, Frieden, sicher** und **Gesundheit**. Bei kleinen Kindern, die lesen, aber noch nicht leserlich schreiben können, schreibe ich selbst die Worte auf die Steine. Kinder jeden Alters können ihre Steine zudem mit Bildern und Aufklebern dekorieren. (Fokussteine können ablenken und könnten für sehr kleine Kinder eine Gefahr darstellen, deshalb sollten sie bei ihnen nicht verwendet werden.)

Führen Sie die Kinder, die alle ihre Hände auf dem Bauch haben, um die Bewegung des Atems im Körper zu fühlen, als Nächstes durch die folgende Sequenz: „Atmet mit den Händen auf dem Bauch, schaut auf eure Fokussteine und horcht auf den Klang des Tons." Nachdem Sie den Ton angeschlagen haben, erinnern Sie die Kinder daran, dem Klang zu lauschen, während er schwächer wird, und ihre Hand zu heben, wenn er verstummt. Ich wiederhole diese Aktivität dreimal oder bis die Kinder anfangen, sich zu langweilen oder unruhig zu werden. Innerhalb einer einzigen Unterrichtsstunde bemerken Eltern häufig, dass das Interesse und die Fähigkeit eines Kindes, hinzuhören, mit jeder Runde des Spiels zunehmen. Um dieses Spiel interessanter zu machen, fragen Sie die Kinder, wohin der Klang geht, wenn er verschwindet. Sie werden wohlüberlegte und kreative Antworten hören.

Formen Sie Ihr Gehirn

Um Kindern Achtsamkeit beizubringen, ist es hilfreich, ein wenig darüber zu wissen, wie das Gehirn funktioniert. Das Gehirn ist formbar, wie Plastik, und wird durch wiederholte Erfahrungen geformt, sowohl innere als auch äußere, wie zum Beispiel durch Lesen, das Hören einer neuen Sprache oder das Lernen einer neuen motorischen Fähigkeit. Je mehr wir uns mit bestimmten Aktivitäten beschäftigen, umso mehr organisieren sich die für diese Aufgaben verantwortlichen Gehirnregionen und werden funktionell „gesund". Und je jünger wir sind, umso schneller verändern sie sich. Dies ist ein Grund dafür, warum die Erfahrung der frühen Kindheit wichtig für die Gehirnentwicklung ist. Es ist deshalb von entscheidender Bedeutung, dass Kinder beständigen, vorhersehbaren und bereichernden Erfahrungen ausgesetzt sind, damit sie die neurobiologischen Fähigkeiten für Gesundheit, Glück, Produktivität und Kreativität entwickeln.

Neuroplastizität, oder die Veränderlichkeit der physischen und zellulären Struktur des Gehirns, bedeutet, dass unser Gehirn sich in Reaktion auf innere und äußere Erfahrung des Lebens neu verdrahtet. *Selbstgesteuerte Neuroplastizität,* ein Begriff, den Dr. Jeffrey Schwartz, Forscher an der *University of California,* Los Angeles, und klinischer Psychiater, einführte, ist der Prozess, durch den wir diese Anpassungen des Gehirns absichtlich herbeiführen können, indem wir unseren Geist dafür nutzen, unser Gehirn zu verändern. Schwartz ist nicht nur Wissenschaftler und Kliniker, sondern widmet sich zudem seit über dreißig Jahren dem Praktizieren von Achtsamkeit und dem Studium klassischer kontemplativer Texte.

Schwartz war einer der ersten, der Achtsamkeit in einem klinischen Kontext anwendete, und zwar auf eine authentische und mit der klassischen Praxis in Einklang stehende Art und Weise. Er wandelte das Achtsamkeitstraining in seiner allumfassenden Art, wie es ursprünglich – als Schulung der Mönche – praktiziert wurde, in eine höchst erfolgreiche achtsamkeitsbasierte Behandlung für Menschen mit einer Zwangsstörung um. Seine Arbeit ist bahnbrechend und hat zahllosen an einer Zwangsstörung leidenden Menschen geholfen. Eine Zwangsstörung wird durch ein biochemisches Ungleichgewicht im Gehirn verursacht, das bewirkt, dass unablässig quälende Gedanken in den Geist der Leidenden eindringen und sie dazu veranlassen, repetitive oder zwanghafte Verhaltensweisen auszuüben, um irgendeine eingebildete Katastrophe abzuwenden. Sie sind häufig gänzlich mit repetitiven Verhaltensweisen wie Waschen, Saubermachen, Zählen oder Kontrollieren beschäftigt, in einem Ausmaß, dass es ihr Leben behindert.[14] Mit Training in achtsamem Gewahrsein erkennen Zwangsstörungspatienten, dass die aufdringlichen Botschaften, die ihren Geist überfluten, falsch sein können, und Schwartzs achtsamkeitsbasierte Behandlung gibt ihnen spezielle Werkzeuge an die Hand, um besser mit diesen aufdringlichen Gedanken zurechtzukommen.

Bei der Forschung an Schwartzs Programm bestätigte die Gehirn-Bildgebung die von den Patienten selbst beobachtete Verbesserung. Des Weiteren lernten Schwartz und seine Kollegen aus Gehirn-Scans, dass das Gehirn sich nicht nur in Übereinstimmung mit den Verbesserungen im Funktionieren der Patienten veränderte, sondern dass zudem aufmerksames Achten auf etwas, auf irgendetwas, einen Zustand der Aufmerksamkeit erzeugt, der selbstgesteuerte Plastizität auslöst – nicht nur bei Zwangsstörungspatienten, sondern bei jedem Erwachsenen. Seine Arbeit zeigte, dass eine geistige, willentliche Anstrengung das physische Gehirn verändern kann. Schwartzs Untersuchung war die erste in einer mittlerweile zunehmenden Reihe von Forschungstätigkeiten, bei denen Intentionalität mit Veränderungen in der Funktion und Struktur des Gehirns in Verbindung gebracht wird. Mit ihrem auf bewusster Anstrengung im Gegensatz zum Ergebnis liegenden Fokus könnte diese Forschung eine wichtige Anwendung bei Kindern finden, insbesondere bei jenen mit Aufmerksamkeitsdefiziten. Stellen Sie sich – während Sie im Kopf behalten, dass es wichtig ist, Kinder sanft an die Achtsamkeit heranzuführen – vor, einem Kind einfach dadurch bei der Entwicklung eines starken, stabilen Aufmerksamkeitsvermögens zu helfen, dass Sie es auf eine Spaß machende und spielerische Weise dazu ermuntern, zu versuchen, immer und immer wieder aufmerksam zu sein.

Man kann sich das Gehirn als ein dreidimensionales Punkt-zu-Punkt-Spiel vorstellen, bei dem die Punkte Neuronen (Gehirnzellen) repräsentieren und die Linien, die einen Punkt mit einem anderen verbinden, neuronale Leitungsbahnen. Die Linien, die ein Neuron mit einem anderen verbinden, werden durch Erfahrung des Lebens geformt und gestärkt. Um die Analogie noch auszuweiten: Stellen Sie sich die neuronalen Leitungsbahnen als Muskeln und die Erfahrung des Lebens als körperliche Betätigung vor. Genau wie das Heben von Gewichten die Muskeln stärkt, werden auch die neuronalen Leitungsbahnen stärker, wenn sie trainiert werden. Kindern beschreibe ich diesen Prozess folgendermaßen:

Unsere Gehirne verändern sich ständig. (Ihr Gehirn verändert sich gerade jetzt, wo Sie diesen Absatz lesen, und meins verändert sich, während ich ihn schreibe.) Wenn wir etwas sehen, hören, berühren oder riechen, fließen elektrische Impulse von einem Neuron (einer Art von Gehirnzelle) zu einem anderen. Verschiedene Teile des Gehirns kommunizieren, wenn ein Neuron einen elektrischen Impuls entlang einer Bahn, die neuronale Leitungsbahn genannt wird, zu einem anderen Neuron feuert. Jedes Neuron hat im Schnitt zehntausend neuronale Leitungsbahnen, die es mit anderen Neuronen verbinden. Die von Neuronen ausgesandten Signale erzeugen neuronale Leitungsbahnen im Gehirn, und auf diese Weise verändert sich ein Gehirn im Laufe der Zeit. Wenn ein Neuron „feuert", könnte dies Auswirkungen auf Tausende anderer Neuronen haben, die in unterschiedlichen Teilen des Gehirns angesiedelt sind.

Stell dir vor, du gehst im Gras einen Pfad entlang. Je öfter du diesen Pfad entlanggehst, umso flacher und breiter wird er, und es wird einfacher, ihn zu begehen. Das ist es, was passiert, wenn Neuronen immer und immer wieder entlang einer Bahn feuern. Auf ähnliche Weise feuern Neuronen zum Beispiel jedes Mal, wenn du Gitarre spielst, entlang einer Leitungsbahn in deinem Gehirn, und je mehr du spielst, umso größer wird die Leitungsbahn. Wenn die neuronale Leitungsbahn stärker wird, verstärkt sich auch deine Fähigkeit, Gitarre zu spielen, weshalb es mit Übung einfacher wird, Akkorde und Tonleitern zu spielen. Das ist es, worum es bei der selbstgesteuerten Plastizität – oder dabei, deinen Geist zu nutzen, um dein Gehirn zu verändern – geht.

Offenes, empfängliches Gewahrsein

Fokussierung ist wichtig, doch gibt es Zeiten, wenn Sie eine offene und empfängliche Aufmerksamkeit aufrechterhalten müssen, zum Beispiel beim Autofahren. Das Hauptaugenmerk von Autofahrern gilt der Straße, wenn sie aber nur auf das achten, was sich vor ihnen befindet, und den Rückspiegel ignorieren, können sie in große Schwierigkeiten geraten. Sie müssen auch Fußgänger auf dem Bürgersteig, Mülleimer entlang der Straße und Autos auf der Gegenfahrbahn beobachten. Eltern müssen zudem die Kinder auf dem Rücksitz im Auge behalten. Fahrer beobachten alles in ihrem weiten, offenen Gewahrsein, bleiben mit ihrer Aufmerksamkeit aber hauptsächlich auf das fokussiert, was gerade am wichtigsten ist – und was am wichtigsten ist, wechselt von Augenblick zu Augenblick.

Wenn Kinder offene, empfängliche Aufmerksamkeit praktizieren, nehmen sie eine unvoreingenommene und empfängliche Haltung an, während sie beobachten, was in ihr weites Feld des Gewahrseins gelangt und was aus ihm verschwindet. Eine meiner Schülerinnen lernte, dass sie ihre Fähigkeit zu offener, empfänglicher Aufmerksamkeit auf die harte Tour entwickeln musste. Sie war eine reine Einserschülerin mit außergewöhnlichem Konzentrationsvermögen, als sie aber Fahrunterricht nahm, entdeckte sie, dass ihre Fähigkeiten, in einem weiteren Feld der Aufmerksamkeit zu ruhen, einiger Arbeit bedurften. Wenn sie fuhr, fokussierte sie so sehr auf was immer sie gerade sah, dass sie das Auto stets ungewollt direkt darauf zusteuerte. Ohne es zu bemerken, steuerte sie auf einen Briefkasten zu, auf die falsche Straßenseite, sogar auf einen Fußgänger am Straßenrand – ein haarsträubendes Erlebnis für alle Beteiligten. Dies ist ein verbreitetes Problem, das als Zielfixierung *(target fixation)* bekannt ist, und illustriert, wie Meditationslehrerin Trudy Goodman zärtlich bemerkt, die klassische Lehre, dass „der Geist sich dem zuneigt, dem wir unsere Aufmerksamkeit schenken". Meine Schülerin entschied, dass es an der Zeit war, das Achtsamkeitstraining auszuprobieren.

Gewahrsein lenken

An einem niedrigen Bücherregal in meinem Büro habe ich mehrere Schnüre befestigt, an denen jeweils fünf bunte tibetische Fahnen, ungefähr 6 mal 6 cm große Vierecke, hängen. Ich habe die Schnüre mit den Fahnen angeordnet wie einen quiltähnlichen Wandteppich. Ich bekomme sie an jedem Feiertag von einer Wohltätigkeitsorganisation, die ich sehr gerne mag, und habe im Laufe der Jahre ziemlich viele gesammelt. Ich nutze diese Fahnen als Blickpunkt, um Kindern zu helfen, ihr Feld der Aufmerksamkeit zu erweitern. Sie können für diese Übung ein jedes Objekt mit gemustertem Design nehmen: ein kariertes Stück Stoff, einen gemusterten Pullover, ein Gemälde. Ich bat meine Fahrschülerin, sich ungefähr zwei Meter vor den Fahnen auf den Boden zu setzen und sich ausschließlich auf das Gefühl zu fokussieren, wie ihr Atem durch ihren Körper fließt. Sobald sich ihre Aufmerksamkeit stabilisiert hatte, was sehr schnell geschah, weil ihr Konzentrationsvermögen so stark war, forderte ich sie dazu auf, den Blick auf nur eine der Fahnen in der Mitte des Wandteppichs zu heften und auf diese zu fokussieren. Als Nächstes bat ich sie, ihren Blick zu erweitern, so dass er eine oder zwei weitere Fahnen umfassen würde, und dann noch ein paar mehr hinzuzufügen, bis nach und nach alle Fahnen in ihrem Blickfeld waren, während ihr Hauptfokus weiterhin auf der ersten Fahne in der Mitte lag. Dann forderte ich sie auf, auch alles mit einzubeziehen, was sie in dem Moment wahrnahm: die Geräusche, Gerüche und körperlichen Empfindungen. Gemeinsam weiteten wir das Gewahrsein von den Fahnen zu allem aus, was sich im Raum befand, und dann zu unseren körperlichen Empfindungen, Gedanken und Emotionen. Wir ruhten auf diese Weise, bis wir abgelenkt wurden, und begannen dann wieder von vorne.

Ein weiteres Spiel, mit dem ein umfassenderer Aufmerksamkeitsbereich aufgebaut wird, ist „Reich den Becher weiter", bei dem die Kinder einen vollen Becher Wasser zwischen zwei oder mehr Personen herumreichen.

Reich den Becher weiter

Alle sitzen im Kreis oder einander gegenüber. Zwischen ihnen auf dem Boden steht ein zu etwa zwei Drittel mit Wasser gefüllter Plastikbecher. Eine Person nimmt den Becher hoch und gibt ihn langsam an die nächste Person weiter, und so wird er im Kreis herum fortgereicht. Es geht darum, auf jegliche Geräusche oder körperliche Empfindungen zu achten, die anzeigen könnten, dass man mit dem Entgegennehmen des Bechers an der Reihe ist. Nachdem das Wasser einmal in die eine Richtung im Kreis herumgegangen ist, wird die Richtung geändert und das Wasser langsam in die entgegengesetzte Richtung herumgereicht.

Das Spiel wird wiederholt, nur halten die Teilnehmer diesmal **ihre Augen geschlossen**. Das mag am Anfang beängstigend klingen, doch ist die Aufgabe auch so zu schaffen und das Spiel zudem sehr viel lustiger. Für ältere Kinder und Teenagern können Sie die Herausforderung des Spiels erhöhen, indem Sie mehrere Becher Wasser gleichzeitig herumgehen lassen, was von jedem im Kreis ein höheres Maß an Konzentration und Aufmerksamkeit erfordert. Nach der Aktivität sprechen die Kinder über die Unterschiede zwischen dem Spielen mit geöffneten und mit geschlossenen Augen sowie darüber, welche nicht sichtbaren Hinweise ihnen geholfen haben, zu wissen, wo der Becher gerade war. Die Kunst bei diesem Spiel besteht für die Teilnehmer darin, die Geräusche im Raum wahrzunehmen und zu merken, wo sie herkommen, während das Wasser im Kreis herumgereicht wird. Wenn man beispielsweise die Kleidung von jemandem rascheln hört, der in der Nähe sitzt, kann man sich ziemlich sicher sein, dass man bald den Becher bekommen wird; oder wenn die Person mit dem Wasser auf der anderen Seite des Kreises lacht, ist dies ein Anhaltspunkt dafür, dass man wahrscheinlich nicht der Nächste ist, der den Becher bekommt. Für die Moderatoren des Spiels besteht die Kunst darin, diskret Geräusche oder Kommentare zu machen, die den Teilnehmern signalisieren, wo sich der Becher befindet/die Becher befinden.

Offenes, empfängliches Gewahrsein unterscheidet sich von fokussierter Konzentration, nicht nur in Bezug auf die Größe des Felds der Aufmerksamkeit, sondern auch hinsichtlich der Herangehensweise an Ablenkung. Beim Praktizieren direkter, fokussierter Aufmerksamkeit wird alles, was den Kindern neben dem gewählten Objekt der Aufmerksamkeit in den Sinn kommt, als Ablenkung betrachtet, ob es angenehm ist (wie wenn ihre Mutter ihnen sagt, dass es Abendbrotzeit sei) oder unangenehm (wie das Klingeln der Schulglocke am Ende des Unterrichts, obwohl sie mit der Mathearbeit nicht fertig geworden sind). Folglich geben Kinder, wenn sie erkennen, dass sie abgelenkt sind, die Ablenkung zu, schieben sie beiseite und wenden sich wieder dem von ihnen gewählten Objekt der Konzentration zu. Im Gegensatz dazu wenden sich Kinder beim Praktizieren empfänglichen Gewahrseins nicht immer von geistigen und körperlichen Ereignissen ab, die ablenken könnten; stattdessen schließen sie sie in ihr Feld der Aufmerksamkeit mit ein.

Planung, Organisation und Selbstregulierung

Die exekutive Funktion des Gehirns ist vergleichbar mit der Rolle, die Dirigenten spielen, wenn sie ein Orchester leiten. Die Rolle eines Dirigenten besteht darin, zum Erschaffen eines Musikstücks die vielen einzigartigen Stimmen und unterschiedlichen Instrumente zu koordinieren und zu vereinigen, den Musikern zur richtigen Zeit das Einsatzzeichen zu geben, das Tempo der Musik vorzugeben und den Klang des Stücks zu bestimmen. Um diese Arbeit gut auszuführen, müssen Dirigenten über musikalisches Talent verfügen, doch brauchen sie auch die nötige Lebenserfahrung und Übung, um irgendwelche unerwarteten Ereignisse vorauszusehen, und die Fähigkeiten, auf sie zu reagieren. Diese Fähigkeiten sind der exekutiven Funktion immanent.

Die exekutive Funktion erfordert das Vermögen, die Fähigkeiten der Aufmerksamkeit, der Erinnerung, der Hemmung und der Selbstregulierung, derer das Gehirn sich in jedem Augenblick bedient, um auf die vorliegende Situation zu reagieren, sowie jegliche Emotionen, die wir in Reaktion darauf erfahren, nutzbar zu machen und zu organisieren. Zu den wichtigsten exekutiven Fähigkeiten gehören:

- die inhibitorische Kontrolle, die es Kindern ermöglicht, Versuchungen oder Ablenkungen zu widerstehen
- das Arbeitsgedächtnis, das es Kindern ermöglicht, sich an Informationen zu erinnern und sie zu nutzen
- die kognitive Flexibilität, die es Kindern ermöglicht, ihre Aufmerksamkeit von einem Objekt zu einem anderen zu lenken und die Erfahrung des Lebens aus verschiedenen Blickwinkeln zu sehen.

Posner verwendet das Kinderspiel „Simon Says" (vergleichbar dem deutschen Spiel „Kommando Pimperle", Anm. d Übers.) als ein Beispiel dafür, was geschieht, wenn die exekutive Funktion am Werke ist.[15] Wenn die Spielleiterin sagt: „Simon sagt: leg die Hand auf deinen Kopf" und legt die Hand auf ihren Kopf, folgen die Spieler mühelos der Anweisung. Und wenn die Spielleiterin sagt: „Simon sagt: hüpf auf einem Bein", hüpfen alle auf einem Bein. Aber wenn die Spielleiterin nicht sagt: „Simon sagt", soll man *nicht* tun, was sie sagt, auch wenn sie es selbst tut. Wenn Kinder die Leiterin sagen hören: „Leg die Finger an die Zehen" und dann sehen, wie sie herunterfasst, um ihre Zehen zu berühren, besteht ein kognitiver Konflikt zwischen dem, was sie hören, und dem, was sie sehen, den sie angehen müssen. Posner erklärt, dass, wenn Kinder von einer Quelle *(verbal)* dazu aufgefordert werden, Anweisungen auszuführen, während sie die Ausführung der aus einer anderen Quelle *(visuell)* stammenden Anweisungen hemmen, das exekutive Aufmerksamkeitsnetzwerk dazu aufgefordert ist, konkurrierende Botschaften zu sortieren.

Zusätzlich dazu, dass es eine großartige Möglichkeit darstellt, Achtsamkeit zu praktizieren (indem man auf die äußere Erfahrung achtet, in diesem Fall auf andere Menschen), ist das Spiel „Simon Says" (oder „Kommando Pimperle") ein lustiges und praktisches Werkzeug für das Klassen- oder Kursmanagement.

Immer mehr aus dem *Mindful Awareness Research Center* (MARC) am *Semel Institute der University of California,* Los Angeles, stammende Forschungsergebnisse deuten darauf hin, dass die Achtsamkeitspraxis bei Teenagern und Kindern ab dem Alter von vier Jahren mit der Entwicklung des exekutiven Netzwerks in Zusammenhang steht. Ich war an drei dieser in Schule und Kindergarten durchgeführten, randomisierten Kontrollstudien beteiligt, die unter der allgemeinen Leitung von Dr. Sue Smalley standen, welche die Forschungsanstrengungen des Instituts im Bildungsbereich lenkt. Dr. Lisa Flook, damals als Post-Doktorandin an der Universität tätig, führte das Forscherteam an. Über einen Zeitraum von drei Jahren unterrichteten wir einhundertsechzig Kinder im Alter von vier bis neun Jahren in drei verschiedenen Einrichtungen und neun separaten Klassenräumen im Raum von Los Angeles.

Das so genannte *Inner Kids program* wurde bei allen drei Studien unterrichtet. Dieses Programm verfolgt die klassische Atmungsachtsamkeit unter Einsatz von Spielen und Aktivitäten, die aus ursprünglich für Erwachsene gedachten Übungen entstanden sind, welche ich für kleine Kinder umgearbeitet habe. Die erste Studie fand während des Schuljahres 2006/07 statt und war als Durchführbarkeitsstudie für Kinder im Kindergartenalter gedacht. Während der zweiten Studie, durchgeführt im Schuljahr 2007/08, wurde in zweiten und dritten Klassen unterrichtet, und bei der dritten Studie wurden während des Schuljahres 2008/09 erneut Kinder im Kindergartenalter in den Blick genommen. Bei jeder Studie gab ich acht Wochen in Folge eine halbe Stunde Unterricht in achtsamem Gewahrsein.

Die erste Studie, die Durchführbarkeitsstudie für vierundvierzig Kindergartenkinder, zeigte, dass Kinder im Alter von nur vier Jahren erfolgreich an einer in der Gruppe durchgeführten Achtsamkeitsmeditation teilnehmen können,[16] was die Zweifel zerstreut, dass Kinder im Kindergartenalter von ihrer Entwicklung her gar nicht dazu in der Lage sind. Durch Berichte von Eltern und Lehrern demonstrierte die zweite, mit Zweit- und Drittklässlern durchgeführte Studie, dass sich bei den Schülern mit Defiziten in der exekutiven Funktion signifikante Verbesserungen einstellten. Die Bereiche, in denen sich Verbesserungen zeigten, waren die Verhaltensregulierung, die Metakognition (das Denken über das Denken), die exekutive Funktion insgesamt und spezielle Bereiche der exekutiven Funktion. Lehrer und Eltern berichteten von Verbesserungen in der Fähigkeit der Kinder, ihre Aufmerksamkeit zu verlagern, zu initiieren und zu beobachten.[17]

Dies ergibt einen Sinn angesichts der Tatsache, dass diese Fähigkeiten die Basis der Atemgewahrseinsübungen darstellen, bei denen Kinder lernen, ihre Aufmerksamkeit auf das Gefühl der Atembewegung zu legen (initiieren), merken, wenn ihre Aufmerksamkeit abgeschweift ist (beobachten), und ihre Aufmerksamkeit dann wieder zu dem Gefühl der Atembewegung zurückbringen (verlagern). Dr. Smalley und Dr. Flook kommen zu folgendem Schluss:

> *Diese ersten Ergebnisse deuten darauf hin, dass Achtsamkeit, wenn in einer allgemeinbildenden Einrichtung eingeführt, insbesondere für Kinder nutzbringend ist, die Schwierigkeiten mit der exekutiven Funktion haben. Kinder, die am Anfang, bevor mit dem Training achtsamen Gewahrseins begonnen wurde, ein niedrigeres exekutives Funktionsniveau zeigten, wiesen nach dem Achtsamkeitstraining eine exekutive Funktion im mittleren Bereich auf.[19]*

In der dritten Studie, in der Kinder untersucht wurden, die noch nicht das Grundschulalter erreicht hatten, demonstrierten die Berichte der Pädagogen erneut, dass das Programm eine eindeutige Wirkung hatte, was diesmal jedoch für alle Schüler galt, nicht nur für diejenigen mit Defiziten in der exekutiven Funktion. Kinder, die am Achtsamkeitsunterricht teilgenommen hatten, zeigten eine verbesserte exekutive Funktion, insbesondere im Hinblick auf das Arbeitsgedächtnis sowie die Planungs- und Organisationsfähigkeiten. Weil die Studie im Kindergarten durchgeführt wurde, konnten die Pädagogen den Gruppen gegenüber nicht blind sein (sie wussten, wer am Achtsamkeitsunterricht teilnahm und wer nicht), weshalb die Möglichkeit einer Verzerrung durch die Pädagogen nicht ausgeschlossen werden kann. Jedoch gab es in dieser Studie keine Anhaltspunkte dafür, und angesichts der Rolle, die sie im Leben der Kinder spielen, sind Pädagogen besonders gut dafür geeignet, die exekutiven Funktionsfähigkeiten ihrer Schüler zu bewerten.

Alle drei Studien unterstützen die Einführung von Praktiken des achtsamen Gewahrseins im Schul- und Kindergartenkontext, zeigen sie doch, dass diese Kindern Spaß machen und einen positiven Einfluss auf die entstehende Metakognition (die Fähigkeit, über das nachzudenken, was sie denken), Selbstregulierung und die allgemeine exekutive Funktion insgesamt haben. Die Forschung zu den Auswirkungen, die achtsames Gewahrsein auf kleine Kinder hat, steckt noch in den Anfängen, und beim Verkünden dieser Ergebnisse ist Vorsicht geboten. Nichtsdestoweniger sind sie faszinierend, und es gibt Anlass für Optimismus, dass zukünftige Studien, die sich um das Praktizieren von Achtsamkeit mit Kindern und ihren Familien drehen, ebenfalls dessen Nutzen belegen werden.

Dr. Smalley ist eine forschende Genetikerin, die sich mit Leidenschaft für eine Änderung der Art und Weise einsetzt, wie wir über die Aufmerksamkeits-Hyperaktivitätsstörung (ADHS) denken, d. h. dafür, dass wir sie nicht mehr als eine „medizinische Störung" betrachten, sondern als einen menschlichen Charakterzug, der, obwohl er jene, die ihn besitzen, vor Herausforderungen stellt, auch seine Stärken hat.[20] Ihr Ziel bei der Untersuchung von Achtsamkeit in der Bildung war es, besser die Rolle zu verstehen, die Achtsamkeit bei der Entwicklung der exekutiven Funktion spielt (ein verbreitetes Problem bei ADHS), wobei sie insbesondere auf Teenager und Erwachsene mit Aufmerksamkeitsschwierigkeiten fokussierte. Smalley und ihre Kollegin, die Psychiaterin Dr. Lidia Zylowska, entwickelten einen Achtsamkeitskurs, der „ADHS-freundlich" sein sollte, und bewerteten die Durchführbarkeit ihres Programms mithilfe einer Pilotstudie. Die Mehrzahl der Teilnehmer blieb bis zum Ende dabei und nannte das Programm nützlich (keine kleine Sache für Teenager); sie berichten zudem über Verbesserungen der ADHS-Symptome und der Aufmerksamkeit, die auch mithilfe einer Computeraufgabe gemessen wurden. Wegen des Fehlens einer Kontrollgruppe konnten Smalley und ihre Kollegin nur begrenzt Schlussfolgerungen ziehen, doch sind die Ergebnisse ermutigend im Hinblick darauf, wie die Achtsamkeitspraxis möglicherweise Aspekte der Aufmerksamkeit fördert, die bei Menschen mit ADHS beeinträchtigt sind.[21]

Fortschritte in der Neurowissenschaft, der Genetik und bei der säkularen Anwendung der Meditation werden unser Verständnis der Aufmerksamkeit über Jahre hinweg definieren und verfeinern. Eine gründliche Diskussion der Rolle, die Aufmerksamkeit in der Kindheitsentwicklung spielt, würde den Rahmen dieses Buches sprengen. Bäte man mich aber, den Aspekt zu identifizieren, der meine Arbeit am stärksten prägt, würde ich sagen, es ist die Rolle, welche die sanfte und bewusste Anstrengung bei der Verfeinerung der Aufmerksamkeit spielt. Wie bei allem anderen auch, haben einige Kinder eine natürliche Veranlagung zum Aufmerksamsein, andere jedoch nicht. Aber unabhängig vom Talent ist nichts weiter erforderlich als der bloße Versuch, aufmerksam zu sein, um mit dem Prozess des Verfeinerns der Aufmerksamkeit zu beginnen. Indem wir uns geduldig und gütig auf die sanfte Anstrengung, statt auf das Ergebnis konzentrieren, können wir Kinder auf den Weg in Richtung starker, stabiler Aufmerksamkeit bringen.

Gemeinsame Achtsamkeit: Nutzen Sie das Spielen, Singen, Tanzen, Kreieren und Spaßhaben als Zugang zum Erleben des Geistes in seinem natürlichen Zustand

Es kann für Erwachsene und Kinder schwierig sein, von der hektischen Aktivität des täglichen Lebens zu einer Geisteshaltung zu wechseln, die der Meditation förderlich ist. Wenn ich mit Kindern und Teenagern arbeite, stelle ich jeder Meditationszeit ein Spiel oder eine Aktivität voran, das bzw. die Kinder vom Analysieren dessen, was gerade geschieht, abbringen und zu einer weniger konzeptuellen Erfahrung hinführen soll. Das Singen, Tanzen, Seifenblasenpusten, Trommeln, Spielen mit Luftballons, Tanzen eines Hokey-Pokey, Anfertigen von Collagen und einfach nur Spaßhaben bildet alles einen fantastischen Auftakt zur Meditation. Der Philosoph und Schriftsteller Alan Watts war dafür bekannt, dass er tanzte, sang und sogar unverständliches Zeug brabbelte, bevor er sich hinsetzte, um zu schreiben und zu meditieren. Man sagt, dass er am Abend vor seinem Tod aufgeblasene Luftballons im Zimmer hin- und herschlug und ausrief: „Ach, könnte ich doch nur herausfinden, wie ich dies ohne meinen Körper tun kann."

Sie können diese Aktivität zu Hause mit aufgeblasenen Luftballons oder mit Strandbällen ausprobieren, oder Sie können gemeinsam Seifenblasen pusten. Drehen Sie die Musik auf (manchmal spiele ich das Lied „Tiny Bubbles") und pusten Sie dann schweigend mit einem Seifenblasenring Seifenblasen aus Spülmittel – Kinder und Erwachsene zusammen. Während die Musik spielt, schlagen Sie Ihre eigenen Seifenblasen und die der anderen mit Ihrem Seifenblasenring. Wenn die Musik verklingt, ermuntern Sie alle dazu, sich dort hinzusetzen, wo sie gerade sind, um ein oder zwei Minuten auszuruhen und ihre Erfahrung des gegenwärtigen Moments zu fühlen. Für diejenigen, die die Atmungsachtsamkeit mögen, ist dies eine perfekte Zeit zum Praktizieren.

5 Freundliches Gewahrsein
Achtsam und mitfühlend meditieren, sprechen, handeln und interagieren

Ich wünsche mir, dass ich eine von meinen
  Babysitterinnen wiedersehen kann.
Ich wünsche mir, dass meine Familie nett
  zu mir sein kann.
Ich wünsche mir, dass Leute mich nicht ärgern
  oder sich lustig machen.
Ich wünsche mir, dass ich immer frei sein kann.

Zweitklässler

In der gesamten Literatur gibt es kein Wesen, das ein größeres Herz hätte als Coco, der neugierige Affe, die Hauptfigur in einer von Hans Augusto Rey verfassten Kinderbuchreihe. Coco ist ein Schimpanse, der von dem Mann mit dem gelben Hut aus seiner Heimat in Afrika geholt wird, um in einer großen Stadt zu leben. Der wohlmeinende, aber regelmäßig seine eigenen Grenzen austestende Coco findet seit über sechzig Jahren Anklang bei Kindern und Eltern. Er dient als gutes Modell, wenn es darum geht, Kindern zu helfen, die offene, neugierige Art zu verstehen, mit der wir beim Praktizieren von Achtsamkeit die Erfahrung des Lebens beobachten, und zu verstehen, warum es wichtig ist, nicht immer auf das zu reagieren, was wir beobachten – zumindest nicht sofort.

Neugier macht Coco zu einem ewigen Enthusiasten, empfänglich für jede Erfahrung, die seines Weges kommt. Er denkt nicht über Dinge nach, bevor er sie erkundet, er ist weder selbstkritisch noch urteilend, und jede Erfahrung ist neuartig. Er akzeptiert das Leben, ohne sich Gedanken darüber zu machen, und befasst sich mit den reinen Tatsachen der Wahrnehmung, wenn sie ihm begegnen. Diese empfängliche und unbeschwerte Art, die Welt zu sehen, eine, die nicht durch vorgefasste Meinungen belastet ist, ist die Art, wie wir dem, was in unserer inneren und äußeren Welt geschieht, Achtsamkeit entgegenbringen. Forscher Dr. Scott Bishop von der University of Toronto und seine Kollegen beschreiben diese Perspektive auf formalere Weise in einem akademischen Aufsatz, der eine operationale Definition der Achtsamkeit vorschlägt:

> (Eine) Orientierung (um dies zu erfahren) beginnt mit der Selbstverpflichtung, eine Haltung der Neugier gegenüber dem, wohin der Geist abschweift, wenn er unweigerlich vom Atem wegwandert, sowie Neugier gegenüber den unterschiedlichen Objekten, die sich in jedem Moment innerhalb der eigenen Erfahrung befinden, aufrechtzuerhalten. ... Sie beinhaltet die bewusste Entscheidung, seine Pläne fallen zu lassen, um eine andere Erfahrung zu haben, und einen aktiven Prozess des „Zulassens" augenblicklicher Gedanken, Gefühle und Empfindungen.[1]

Wenn ich mit Kindern und Familien arbeite, vergleiche ich diese Geisteshaltung mit dem Anschauen eines Theaterstücks. Ganz gleich, wie sehr Sie in die Handlung hineingezogen werden, ganz gleich, wie viel Zuneigung Sie für die Figuren empfinden, Sie klettern nicht auf die Bühne, um ihnen aus irgendeiner Patsche zu helfen, in der sie sich gerade befinden; Sie bleiben auf Ihrem Sitz und schauen zu. Dies ähnelt der Art, wie wir die Aktivitäten in unserem Geist und Körper beobachten, wenn wir meditieren. Wir erleben sie und werden von ihnen bewegt, ziemlich auf dieselbe Art, wie wir ein Theaterstück erleben und von ihm bewegt sind, an der Erfahrung teilnehmen, ohne in das Drama verstrickt zu werden. Dies ist eine wichtige Unterscheidung, wenn man Achtsamkeit als Hilfe nutzt, um mit schwierigen Emotionen zurechtzukommen, und eine, auf die ich später im Buch noch näher eingehen werde, aber sie zu begreifen ist für viele Kinder unmöglich. Vorpubertären Jugendlichen und Teenagern fällt es leichter, diese Unterscheidung zu verstehen und in ihrem Leben anzuwenden.

Der erste Schritt der wissenschaftlichen Methode ist Beobachtung. Und wie gute Wissenschaftler beginnen wir, wenn wir Achtsamkeit praktizieren, damit, die Erfahrung des Lebens mit einem offenen und neugierigen Geist zu beobachten. Eine Aktivität, die Kindern dabei hilft, diese Fähigkeit zu erlernen, ist das Hallo-Spiel. Es kann in einem Klassenraum oder am Esstisch gespielt werden und geht folgendermaßen:

Hallo-Spiel

Bei diesem einfachen Spiel wechseln wir uns darin ab, uns zu unserem Nachbarn bzw. unserer Nachbarin zu drehen, um Hallo zu sagen und dann die Farbe seiner bzw. ihrer Augen festzustellen. Ich hörte von dieser Übung das erste Mal von Dr. Bill Tekeshita, einem Lernspezialisten in Santa Monica, Kalifornien, der diese Technik bei Kindern anwendete, die Schwierigkeiten hatten, einer anderen Person in die Augen zu sehen. Ich probierte sie aus und sah schnell, dass diese Technik hervorragend die emotionale Aufladung und die Schwierigkeit des Herstellens von Augenkontakt beseitigt. Beispielsweise könnten Sie Augenkontakt mit Ihrer Tochter herstellen und sagen: „Guten Morgen, deine Augen sehen blau aus." In Erwiderung würde sie etwas Ähnliches sagen: „Hallo Mama, deine Augen sehen braun aus." Wenn mehr als zwei Personen da sind, sitzen wir im Kreis und der Gruß geht von einer Person zur nächsten, bis jeder an der Reihe war.
Achten Sie auf meine Formulierung: „Deine Augen sehen blau aus" im Gegensatz zu „Deine Augen **sind** blau". Ich drücke den Gruß so aus, um das Ziel zu unterstreichen, dass beobachtet, statt analysiert wird. Es ist normal, dass Menschen sich über die Augenfarbe uneins sind, und Kinder streiten sich häufig über meine, weil deren Farbe davon abzuhängen scheint, was ich anhabe: Manchmal sehen sie blau aus, manchmal grün. Indem sie sagen: „Hallo Susan, deine Augen **sehen** grün **aus**", statt „Hallo Susan, deine Augen **sind** grün", legen Kinder die Betonung auf den Prozess des Beobachtens statt auf das beobachtete Objekt. Es ist eine Feinheit, aber eine nützliche, wenn man Kindern den Unterschied zwischen dem Beschreiben dessen, was sie sehen, und dem Ziehen einer Schlussfolgerung vermittelt.
Manche Kinder sind schüchtern und verdecken bei diesem Spiel ihre Au-

gen. Trotzdem ermuntere ich das Kind, das Hallo sagt, dazu, zu beschreiben, was es sieht. Zum Beispiel: „Hallo, es sieht aus, als wären deine Augen verdeckt." Als Reaktion empfindet das Kind mit den verdeckten Augen häufig weniger Leistungsangst, lacht und zeigt seine Augen. Kleine Kinder warten auch mit unrealistischen Beschreibungen der Augen ihrer Freunde auf, sagen beispielsweise, dass die braunen Augen eines Freundes „blau" oder „lila" oder sogar „gepunktet" aussehen, was dazu führen kann, dass das braunäugige Kind verwirrt ist und nicht weiß, wie es reagieren soll. Dies ist ein guter Zeitpunkt, um alle daran zu erinnern, dass das Ziel des Spiels darin besteht, festzustellen und laut auszusprechen, wie die Augen der anderen Person für einen **aussehen**, was mit dem übereinstimmen oder auch nicht übereinstimmen kann, wie sie für jemand anderen, oder sogar die Person, die man beschreibt, **aussehen**. Mit einigen albernen Antworten muss gerechnet werden, wenn die Dinge aber beginnen aus dem Ruder zu laufen, ist dies auch eine Gelegenheit, kleine Kinder daran zu erinnern, dass alberne Antworten zwar lustig sein können, dies aber nicht der Zeitpunkt für sie ist, und die Kinder dazu zu ermuntern, eine andere Entscheidung zu treffen.

Das Hallo-Spiel ist eine Lieblingsübung von Annaka Harris, die das Inner Kids program zwei Jahre lang an der Grundschule *Toluca Lake Elementary School* in Los Angeles unterrichtete. Als sie auf einer Sitzung über das Praktizieren von Achtsamkeit mit Kindern sprach, sagte sie:

Das Hallo-Spiel vermittelt Gewahrsein für die gegenwärtige Erfahrung und bringt den Kindern gleichzeitig Vertrauen, Respekt und ein Gefühl für Zusammenarbeit bei. Es ist interessant, diese Übung im Laufe eines Halbjahres zu verfolgen. Am Anfang, wenn wir die Übung das erste Mal durchführen, sind die Schüler sehr verlegen. Es gibt viel Gekicher und einige von ihnen sagen sogar, dass sie Angst haben, wenn sie Augenkontakt herstellen. Sie werden durch ihre Reaktion darauf, Augenkontakt miteinander herstellen zu müssen, so verwirrt, dass wir es die ersten paar Male kaum einmal im Kreis schaffen. Aber am Ende des Halbjahres drehen sie sich, sehen sich gegenseitig an und halten den Augenkontakt aufrecht, größtenteils ohne irgendwelche Verlegenheit, und sind viel selbstsicherer, hören sich wirklich gegenseitig zu und bleiben sehr auf den gegenwärtigen Moment fokussiert.

Es gibt mehrere Abwandlungen des Hallo-Spiels, die Gewahrsein für unseren Körper, unseren Geist, für andere Menschen und den Planeten aufbauen; sie werden in späteren Kapiteln behandelt.

Der nächste Schritt der wissenschaftlichen Methode besteht darin, sämtliche zur Verfügung stehenden Ressourcen zu nutzen, die uns helfen, besser zu verstehen, was wir sehen. Dasselbe gilt auch beim Praktizieren von Achtsamkeit. Wie bei der wissenschaftlichen Methode ist der erste Schritt der, mittels barer Aufmerksamkeit zu beobachten, und der zweite Schritt der, die Erfahrung zu verstehen. Meditatives Verstehen stellt sich ein, wenn Kinder ihre Erfahrung im Rahmen der Achtsamkeitslehren, die Unbeständigkeit, gegenseitige Verbindung, Güte und Mitgefühl beinhalten, in einen Kontext stellen. Dieses Verstehen wird manchmal klares Verständnis genannt. In einem lebhaften Schriftwechsel zwischen zwei klassischen Gelehrten, Alan Wallace und Mönch Bhikku Bodhi, schrieb Bodhi: „Erst wenn [bare Aufmerksamkeit und klares Verständnis] zusammenwirken, [kann] rechte Achtsamkeit ihren beabsichtigten Zweck erfüllen."[2]

Es handelt sich hier um einen komplexen Prozess, den selbst die erfahrensten Meditierenden manchmal als Herausforderung empfinden, insbesondere dann, wenn er emotionales Material berührt. Um einen sicheren Ort zu bieten, an dem Kinder und Teenager offen über ihre meditative Erfahrung sprechen können sowie darüber, wie sie sich auf diese im Zusammenhang mit ihrem eigenen Leben einen Reim machen können, gliedere ich den Prozess in klare und konkrete Schritte auf, die sie verstehen und die sie vorhersehen können.

- Spielen: Als Erstes haben wir ein bisschen Spaß.
- Meditieren: Als Nächstes praktizieren wir Introspektion, häufig in Form von Atmungsachtsamkeit, im Sitzen, Stehen, Gehen oder Liegen. Während wir meditieren, beobachten wir unseren Geist und Körper aus der Perspektive des freundlichen Beobachters, mit einem neugierigen,

offenen Geist, so frei von vorgefassten Meinungen wie nur möglich. Die in diesem Buch beschriebenen Lieder, Tänze, Spiele und anderen Aktivitäten sind Beispiele für Dinge, die wir während der ersten zwei Schritte dieses Prozesses tun – spielen und meditieren.

- Mitteilen: Dann sprechen wir darüber, wie es ist, meditieren zu lernen, und wie wir das, was wir lernen, im wirklichen Leben anwenden können. Dies ist eine Gelegenheit, Kinder dazu zu ermutigen, sich Hilfe zu suchen, falls ihnen etwas in den Sinn kommt, das sie beunruhigt.
- Anwenden: Als Letztes nutzen wir das, was wir gelernt haben, in unserem täglichen Leben, wobei unser Vorgehen geprägt ist durch ein Verständnis der Achtsamkeitsprinzipien – insbesondere die der Unbeständigkeit, der gegenseitigen Abhängigkeit und des gemeinschaftlichen Engagements.

Um den Kindern zu helfen, das meditative Verstehen zu entwickeln, über das Bhikku Bodi und Alan Wallace schrieben, spreche ich mit ihnen über ihre Erfahrungen und lasse sie auch untereinander darüber sprechen – der dritte und vierte Schritt des Prozesses. Für uns als Erwachsene, die sich dafür entscheiden, mit Kindern und Teenagern achtsames Gewahrsein zu praktizieren, besteht die größte Verantwortung darin, ihnen zu helfen, ihre meditative Erfahrung zu verstehen. Wir unterstützen Kinder, wenn sie meditatives Verstehen entwickeln, indem wir ihnen ruhig Fragen stellen, die sie wieder zu ihrer eigenen Erfahrung zurückbringen. Wir geben ihnen keinen Rat, ziehen keine Schlüsse und projizieren unsere Erfahrung nicht auf ihre. Den ganzen Tag lang bieten sich Ihnen zahllose Gelegenheiten, mit Ihren eigenen Kindern zu sprechen und als Resonanzboden für ihre Eindrücke zu dem, was in ihrem Geist, ihrem Körper und ihrem Leben passiert, zu fungieren. Im Auto auf dem Weg zur Schule, beim Saubermachen der Küche, beim Lesen auf der Couch oder nach dem gemeinsamen Meditieren – immer bieten sich Gelegenheiten zum Gespräch; keine Zeit ist besser als eine andere.

Wenn wir mit mehr als zwei Personen gemeinsam meditieren, sitzen wir anschließend im Kreis und teilen uns unsere Geschichten mit. Auch wenn ich mir viele Freiheiten erlaubt habe, ist der Gruppenprozess, der in den *Inner-Kids*-Kursen angewendet wird, doch lose nach dem Vorbild eines Kurses für sozial-emotionales Lernen gestaltet, der *Council program* heißt und den meine Kinder an ihren Schulen absolviert haben. Dieses Programm, ein Derivat aus den Räten der amerikanischen Ureinwohner *(Native American councils)* und anderen kontemplativen Traditionen, wurde von Jack Zimmerman von der *Ojai Foundation* in Kalifornien für die Anwendung im Klassenzimmer umgearbeitet.[3] Das Räteformat ist für die Praxis des achtsamen Gewahrseins gut geeignet. Seine vier Absichten – mit dem Herzen sprechen, mit dem Herzen zuhören, sich beim Reden kurz fassen und spontan sein – ermutigen Kinder dazu, ihre eigene Stimme zu entwickeln und sich selbst zu vertrauen.

Raum zum Atmen

Zurück zu Coco, dem neugierigen Affen. Ganz gleich, wie sehr er versucht, sich von Schwierigkeiten fernzuhalten, seine Neugier bringt ihn doch unweigerlich in so manche heikle Situation. Er beherrscht die Fähigkeit, was immer ihm auch geschieht, mit Neugier und herzensguter Motivation zu erfahren, aber er hat noch nicht gelernt, seine Reaktion zu kontrollieren. Würde Coco sich einen Moment lang „zurückhalten" und sich genug Raum zum Atmen geben, um seine Erfahrung mit einem klaren Kopf zu betrachten, wäre er besser dazu in der Lage, die angemessene Handlung oder Reaktion zu erkennen. Natürlich wären seine Geschichten dann erheblich weniger lustig.

Das Sichzurückhalten wurde von dem klassischen Gelehrten Analayo erklärt, in einem Buch, in dem die Daten aus seiner während der Zeit an der Universität in Sri Lanka betriebenen Forschung für die Promotion mit seiner meditativen Erfahrung als Mönch verschmelzen. Er schrieb:

> Die Notwendigkeit, klar zwischen einer ersten Stufe der Beobachtung und einer zweiten Stufe des Handelns zu unterscheiden, ist ... ein wesentliches Merkmal (dieser) Art der Lehre. Der einfache Grund für diesen Ansatz ist der, dass nur der vorausgehende Schritt des ruhigen Einschätzens einer Situation ohne sofortiges Reagieren es einem ermöglicht, die angemessene Handlung zu unternehmen.[4]

Mit anderen Worten: Wenn die Weltsicht der Kinder achtsamer wird, ist die Art und Weise, wie sie mit anderen interagieren und auf andere reagieren, scharfsichtiger und weniger reaktiv. Gleichwohl gibt es Male, wenn es weit angemessener ist, zu reagieren, statt sich zurückzuhalten: zum Beispiel, um über einen Witz zu lachen oder um einen Flugball im Außenfeld zu fangen. Sicher sollte ein Kind, das mit seiner Hand glühend heiße Asche berührt, diese sofort zurückziehen, ohne gründlich darüber nachzudenken. Aber für den Umgang mit komplexeren Situationen ist das Verzögern der Reaktion eine vernünftige Methode.

Achtsames Sprechen kann auf eine Weise vermittelt werden, die der ähnelt, mit der Kindern beigebracht wird, zu lernen zu antworten, statt automatisch zu reagieren. Wenn wir im Kreis sitzen und reden, bitten wir Kinder und Teenager darum, achtsam gegenüber dem zu sein, was sie sagen. Genauso wie es wichtig ist, dass klar ist, was wir meinen, wenn wir Kinder darum bitten, aufmerksam zu sein oder aufzupassen, ist es wichtig, dass die Bedeutung unserer Worte klar ist, wenn wir Kinder darum bitten, achtsam zu sprechen. Eine Sufi-Lehre, welche *Die Drei Tore* genannt wird, kann hier hilfreich sein, insbesondere bei der Arbeit mit Kindern im Grundschulalter. Sie ermuntert Kinder dazu, sich drei Fragen zu stellen, bevor sie sprechen: Ist es wahr? Ist es notwendig? Ist es gut gemeint? Eine Situation vor dem Handeln oder vor dem Sprechen sorgfältig zu beobachten und einzuschätzen ist eine wichtige Lebenskompetenz. Mit Training und Praxis kann der erste Teil – sorgfältiges Beobachten und Einschätzen – im Handumdrehen erfolgen.

Ist es wahr?

Ist es notwendig?

Ist es gut gemeint?

Das Warten vor dem Sprechen kann problematisch sein, wenn es nicht klug eingesetzt wird. Ich unterrichte einen Kurs mit Tom Nolan, Koordinator für pädagogische Fragen und stellvertretender Schulleiter an der *Crossroads High School*, in dem das *Council program* (das an der Crossroads-Schule unterrichtet wird) mit dem *Inner Kids program* zur Vermittlung achtsamen Gewahrseins kombiniert wird. An der Grundschule *Crossroads Elementary School* wird die Drei-Tore-Methode klug angewendet, und in Erwiderung auf die Frage eines unserer erwachsenen Schüler warnte Nolan Gruppenleiter, sie könnten mit der Anwendung dieser drei Fragen ungewollt „von vornherein beschränken, was Kinder einander mitteilen". Er fuhr fort:

> *Manchmal ist es gut für Kinder, einfach zu sagen, was sie beschäftigt. Im Council program würde ich es sehr vorziehen, dass die Menschen mit dem Herzen sprechen, und wenn der Schatten auftaucht, dann beschäftigen wir uns mit ihm. Kinder jeden Alters (und natürlich auch Erwachsene) brauchen einen Ort, an dem sie sagen können, was sie fühlen, ohne Scham oder Beurteilung. Das Council program bietet diese Art von Container, und der Prozess funktioniert mit dem Schatten, solange der Leiter mutig und bereit ist, in ihn einzutreten.*

Nolans Bemerkung bringt ein größeres Problem der Nichtreaktivität zur Sprache: Es ist nicht immer im besten Interesse der Kinder, wenn sie sich im Voraus gründlich überlegen, was sie tun und sagen. Dies in jeder Situation zu tun würde sie ihrer Spontaneität berauben. Wenige Menschen leben allezeit wohlüberlegt und ganz bewusst, und ich habe nicht viele getroffen, die meinen, dies wäre eine gute Idee. Wie viele von uns würden, nach genauerem Nachdenken, gerne ein Leben führen, das die ganze Zeit in ruhigen Bahnen verläuft? Wäre die Kindheit überhaupt Kindheit ohne regelmäßige Ausbrüche des Lachens und des Weinens? Es ist möglich, Kinder achtsame Forscher und freundliche Beobachter sein zu lassen, ohne ihre natürliche Spontaneität zu unterdrücken. Wichtig ist, dass wir als Eltern gutes Urteilsvermögen modellhaft vorführen und dass wir – sofern es keinen Grund gibt, Gegenteiliges zu glauben – das Vertrauen haben, dass unsere Kinder selbst ein gutes Urteilsvermögen besitzen oder dabei sind, dieses zu entwickeln. Manchmal ist es in Ordnung, wenn Kinder sich zu einem spontanen Abenteuer aufmachen, und manchmal machen sie einen Fehler. Wir hoffen, dass es kein ernsthafter ist, aber das Ausprobieren durch Versuch und Irrtum ist Teil des Erwachsenwerdens. Um es mit Albert Einsteins Worten zu sagen: „Wer noch nie einen Fehler gemacht hat, hat nie etwas Neues ausprobiert." Das Sichzurückhalten ist nicht dazu gedacht, Kinder zurückzuhalten. Es ist eine nützliche Kompetenz, die das Universum der Kinder erweitern soll, indem sie ihnen ein Mittel an die Hand gibt, mit dem sie komplexe Situationen bewältigen können. Es ist nicht dazu gedacht, ihr Universum zum Schrumpfen zu bringen, indem es ihre Spontaneität und Kreativität hemmt.

Der Zwischenrufer auf Ihrer Schulter

In ihrer gesamten Highschool-Zeit hatte meine Tochter jeden Tag nach der Schule Training mit ihrer Rudercrew in Marina del Rey, etwa 45 Autominuten – in Stoßzeiten – von unserem Zuhause entfernt. Bevor sie ihren Führerschein hatte, las ich häufig am Strand, während ich darauf wartete, sie nach Hause zu fahren. Eines Nachmittags schlugen vier junge Mädchen, Mittelstufenschülerinnen der örtlichen Schule, ihr Lager neben mir auf. Sie wirkten wohlhabend und waren attraktiv, aber ihre Unterhaltung war weit davon entfernt, schön zu sein. Zwei von ihnen, die ich als die „Alpha-Mädchen" betrachtete, verbündeten sich ohne ersichtlichen Grund gegen ein drittes, das Beta-Mädchen, und das vierte Mädchen wirkte distanziert – an der Unterhaltung beteiligt, auch wenn es kein Wort sagte. Ich fragte mich, ob sie sich auf die Seite der Alpha-Mädchen schlagen und damit ihren sozialen Status aufbessern würde, ob sie versuchen würde, das Beta-Mädchen zu retten, oder ob sie gar nichts tun würde.

Es war eine Qual, zuzuhören, wie die Alpha-Mädchen sich über das Beta-Mädchen lustig machten, und als ich gerade einschreiten wollte, sagte das vierte Mädchen den anderen, sie sollten aufhören. Als sie dies nicht taten, forderte sie das Beta-Mädchen auf, mit ihr am Strand spazieren zu gehen, und ließ die anderen alleine und ohne Publikum und Zielscheibe auf ihrer Decke zurück. Ich war beeindruckt von der furchtlosen und mitfühlenden Haltung des vierten Mädchens.

Die verbliebenen zwei Mädchen, sich selbst überlassen, richteten den Strahl der Feindseligkeit nun gegen sich selbst. Sie sprachen über eine kürzlich unternommene Fahrt ins Einkaufszentrum zum Kauf neuer Badeanzüge, und es war schmerzhaft, zu hören, dass sie ihre Nasen hassten, ihre „fetten Oberschenkel", sogar den Klang ihrer Stimmen, als sie jeden wahrgenommenen Fehler erst übertrieben und dann analysierten. Ich dachte an einen Roman, den mein Mann geschrieben hatte und in dem es um einen Komiker ging, der scherzte, er habe einen winzigen Zwischenrufer auf seiner Schulter, der Beleidigungen ausrufen würde. Trotz all ihrer Stärken, und sie hatten viele, fehlte es diesen Mädchen an der Fähigkeit, zurückzutreten, tief Luft zu holen und sich ruhig selbst so zu sehen, wie andere sie sahen. Damals fürchtete ich, es würde ihnen unmöglich sein, sich wohler in ihrer Haut zu fühlen, wenn sie die Zwischenrufer auf ihren Schultern nicht zum Schweigen bringen könnten.

Auch Jungen haben winzige innere Zwischenrufer. Ein hingebungsvoller Großvater brachte einmal seinen Enkelsohn, einen Grundschüler, zu mir. Die Eltern und Lehrer des Jungen fragten sich, ob er ein Aufmerksamkeitsproblem habe, weil er sich an seinem Schreibtisch drehte und wand und in der Schule abgelenkt war. Er war ein junger, aktiver Bursche und es überraschte mich nicht, dass es ihm schwerfiel, still zu sitzen. In früheren Generationen verbrachten die Kinder mehr Zeit aktiv und draußen; es ist nicht verwunderlich, dass die Kinder sich heute manchmal mit den sitzend ausgeführten Schulaktivitäten schwertun. Als ich den Jungen zur Schule befragte, sagte er mir, er sei unglücklich, nicht, weil er sich mit seiner Schularbeit herumquälen würde, sondern weil er sich in sozialer Hinsicht quälte. Während ich mit ihm sprach, merkte ich, dass er sich in sich selbst zurückgezogen hatte, das Opfer seines eigenen Zwischenrufens. Er erzählte mir, dass er nachts wach lag und ihm alles, was er am Tag getan oder gesagt hatte, durch den Kopf ging. Und wenn er nicht vor Angst gelähmt war, neigte er dazu, seine Frustration in der Schule oder bei Verabredungen zum Spielen an anderen Jungen auszulassen, wozu häufig Gerangel und Geschubse auf dem Spielplatz gehörte. Dies forderte einen Tribut von seinen Freundschaften und seiner Schularbeit. Ich brachte ihm ein paar einfache Techniken bei, wie er sich selbst daran erinnern konnte, aufzuhören und einmal durchzuatmen, wenn er das Gefühl hatte, er könnte die Beherrschung verlieren, und er fand sie hilfreich. Er wendete ähnliche Techniken an, wenn er abends ins Bett ging, um seinen Geist zu beruhigen, damit er einschlafen konnte. Das Wichtigste aber war, dass ich mit ihm darüber sprach, dass er sich selbst gegenüber gütiger sein solle. Sein Großvater beschrieb ihn als das goldigste Kind der Welt und ich war beeindruckt von seinem Ausmaß an Empathie für die Jungen, mit denen er an der Schule Auseinandersetzungen hatte, von denen viele ihn drangsaliert hatten. Ich hoffte, er würde dasselbe Maß an Mitgefühl und Verständnis für sich selbst entwickeln, das er für andere Menschen entwickelt hatte, oder ein größeres.

Innere Zwischenrufer sind bemerkenswert kreativ, wenn es darum geht, Kindern das Gefühl zu vermitteln, sie seien schrecklich. Eine der schädlichen geistigen Fallen höre ich immer dann, wenn die inneren Zwischenrufer der Kinder Perfektion erwarten. Ich habe noch nie jemanden getroffen, der zugab zu glauben, dass es möglich ist, perfekt zu sein, aber ich habe viele getroffen, die sich so verhalten. Wenn Kinder (oder ihre Eltern) zu dieser Denkweise neigen, kann es passieren, dass Kinder und Eltern eine strikte Herangehensweise an die Lehren der Achtsamkeit wählen, die ungewollt die Botschaft aussendet, dass sie perfekt werden können – oder dem zumindest sehr nahe kommen können, wenn sie genug meditieren, wenn sie achtsam genug werden. Diese zielorientierte Herangehensweise programmiert Kinder darauf, sich mies zu fühlen, das Gefühl zu haben, sie würden den Ansprüchen nicht genügen. Viele Kinder fühlen sich bereits so und das Meditieren kann zu einer weiteren Aktivität werden, bei der sie Perfektion erwarten. Sollten Ihre Kinder mit einem inneren Achtsamkeitszwischenrufer konfrontiert sein, erinnern Sie sie daran, dass Achtsamkeit ein sanfter Prozess ist, kein rauer.

Die Alpha-Mädchen am Strand, die verzweifelt zu versuchen schienen, wie Kandidatinnen bei *America's Next Top Model* auszusehen, hatten, was ihren Körper angeht, ungeheuerliche Ansprüche an sich gestellt. Ich habe mit einem Mädchen gearbeitet, das genauso hart gegen sich selbst war, aber auf eine andere Art. Sie war intelligent, hübsch und talentiert, aber obwohl sie erst in die Grundschule ging, hatte sie so hohe Ansprüche an ihre schulische Leistung, dass die geringste Kritik ihr Tränen in die Augen trieb. Als sie ein Kleinkind war, musste jeder Bauklotz, mit dem sie spielte, perfekt ausgerichtet sein, und jedem Erwachsenen, den sie traf, musste sie gefallen. Jeglicher Hinweis darauf, dass etwas weniger als perfekt war, bestätigte ihr Gefühl, dass sie schlecht war oder etwas falsch machte. Das hatte zur Folge, dass sie häufig ängstlich war und ihre Eltern sich fragten, was sie, wenn überhaupt, wohl tun könnten, um ihr zu helfen.

Das Problem mit dem Perfektionismus, insbesondere bei Kindern und Jugendlichen, die zur weiterführenden Schule gehen, begegnet mir häufig bei meiner Arbeit, und mit ihm fertig zu werden kann kompliziert sein. In einer E-Mail-Korrespondenz bat ich Jon Kabat-Zinn um Hilfe bei diesem Problem – und er war so liebenswürdig, mir einen klugen und praktischen Rat zu geben, den ich an Sie weitergeben möchte:

> Ich würde hier sehr vorsichtig vorgehen. Meines Erachtens ist es besser, „perfektes" irgendwas oder „Perfektion" gar nicht zur Sprache zu bringen, egal, wie häufig es in klassischen Texten eine Rolle spielt. Ich bin in dem Sinne kein Übersetzer, beherrsche kein Pali oder irgendwelche anderen Textsprachen. Aber wir bringen das Konzept „Perfektion" in der MSBR (der achtsamkeitsbasierten Stressbewältigung, *Anm. d. Übers.*) nie zur Sprache, außer um zu sagen (wie ich es häufig tue), dass du „perfekt bist, wie du bist, mit all deinen Unvollkommenheiten". Diese paradoxe Aussage lässt viel Raum für das Akzeptieren der „Warzen und Pickel" und der offenkundigen Unzulänglichkeiten, die wir (und Kinder) uns selbst zuschreiben, und doch auch für das Nähren dessen, was am tiefsten in uns sitzt und am besten (und am schönsten) an uns ist, was ebenfalls bereits vorhanden ist und also nicht etwas ist, das wir erreichen müssen. Das ist der Fall, egal, wie du deiner Ansicht nach wirkst, egal, wie viel du wiegst, egal, wie schlecht du über dich denkst oder was du in jedem einzelnen Augenblick getan oder nicht getan hast. Deine ursprüngliche Natur ist längst schon und immer leuchtend, schön und ganz, ist perfekt das, was sie ist.
>
> Möglicherweise erkennst du dies nicht in jedem Moment, aber vielleicht kannst du wenigstens kurze Momente lang so üben, „als wenn" du bereits okay wärest, bereits ganz, bereits dein wahres Selbst. In diesem Zusammenhang möchte ich sagen, dass „die Welt alle ihre Blumen braucht" und dass wir alle realisieren (und in die Tat umsetzen) müssen, was für Blumen wir sind. Die Praxis der Achtsamkeit ermöglicht es uns, die üblich verzerrende Brille abzulegen (und dabei auch, vielleicht insbesondere, unsere Gedanken und reaktiven, zerstörerischen Emotionen) und „die bare Realität der Dinge" zu sehen. Das ist es, was es bedeutet, zur Einsicht zu gelangen, sowohl im wortwörtlichen als auch im metaphorischen Sinne.

Nichts hält für immer

Praktiken des achtsamen Gewahrseins, die Kindern helfen, ihre Erfahrungen des Lebens besser zu verstehen, schaffen einen Perspektivwechsel, der Kindern häufig hilft, ihre inneren Zwischenrufer zur Ruhe zu bringen. Zum Beispiel ist es schwierig, allzu sehr an Dingen zu hängen, die letztendlich, wenn man das Leben aus der Perspektive der Unbeständigkeit betrachtet, unwichtig sind. Wenn sie traurig und frustriert sind, finden viele Kinder Trost in dem Wissen, dass, was immer auch passiert – sei es gut, schlecht oder neutral –, die Dinge wahrscheinlich nicht sehr lange so bleiben werden. Indem es die Haltung des freundlichen Beobachters einnimmt, beginnt ein Kind mit der Zeit ruhig zu bemerken, dass sich alles verändert. Das kann beruhigend sein, insbesondere für jene, die unlängst erkannt haben, dass das Leben nicht immer gerecht ist. Heute ist das Leben vielleicht nicht gerecht, aber das heißt nicht, dass es morgen genauso sein wird. Es kann hart sein zu warten, aber es wird sich ändern. Halte einfach aus. Und wenn Kinder bezweifeln, ob irgendeine Logik hinter all diesem nicht endenden Wechsel steht, beginnen sie möglicherweise Verbindungen zwischen Ereignissen wahrzunehmen, die fern voneinander stattzufinden scheinen. Sie denken vielleicht darüber nach, dass ein in den Himmel fliegen gelassener Luftballon letztendlich einen Delfin im Ozean verletzen könnte oder dass amerikanische Soldaten im Nahen Osten ihr Leben riskieren, damit wir dort das Öl produziert bekommen können, mit dem wir unsere Benzintanks füllen. Selbst auf einem Planeten mit sechs Milliarden Menschen können Kinder sehen, wie alles miteinander verbunden ist, auch wenn diese Verbindungen nicht immer offensichtlich sind und ihre Wahrnehmung manchmal die Fähigkeit erfordert, Subtiles und Nuancen zu erkennen.

Ihr eigener bester Freund

Es gibt Zeiten, da schlagen unsere inneren Zwischenrufer mit Informationen aus dem Inneren auf uns ein, die nur sie kennen können (weil sie genau genommen ein Teil von uns sind), und ganz gleich, wie gut wir die Gezeiten und Verbindungen des Lebens verstehen, die Welt fühlt sich nicht an wie ein sicherer Ort. Wenn wir Angst haben, ist alles beängstigend, selbst unser eigener Geist kommt uns nicht sicher vor. Dies sind die Momente, wenn wir einen Zufluchtsort in uns selbst brauchen. Dann können Visualisierungsübungen ein Trost sein; sie können sogar transformative Wirkung haben. Wenn wir sie mit Kindern und Teenagern praktizieren, gilt es aber einige wichtige Punkte im Kopf zu behalten.

Ich habe Kinder kennen gelernt, die zu Hause oder in der Schule mit Herausforderungen fertig werden, die über meine Vorstellungskraft hinausgehen; von einigen wusste ich, dass es sie gibt, aber von anderen bestimmt nicht. Wenn ich mit Kindern übe, erinnere ich mich daran, dass ich nicht alles über das innere und äußere Leben *meiner eigenen Kinder* weiß und noch viel weniger über das innere und äußere Leben der Kinder anderer Leute. Aus diesem Grund vermeide ich gewisse klassische Visualisierungen, auch wenn sie für Erwachsene nützlich sein können. Zu diesen gehören:

- eine Aussage oder implizite Andeutung, dass ein Kind oder Teenager überhaupt irgendwelche Gefühle, positiv oder negativ, gegenüber anderen Menschen haben *sollte*
- eine Aussage oder implizite Andeutung, dass ein Kind Vergebung, Akzeptanz oder Mitgefühl gegenüber jemandem fühlen *sollte,* der ihm körperlich oder emotional Schaden zufügt.

Eine Möglichkeit, dieses gefährliche Terrain zu umgehen, besteht darin, die Visualisierungen von Zärtlichkeit, Liebe und Mitgefühl auf lediglich die Menschen zu beschränken, welche die Kinder selbst ausgewählt haben, oder auf große Menschengruppen, wie ihre Freunde in der Schule oder die Leute in ihrer Nachbarschaft, oder auf jedermann und alles andere auf dem Planeten. Es ist außerdem wichtig, den Kindern zu versichern, dass sie sich an einem sicheren Ort befinden, im wortwörtlichen wie im übertragenen Sinne. Wenn ich eine Meditation anleite, erinnere ich die Kinder daran, dass ich meine Augen geöffnet lassen werde, damit es für sie in Ordnung ist, ihre zu schließen. Selbst mit diesen Vorsichtsmaßnahmen fühlen sich einige Kinder möglicherweise nicht sicher und ich zwinge niemals jemanden dazu, mitzumachen. Ich ermuntere Kinder, die es schwierig finden, sich hinzulegen und mit anderen Menschen zu meditieren, dazu, sich hinzusetzen, falls dies einfacher für sie ist. Nachdem ich alles mir Mögliche getan habe, um sicherzustellen, dass die Kinder sich emotional und körperlich wohlfühlen, lade ich sie dazu ein, sich etwas Zeit zu nehmen, um gut zu sich selbst zu sein. Dies ist für viele Menschen eine radikale Vorstellung. Hier ist mein Vorschlag, wie Kinder und Teenager damit beginnen sollten.

Ein radikaler Akt der Güte

Lasst uns auf dem Boden liegen und unsere Aufmerksamkeit darauf richten, was in unserem Körper geschieht. Wie fühlen sich die verschiedenen Teile deines Körpers jetzt gerade an? Wir werden nicht darüber nachdenken, ob oder ob nicht es etwas an unserem Körper gibt, das wir gerne ändern würden. Stattdessen werden wir wahrnehmen, wie es sich heute anfühlt, in diesem Raum auf dem Boden zu liegen. Unsere oberste Priorität ist es, auf uns achtzugeben. Fühl deinen Kopf auf dem Kissen, die Krümmung deines Nackens, deine Schultern auf der Decke. Falls dir Gedanken in den Sinn kommen, während du deinen Körper „abtastest", versuche, dich nicht in ihnen zu verfangen. Kehre stattdessen wieder zur Wahrnehmung dessen zurück, wie sich deine Arme anfühlen, die zu deinen Seiten liegen, wie sich dein auf dem Boden liegender Rücken anfühlt, dein Kreuz, dein Po, deine Beine, der hintere Teil deiner Fersen, deine Füße. Versuche, im Augenblick nichts zu analysieren. Beobachte einfach deinen Körper und deinen Geist, als wärest du ein freundlicher und unparteiischer Zuschauer. Wenn du einen Zwischenrufer auf der Schulter hast, ist das vollkommen normal, schau einfach, ob du ihn ignorieren kannst, indem du deine Aufmerksamkeit sanft von deinem Geist weglenkst und wieder zurück zu deinem Körper bringst. Du kannst dir sogar still selbst zuflüstern: „Nicht jetzt."

Die meisten von uns sind sehr beschäftigt und es ist schwierig, Zeit zu finden, um zu ruhen und nach innen zu sehen. Das Ruhen und die Introspektion erscheinen uns häufig nicht so wichtig wie die anderen Dinge, die wir tun. Sie sind jedoch wirklich wichtig, viel wichtiger, als viele Menschen denken. Denk daran, es gibt keinen Ort, an den du im Augenblick gehen musst. Es gibt nichts, was du tun musst. Es ist niemand da, dem du gefallen musst. Du musst niemand anders sein. Du brauchst nichts anderes als das, was du genau hier hast. Alles, was wir jetzt tun, ist ruhen. Nicht mehr und nicht weniger.

Achte, während du deinen Körper auf dem Boden fühlst, auf das Gefühl, dass dein Gewicht in den Boden und die Erde darunter entweicht oder an den Boden abgegeben wird. Stell dir vor, du könntest die Spannung in deinem Körper sehen und dass deine Spannung wie eine Wolke aus grauem Rauch ist. Und fühle, wie sie komplett deinen Körper verlässt, in den Boden hinabfällt. Dann stell dir vor, wie sie in die Erde unter dem Boden sinkt. Versuche es jetzt noch einmal.

Denk daran, es gibt keinen Ort, an den du im Augenblick gehen musst. Es gibt nichts, was du tun musst. Es ist niemand da, dem du gefallen musst. Du musst niemand anders sein. Du brauchst nichts anderes als das, was du genau hier hast. Alles, was wir jetzt tun, ist ruhen. Nicht mehr und nicht weniger.

Stell dir nun, wo die ganze Spannung aus deinem Körper in die Erde unter dir entwichen ist, deinen eigenen sicheren Ort vor. Dein sicherer Ort kann irgendwo sein, wo du gewesen bist, irgendwo, wo du noch nicht gewesen bist, aber gerne einmal sein würdest, oder es kann ein imaginärer Ort sein, den du dir selbst erfindest. Einige Kinder erzählen mir, dass ihr sicherer Ort ihr Bett sei; für andere ist es ihr Garten oder der Strand; für manche ist es der Urlaub mit ihren Eltern. Dein sicherer Platz ist irgendwo, wo du glücklich bist, wo du dich geliebt fühlst, wo du stark und entspannt bist und viel Spaß hast. Stell dir vor, wie du an deinem sicheren Ort Spaß hast und dich entspannst.

Denk daran, es gibt keinen Ort, an den du im Augenblick gehen musst. Es gibt nichts, was du tun musst. Es ist niemand da, dem du gefallen musst. Du musst niemand anders sein. Du brauchst nichts anderes als das, was du genau jetzt hast. Alles, was wir jetzt tun, ist ruhen. Nicht mehr und nicht weniger.

Wenden wir unsere Aufmerksamkeit nun dem Raum tief in unserer Brust zu, wo unser Herz sitzt. Stell dir vor, dass dieser Raum vor Wärme leuchtet, und fühle, wie die Wärme langsam und stetig süßer und größer und tiefer und weiter wird, bis sie ausstrahlt, um deinen Oberkörper zu wärmen, deinen Hals, deine Schultern, Arme, Hände und Finger; sie wärmt deine Hüften und Beine, den ganzen Weg hinunter bis zu den Unterseiten deiner Füße und den Spitzen deiner Zehen. Hinauf in den obersten Teil deines Kopfes,

hinunter in die Spitzen deiner Zehen, deine Vorderseite, deine Rückseite, deine Mitte, einmal ganz herum, bis dein Körper mit warmem Licht gefüllt ist. Die aus dem Inneren kommende Wärme ist gewaltig und grenzenlos. Lasst uns eine Weile in dieser Wärme ruhen.
Denk daran, es gibt keinen Ort, an den du im Augenblick gehen musst. Es gibt nichts, was du tun musst. Es ist niemand da, dem du gefallen musst. Du musst niemand anders sein. Du brauchst nichts anderes als das, was du genau jetzt bereits hast. Alles, was wir tun, ist ruhen. Nicht mehr und nicht weniger.
Viele von uns verbringen eine Menge Zeit und Energie damit, ihre Aufmerksamkeit anderen Menschen zu schenken. Wir fragen uns, wie andere Menschen fühlen, was sie denken, was sie möchten, dass wir tun, und wie sie uns gerne hätten. Es ist in Ordnung, dass wir manchmal an andere Menschen denken, aber jetzt werden wir nicht an andere Menschen denken. Im Moment werden wir uns mit all dem inneren Gerede darüber, was andere Menschen sagen, tun, denken und fühlen, verschonen. Wir werden jetzt jegliche Gedanken, die wir bezüglich anderer Menschen haben, loslassen und etwas ziemlich Radikales tun. Wir werden auf uns achtgeben und ruhen.
Während ich dich kennen gelernt habe, habe ich gesehen, wie viel Zuneigung du für deine Freunde empfindest und wie sehr ihr einander unterstützt. Eure Zusammenarbeit hat mich inspiriert. Jetzt werden wir uns gegenüber genauso gut und fürsorglich und unterstützend sein, wie wir es unseren Freunden gegenüber sind.
Ruhe an deinem sicheren Ort, in dem Wissen, dass du genau so, wie du bist, vollständig und ganz bist. Falls du es nicht für wahr hältst, glaub mir einfach. Du musst nichts tun, du musst dich nicht verändern und du musst niemand anders sein. So, wie du bist, bist du vollständig und ganz. Unabhängig davon, ob du heute glücklich oder traurig bist, ob es im Augenblick mehr schlechte Dinge in deinem Leben gibt als gute. Auf lange Sicht wird das keine so große Rolle spielen, wie es jetzt scheint. Gute Zeiten und schlechte Zeiten sind Teile des Lebens, und wie Ebbe und Flut kommen und gehen sie. Eine Sache ist sicher, sie werden immer wechseln. Manchmal ist es hart, zu warten, aber halt einfach aus.
Wir werden die Übung damit beenden, dass wir freundliche Wünsche an uns selbst senden. Stell dir vor, dass du an deinem sicheren Ort bist, an dem du glücklich bist und viel Spaß hast. Vielleicht singst du, vielleicht tanzt du, viel-

leicht liest du, vielleicht ruhst du dich aus, vielleicht spielst du Gitarre. Was immer du gerne tust, kannst du an deinem sicheren Ort tun. Mögest du gesund und stark sein. Mögest du mit Menschen zusammen sein, die du liebst und die dich lieben. Jeder an deinem sicheren Ort ist entspannt und fühlt sich wohl. Jeder an deinem sicheren Ort ist friedlich, frei und hat Spaß.

Auf Selbstmitgefühl abzielende Übungen können sowohl Kindern als auch Erwachsenen schwerfallen. Wenn Sie zu den vielen Menschen gehören, die diese Übungen als Herausforderung empfinden, ermuntere ich Sie dazu, sich einen gut ausgebildeten Meditationslehrer zu suchen, der Ihnen bei diesen Übungen hilft. Frühe Forschung hat Selbstmitgefühl mit anderen positiven Eigenschaften wie Weisheit, persönliche Initiative, Neugier, Glück und Optimismus in Zusammenhang gebracht. Und auch wenn Sie im Augenblick nicht viel Mitgefühl sich selbst gegenüber empfinden, deuten frühe Forschungsergebnisse und Tausende Jahre an Erfahrung doch darauf hin, dass sich dies ändern kann, wenn Sie achtsames Gewahrsein praktizieren.[5]

Gemeinsame Achtsamkeit:
Die Schönheit entdecken, die immer in uns ist

Eine wichtige klassische Lehre ist die, dass es schwierig ist, glücklich zu sein, wenn wir nicht die Schönheit unserer wahren Natur erkennen. Das Bild eines erlesenen Edelsteins, der unter vier Schleiern verborgen liegt, stellt eine wunderbare Möglichkeit dar, diese Lehre zu illustrieren.

Nehmen Sie ein schönes Objekt aus Ihrem Schrank oder Schmuckkasten, legen Sie es auf den Tisch und bedecken Sie es mit ein paar Tüchern. Anschließend können Sie Ihren Kindern von Zeiten in Ihrem eigenen Leben erzählen, als Sie Zweifel an Ihrer wahren Natur hatten, und Ihre Kinder fragen, ob ihnen auch Beispiele aus ihrem eigenen Leben einfallen. Mit jeder Geschichte über eine schwierige Erfahrung, welche die Sicht verschleierte, die Sie oder Ihre Kinder auf sich selbst hatten, entfernen Sie ein Tuch. Schließlich, wenn Sie das letzte Tuch wegnehmen, kommt das versteckte, schöne Objekt zum Vorschein, ein Symbol für die Schönheit, die in uns allen liegt.

6 Sensorisches Gewahrsein
Der physischen Welt gewahr werden

Ich wünsche mir, dass mein Leben toll ist.
Ich wünsche mir, dass mein Leben glücklich ist.
Ich wünsche mir, dass ich meine Arbeit schnell
   machen kann.
Ich wünsche mir, dass ich nicht an schlechte Orte gehe.
Ich wünsche mir, dass ich geliebt werde und gut bin.

Viertklässlerin

Essen ist einfach. Manchmal ist es viel zu einfach, so einfach, dass es zu den Dingen gehört, die wir am reflexartigsten ausführen. Hin und wieder genieße ich einen Trüffel, das pikante Aroma einer süßen Vidalia-Zwiebel oder das Bukett eines toskanischen Chianti. Allzu oft aber esse ich unachtsam, während ich mich unterhalte oder an etwas anderes denke. Das ändert sich, wenn ich mit meiner Familie achtsames Essen praktiziere. Achtsames Essen ist eine hervorragende Möglichkeit, unsere Aufmerksamkeit gleichzeitig dem zu schenken, was wir hören, fühlen, schmecken, sehen, riechen und berühren, und wir können es bei jeder Mahlzeit des Tages tun.

Es folgt nun die mittlerweile klassische Übung des achtsamen Essens, die von Jack Kornfield eingeführt und von Jon Kabat-Zinn im Rahmen seines Programms zur achtsamkeitsbasierten Stressbewältigung berühmt gemacht wurde. Mit dieser Gewahrseinsübung können Sie und Ihre Kinder eine transformative Erfahrung miteinander teilen, indem Sie einfach eine Rosine essen.

Rosinen essen

Beginnen Sie damit, eine Rosine zu betrachten, ihre uneinheitlichen Vertiefungen, ihre unregelmäßige Form und ihre sattbraune Farbe. Versuchen Sie, nicht zu analysieren, betrachten Sie einfach nur. Wie ist das? Stellen Sie sich die fruchtbare Erde vor, aus der die Weinrebe hervorbrach, die sanften Sonnenstrahlen und den Regen, die den Wein nährten. Dann die Knospe, die an der Rebe auftauchte, und die Weintraube, die sich aus der Knospe entwickelte. **Stellen Sie sich das vor.**

Stellen Sie sich die Weinlese vor. Wie war die? Wer las die Trauben? Was hatten sie an? (Die Menschen, nicht die Trauben!) Wurden die Trauben mit der Hand oder mit der Maschine gepflückt? Wie wurden die Weintrauben zu Rosinen?

Stellen Sie sich Tonnen und Abertonnen von Trauben vor, die an der Rebe reifen, dann zum Trocknen auf schweres braunes Papier gelegt werden, das jemand sorgfältig auf dem Boden zwischen den Weinstöcken ausgebreitet hat. Trocknete die Rosine, die Sie in der Hand halten, unter der heißen südkalifornischen Sonne oder im Ofen einer Fabrik? Stellen Sie sich die Menschen vor, die das braune Papier auf dem Boden platzierten, die all diese Trauben von den Reben pflückten und sie sorgfältig auf das Papier legten. Wie war das Wetter? War es heiß? War es sonnig? Regnete es? Und stellen Sie sich die Menschen vor, die von Zeit zu Zeit die Trauben kontrollierten, um zu sehen, ob sie so weit wären. Waren dies dieselben Menschen, die sie aufsammelten, sobald sie Rosinen waren, und sie in Kisten packten?

Haben Sie Ihre Nahrung je zuvor auf diese Weise betrachtet? **Denken** Sie jetzt anders über die Rosine in Ihrer Hand? **Fühlen** Sie anders ihr gegenüber?

Jetzt ist es Zeit, zu essen. Betrachten Sie noch einmal die vor Ihnen liegende Rosine. Nehmen Sie sie sanft mit zwei Fingern auf. Fühlen Sie die

Rauheit der Rosine an Ihrer Haut. Lassen Sie die Spitze Ihres Zeigefingers sanft über ihre schrumpelige Oberfläche gleiten. Versuchen Sie es noch einmal mit geschlossenen Augen. Können Sie die einzelnen Erhöhungen ausmachen? Die Räume zwischen den Erhöhungen? Öffnen Sie die Augen und halten Sie die Rosine in Ihrer hohlen Hand, bedecken Sie sie dann mit Ihrer anderen Handfläche. Heben Sie nun Ihre hohlen Hände an Ihr Ohr. Schütteln Sie Ihre Hände sanft, so dass die Rosine wie die Füllung einer Maraca oder Rassel hin- und hergeschleudert wird. Wenn es im Raum sehr leise ist, hören Sie möglicherweise das kaum wahrnehmbare Geräusch, das die Rosine macht, während sie in Ihren Händen umherspringt. Hätten Sie jemals gedacht, Sie würden einmal einer Rosine zuhören?

Versuchen Sie die Rosine zwischen Daumen und Zeigefinger zu nehmen und halten Sie sie sich unter die Nase. Atmen Sie ein. Mögen Sie den Geruch? Er ist subtil, aber süß. Ist die körperliche Empfindung angenehm? Unangenehm? Neutral? Haben Sie irgendwelche geistigen Reaktionen auf die körperliche Empfindung? Wollen Sie sie essen? Sie nicht essen? Ist Ihnen das eine wie das andere egal?

Ist noch irgendetwas anderes im Gange, während Sie den Duft dieser kleinen Rosine einatmen? Geschieht irgendetwas in Ihrem Mund? Vielen Menschen läuft schon lange, bevor sie die Rosine in den Mund stecken, das Wasser im Munde zusammen. Können Sie fühlen und hören, dass Ihr Magen knurrt? Stellen sich bei dieser sensorischen Erfahrung irgendwelche emotionalen Reaktionen ein? Mögen Sie Rosinen? Hassen Sie sie? Sind sie Ihnen egal?

Gut, jetzt ist es Zeit, dass Sie die Rosine in den Mund stecken und schauen, ob Sie Ihre Aufmerksamkeit weiterhin allen fünf Sinnen widmen können, während sie in Ihrem Mund ist. Aber beißen Sie noch nicht in sie hinein! Öffnen Sie Ihren Mund und legen Sie sich die Rosine auf die Zunge. Lassen Sie Ihre Zunge über die unregelmäßige Oberflächenstruktur fahren. Stellen Sie sie sich jetzt in Ihrem Mund vor – die dunkle, genoppte Haut der Rosine an Ihrer sensiblen Zunge. Können Sie beginnen, sie zu schmecken? Die Oberfläche einer Rosine ist zuckersüß, eine natürliche Süße, die von der Fruchtbarkeit des Bodens stammt, von der Sonne und der Austrocknung, die diese winzige, bonbonähnliche Frucht erzeugt. Lassen Sie sich Zeit, um den süßen Geschmack auszukosten, um die unversehrte Haut der Rosine zu spüren. Vielleicht läuft Ihnen jetzt, in Erwartung dessen, was als

Nächstes passiert, noch ein bisschen mehr das Wasser im Munde zusammen. (Vielleicht läuft Ihnen schon beim bloßen Lesen darüber das Wasser im Munde zusammen. Der Geist ist ein mächtiges Ding.)
Warum lutschen Sie nicht einen Augenblick an der Rosine? Was geschieht mit Ihrer Kehle, wenn Sie lutschen?
Beißen Sie nun in sie hinein.
Können Sie irgendetwas hören? Können Sie fühlen, wie der Saft in Ihre Wange spritzt? Lassen Sie die Feuchtigkeit Ihres Mundes sich mit dem Saft der Rosine vermischen, was eine Explosion natürlicher Süße erzeugt. Wie fühlt sich das an? Befriedigend? Angenehm? Unangenehm? Neutral? Genießen Sie den Geschmack, während er Ihren Mund ausfüllt und beruhigende Botschaften an Ihr Gehirn aussendet, es wissen lässt, dass Sie essen und alles gut ist.
Betrachten Sie noch einmal Ihren Geist und Körper. Hat dies Spaß gemacht und würden Sie gerne noch eine weitere Rosine essen? Oder sind Sie gelangweilt und würden gerne etwas anderes tun? Oder ist Ihnen das eine wie das andere egal? Welche drei Reaktionen sind dies (Tipp: Verlangen, Abneigung, Gleichgültigkeit)? Haben Sie sich so schon nach anderen alltäglichen Aktivitäten gefühlt?
Nehmen Sie zu guter Letzt diese Gelegenheit war, um Dankbarkeit zu empfinden. Begreifen Sie die unglaublichen Verbindungen zwischen all den Menschen, Orten und Dingen, die uns diese Rosinen gaben, die einst Weintrauben waren.
Versuchen Sie dies ein paar Male. Sie werden eine Schale Müsli mit Rosinen nie wieder so essen wie zuvor.

Aus der Forschung an Erwachsenen wissen wir, dass achtsames Essen gesundheitlichen Nutzen hat.[1] Ob sich dieser Nutzen auch auf Kinder erstreckt, ist jedoch weiterhin eine offene Frage, da vergleichbare Forschung an Kindern noch nicht betrieben wurde. Sie hat aber begonnen. Ich bin an einer von Dr. Michele Mietus-Snyder von der *University of California San Francisco*, Dr. Jean Kristeller von der *Indiana State University* und ihren Kollegen durchgeführten Studie beteiligt, bei der klinische Interventionen untersucht werden, die den psychosozialen Stress und die Insulinresistenz mildern, unter denen viele übergewichtige Kinder aus ärmeren, dicht besiedelten Großstadtvierteln leiden. Mietus-Snyders und Kristellers Studie nimmt vorpubertäre Kinder ins Visier, die an auf Gewichtsreduktion spezialisierte Kliniken in diesen Vierteln überwiesen wurden. Diejenigen, die Interesse an einem Beratungsprogramm zum Thema Lebensstil mit dem Ziel der Gewichtsreduktion haben, werden willkürlich für eins von zwei intensiven achtwöchigen Gruppenprogrammen für Kind und Erziehungsberechtigen angemeldet: angeleitetes Fitnesstraining oder achtsamkeitsbasiertes Training. Die Studie betrachtete vierzig fettleibige Kinder und ihre Betreuer/innen. Zwanzig Kinder und ihre Betreuer/innen absolvierten einen wöchentlichen Fitnesskurs, die anderen zwanzig Kinder und ihre Betreuer/innen einen wöchentlichen achtsamkeitsbasierten Kurs. Über einen Zeitraum von acht Wochen trafen sie sich einmal die Woche und jeder Kurs dauerte zweieinhalb Stunden. Der Fitness- und der Achtsamkeitskurs beinhalteten beide auch die Vermittlung von lehrreichen Informationen zu den Themen gesunder Lebensstil und Gewichtsverlust. Am Ende der acht Wochen zeigten sich in beiden Gruppen (Fitness und Achtsamkeit) Verbesserungen gegenüber Kindern in der allgemeinen Bevölkerung, deren Situation vergleichbar war. Die Teilnehmer hatten an Gewicht verloren und berichteten, dass ihre Stimmung und ihr Selbstkonzept sich verbessert hätten. Auffallend war, dass diese positiven Auswirkungen noch anhielten, als die Kinder zwei Monate nach Abschluss des Programms ein weiteres Mal beurteilt wurden, und auch, als sie zwölf Monate nach Beendigung des Programms noch einmal neu beurteilt wurden. Beide Gruppen – die, welche einen Fitnesskurs absolviert hatte, und die, welche einen Achtsamkeitskurs absolviert hatte – zeigten eine deutliche Verbesserung.[2] Diese Ergebnisse sollten nicht überraschen, bedenkt man, dass der Nutzen, den achtsames Essen bei einer vergleichbaren erwachsenen Bevölkerung hat, bereits bestens nachgewiesen ist.

Ihre Sinnestore

Haben Kinder erst einmal gelernt, auf eine verfeinerte und freundliche Weise aufmerksam zu sein, sind sie bereit, diese neuen Fähigkeiten anzuwenden, um ihre innere und äußere Welt besser zu verstehen. Indem sie das Atemgewahrsein nutzen, um ihren Körper zu beruhigen und ihren Geist zu konzentrieren, sind sie gut dazu imstande, die aus der äußeren Welt hereinkommende Information zu beleuchten, die durch ihre sensorischen Systeme eindringt: durch die fünf wohl bekannten Sinne Geschmacks-, Geruchs-, Berührungs-, Seh- und Hörsinn sowie das vestibuläre System und das propriozeptive System, die in Kapitel 3 besprochen wurden. Diese sensorischen Systeme werden manchmal als unsere Sinnestore bezeichnet.

Zu bemerken, was durch die Sinnestore hereinkommt, ist der erste Schritt bei der Entwicklung sensorischen Gewahrseins. Der nächste Schritt besteht darin, zu sehen, wie Ihr Geist und Ihr Körper reagieren. Vielleicht reagieren Sie auf relativ harmlose sensorische Ereignisse mit automatischen Reaktionsweisen, die Sie zuvor noch nicht wahrgenommen haben. Sie werden es herausfinden, indem Sie Ihre sensorische Erfahrung aus der Perspektive eines freundlichen Beobachters wahrnehmen. Dies kann eine verwirrende Perspektive für Kinder und Eltern sein, wenn sie das Beobachten einer Erfahrung mit dem Gelöstsein von der Erfahrung gleichsetzen. So funktioniert das aber nicht bzw. so fühlt es sich nicht an. Erinnern Sie sich noch an den Vergleich zwischen dem freundlichen Beobachter und dem Zuschauer in Kapitel 4, als es um freundliche Aufmerksamkeit ging? Ich nutze einen ähnlichen Vergleich, wenn ich mit Eltern spreche, deren Kinder musizieren: Wenn ich meditiere und meine sensorische Erfahrung beobachte, fühlt sich das ungefähr so an, wie wenn ich meinen Kindern dabei zusehe, wie sie bei einem Konzert oder einer Aufführung spielen.

Allegra und Gabe haben sich immer schon für Musik interessiert und als Folge davon habe ich zahllose Konzerte und Aufführungen besucht, bei denen sie gespielt haben. Es ist nicht ungewöhnlich, dass ich ihretwegen nervös bin, wenn ich sie spielen sehe, obwohl nicht ich es bin, die auf der Bühne steht. Ich weiß, dass andere Eltern ebenfalls so fühlen. Im Laufe der letzten zwei Jahrzehnte habe ich meine Kinder, meine Neffen und ihre Freunde viele Male bei Aufführungen spielen sehen, aber nicht ein einziges Mal fühlte ich mich wie eine externe Beobachterin. Wenn ich meinen Kindern beim Spielen zuhörte, war ich zuweilen vor Freude überwältigt und zuweilen weniger, weil ich das Stück schon viele Male zuvor gehört hatte.

Folgendes hilft mir, die Praxis sensorischen Gewahrseins zu verstehen: Ich war vollkommen mit der Erfahrung verbunden und fühlte jedes Mal etwas, doch verlor ich nie die Perspektive eines freundlichen Beobachters. Ich wusste, dass sie die Ausführenden waren und ich im Publikum saß, deshalb sang ich niemals mit, ganz gleich, was ich fühlte und wie schön das Lied war. Ich nahm an ihren Konzerten teil, indem ich ihre Darbietungen zu schätzen wusste, nicht indem ich selbst spielte. Dies ähnelt der Art, wie ich bei der Praxis achtsamen Gewahrseins körperliche Empfindungen wahrnehme und erfahre. Ich mag emotionale Reaktionen auf das haben, was ich empfinde, aber ich versuche, mich nicht so stark in den körperlichen und geistigen Empfindungen zu verfangen, dass ich mich mit ihnen identifiziere und meine Perspektive verliere. Es ist nicht ungewöhnlich, dass Menschen von der Haltung des freundlichen Beobachters verwirrt sind und denken, sie müssten sich von der Erfahrung des Lebens lösen, um sie klar zu sehen. Das ist aber nicht der Fall.

Was Sie hören

Meine Mutter hatte das Gehör einer Fledermaus. Als Kind glaubte ich, sie hätte Superkräfte. Aus ihrem Schlafzimmer konnte sie hören, wie sich der Knauf der Haustür drehte, wenn ich mich spät abends ins Haus schlich. Sie konnte durch den Krach des Fernsehers im Zimmer nebenan hindurch hören, wie sich die Tür des Tiefkühlschranks in der Küche öffnete, wenn ich mir etwas Eiscreme nahm. Wenn meine Freunde zu Besuch kamen, konnte sie vom Garten aus, wo sie mit meiner Tante Mary plauderte, unser Flüstern im Schlafzimmer hören und entschlüsseln. Meine Mutter wäre eine hervorragende Spionin gewesen.

Viele Mütter besitzen diese Superkraft, weil Eltern zwangsläufig eine bessere Antenne für Geräusche haben. Eltern orten nicht nur das Geräusch (d. h. Stimmen), sondern auch dessen Herkunft (aus dem Schlafzimmer kommend) sowie den Ton und das Gefühl (ehe man sich's versieht, wird es Tränen geben). Wir können aus dem Gefühl und dem Ton eines Geräuschs viel ersehen. Lassen Sie uns drei Wassergeräusche betrachten: das Geräusch von Wasser, das am Rand eines Teichs sanft gegen moosbedeckte Steine schlägt; von Wellen, die vor der Küste von Maine gegen Felsen krachen; und das *tropf, tropf, tropf* von Wasser aus einem undichten Wasserhahn. Jedes Wassergeräusch ruft ganz unterschiedliche

Gefühle hervor. Oft finde ich das Geräusch von Wasser, das in einem Teich plätschert, beruhigend, aber nicht immer. Das Tosen des Ozeans gehört zu meinen Lieblingsgeräuschen, aber manchmal macht es mir Angst. Das Geräusch eines tropfenden Wasserhahns nervt mich, aber meine Kinder stört es überhaupt nicht. Indem Sie darüber nachdenken, was Geräusche wie diese in Ihrem Körper und Geist hervorrufen, können Sie ein Gewahrsein der Verbindungen zwischen Sinneserfahrungen, Ihrer Reaktion auf diese und der Art, wie sich diese Reaktionen manifestieren, aufbauen. Hier ist ein Arbeitsblatt, das Kindern dabei hilft, diese Verbindungen herzustellen.

Wassergeräusch	Gefühlskategorie Angenehm, Unangenehm, Neutral	Reaktionskategorie Verlangen, Abneigung, Gleichgültigkeit	Wo und wie sich die Reaktion in Geist und Körper zeigt
Wasser gegen Steine	Angenehm	Verlangen	Körper entspannt, Atem wird tiefer, Geist beruhigt sich, zufrieden
Ozeanwellen	Angenehm	Verlangen	Geist wach, Körper neutral, glücklich, erregt
Tropfender Wasserhahn	Unangenehm	Abneigung	Geist dumpf, müde, Kopf schmerzt, Gefühl des Überwältigtseins

Lassen Sie uns nun ein paar Spiele spielen, die Kindern dabei helfen, sich aus der Haltung eines freundlichen und unparteiischen Zuschauers heraus auf ihre Sinne einzustimmen.

Klang im Raum

Dies ist eine Abwandlung der in Kapitel 4 beschriebenen Übung des Gewahrseins für Geräusche, bei der Kinder dem Klang eines Tons lauschen, während er in der Ferne verhallt. Wenn die Kinder den Klang nicht mehr hören, heben sie die Hand. Bei dieser Variante sorge ich dafür, dass jedes Kind ein Arbeitsblatt und einen Bleistift oder Stift hat. Ich verwende bei diesem Spiel drei verschiedene Arbeitsblätter und drei unterschiedliche Musikinstrumente.

Die Zahl der genutzten Instrumente hängt vom Alter der Kinder ab und das Arbeitsblatt spiegelt die Zahl der Instrumente wider. Es gibt mehrere Versionen dieser Übung. Bei sehr kleinen Kindern verwende ich nur ein Instrument, vielleicht den Klangstab. Ich schlage ihn mehrmals an und fordere sie auf, die Male zu zählen, die sie ihn erklingen hören. Wenn die Kinder älter sind, füge ich mehr Instrumente hinzu, häufig eine Trommel und Weihnachtsglocken. Sie können jegliche Instrumente benutzen, die Sie zur Hand haben.

Die Kinder haben ihre Hände auf dem Bauch liegen, um die Bewegung des Atems in ihrem Körper zu fühlen, während ich sie durch die folgende Sequenz leite: „Atmet mit den Händen auf dem Bauch, schaut auf eure Fokussteine und horcht auf den Klang." Ich bitte die Kinder, die bei dem Spiel mitmachen, darum, sorgfältig darauf zu achten, wie viele Male sie jeden Klang hören. Nach jeder Runde markieren die Kinder auf ihren Arbeitsblättern, wie oft sie jeden Klang gehört haben.

Das Spiel kann eine ganze Weile dauern. Denken Sie daran, dass es bei diesem Spiel keine richtigen oder falschen Antworten gibt; die Frage ist lediglich, wie viele Male die Kinder die Glocke **gehört haben**, nicht aber, wie viele Male sie **tatsächlich geläutet** wurde. Die Antworten sind nicht immer gleich, was Ihnen eine Gelegenheit bieten kann, mit Ihren Kindern darüber zu sprechen, warum sie die Glocke möglicherweise nicht jedes Mal gehört haben. Ist ihr Geist abgeschweift? Wo war ihre Aufmerksamkeit? Wo ist ihre Aufmerksamkeit jetzt?

Arbeitsblatt für den Unterricht
(1. Version)

Wie viele Male hast du den Klangstab erklingen gehört?

#	Klangstab
1	
2	
3	
4	
5	

Arbeitsblatt für den Unterricht
(2. Version)

Wie viele Male hast du den Klangstab erklingen gehört?
Wie viele Male hast du die Trommel gehört?

#	Klangstab	Trommel
1		
2		
3		
4		
5		

Arbeitsblatt für den Unterricht
(3. Version)

Wie viele Male hast du den Klangstab erklingen gehört?
Wie viele Male hast du die Trommel gehört?
Wie viele Male hast du die Glocke gehört?

#	Klangstab	Trommel	Glocke
1			
2			
3			
4			
5			

Wir spielen auch andere Spiele, um die Achtsamkeit gegenüber Geräuschen und Klängen zu fördern. Bei einem meiner Lieblingsspiele geht es darum, dem zuzuhören, was sich ganz natürlich in der Umgebung ereignet, während es geschieht, wo immer und was immer es sein mag. Ob Sie sich in einer lauten Cafeteria befinden oder in Ihrem Garten – Sie können die Geräusche um Sie herum auf dieselbe Art aufnehmen, wie Sie sich Musik anhören. Prüfen Sie flüchtig die Geräusche, die Sie hören, und wählen Sie eines aus, das Ihre Aufmerksamkeit auf sich zieht. Achten Sie, statt darüber nachzudenken, was Sie da hören, auf die Gefühle, die das Geräusch in Ihrem Geist und Körper hervorruft, entspannen Sie sich und ruhen Sie in ihnen, bis das Geräusch verhallt oder ein anderes Geräusch vorherrschend wird. Wenn ein anderes Geräusch in den Vordergrund rückt und Ihre Aufmerksamkeit vom ersten weglenkt, ist das in Ordnung. Bemerken Sie nur, was in Ihrem Geist und Körper passiert, ohne sich darin zu verfangen, ohne es zu analysieren. Entspannen Sie sich einfach und ruhen Sie in der Erfahrung.

Kürzlich spielte ich eine Variante dieses Spiels am Strand mit meiner Freundin Jenifer, die dieses Jahr in die Vorschule kommt. Jenifer schlug den Klangstab an und hörte zu, aber statt sie dazu aufzufordern, bei Verklingen des Tons die Hand zu heben, bat ich sie, die Hand zu heben, wenn das Geräusch der Meereswellen lauter wurde als der Klang des Tons. Ich saß mit ihrer Mutter Stella und einigen unserer Freunde am Strand, wir fühlten unsere Atmung und horchten darauf, wann Jenifer den Klangstab anschlug; dann warteten wir darauf zu hören, dass der Ton verklang und das Geräusch der Wellen anschwoll. Lächelnd bat Jenifer uns, noch einmal zu spielen, und so taten wir das. Dieses Mal aber saßen wir am Ende der Runde, als der Klang des Tones verhallt war, noch eine Weile länger da, hörten dem Geräusch der Wellen zu, die sich am Strand brachen, und fühlten die salzige Brise auf unseren Wangen.

Jenifer ist ein wenig zu jung, um nach dem Spiel ein Arbeitsblatt auszufüllen, arbeite ich aber mit älteren Kindern, bitte ich sie, aufzulisten, was sie gehört haben. Wenn sie mit Freunden spielen, vergleichen sie ihre Listen anschließend, und ich weise nachdrücklich darauf hin, dass keiner die Zahl der aufgelisteten Punkte registrieren soll. Dies ist kein Wettkampf, bei dem es darum geht, mehr Geräusche zu hören als die anderen. Falls irgendeines der Geräusche eine emotionale Reaktion auslöst, verwende ich manchmal Arbeitsblätter, die den Kindern helfen sollen, das, was sie gehört haben, mit den dadurch ausgelösten Gefühlen und ihrer Reaktion auf diese Gefühle zu verbinden. Außerdem bitte ich die Kinder darum, mir zu sagen, wo und wie sich die Reaktion in ihrem Geist und Körper gezeigt hat. Das Arbeitsblatt eines Teenagers, der in der Schulcafeteria eine Zeitlang Geräuschen zugehört hat, könnte folgendermaßen aussehen.

Geräusch	Gefühlskategorie Angenehm, Unangenehm, Neutral	Reaktionskategorie Verlangen, Abneigung, Gleichgültigkeit	Wo und wie sich die Reaktion in Geist und Körper zeigt
Sprechen	Neutral	Gleichgültigkeit	Bemerkte nichts, weder auf die eine noch auf die andere Art
Sirene	Unangenehm	Abneigung	Alarmiert, war nervös, wollte, dass es aufhört
Spielplatzlärm	Angenehm	Anziehung	Aufmerksam, fühlte mich ein bisschen zappelig, wollte auch rausgehen und spielen, ärgerte mich, dass ich nicht rausgehen und spielen konnte

Was Sie berühren

Haben Sie jemals ein „Spukhaus" besucht, in dem es einen schwarzen Kasten gab, der auf der Oberseite ein Loch hatte, das groß genug war, dass Sie Ihre Hand durchstecken konnten, aber klein genug, um zu verbergen, was sich im Inneren befand? Üblicherweise sind diese Kästen mit glitschigen, feuchten Nudeln, geschälten Trauben, weichen Wattebäuschen und anderen die Sinne stimulierenden Objekten gefüllt, die sich hervorragend dafür eignen, Gewahrsein für Berührung und für unsere Reaktion darauf, wie sich etwas anfühlt, aufzubauen. Probieren Sie es mit Ihren Kindern aus, indem Sie eines der Arbeitsblätter benutzen, und schauen Sie, was passiert, wenn sie zum Beispiel etwas Klebriges berühren: Ist die Empfindung angenehm, unangenehm oder neutral? Was will ihr Geist, dass sie tun, wenn sie es berühren? Wenn sie etwas Klebriges berühren, wollen sie dann die Hand wegziehen oder darin herummantschen? Was, wenn sie hineingreifen und etwas Kühles, Längliches, Glattes finden, das in etwa die Größe ihrer Handfläche hat: Ist die Empfindung angenehm, unangenehm oder neutral? Behalten sie es in der Hand? Lassen sie es rasch fallen? Erinnert es sie an irgendwas? Hier ist ein Arbeitsblatt, das Sie den Kindern geben können, wenn Sie dieses Spiel ausprobieren möchten.

Beschreibung, wie sich das Objekt anfühlt	Fühlte es sich… Gut an? Nicht gut an? Weder noch?	Was wolltest du tun? Es weiterhin berühren? Aufhören, es zu berühren?	Versuche zu erraten, was es war

Es gibt ein weiteres Spiel, bei dem es um sensorisches Gewahrsein geht, das Spaß macht und eine tolle Möglichkeit darstellt, Kindern zu helfen, ihr Gewahrsein für geistige und körperliche Empfindungen, für ihre Reaktionen auf diese sowie dafür, was passiert, wenn sie nicht reagieren, selbst wenn sie den Impuls dazu verspüren, zu erhöhen. Ich lernte es in meinem ersten Geburtsvorbereitungskurs.

Schmelzendes Eis

Alle Kinder haben einen Becher mit einem Eiswürfel und eine Serviette. Sie halten den Eiswürfel so lange wie möglich in der Hand, auch wenn es etwas brennt. Falls es zu schlimm wird, den Eiswürfel zu halten, bevor er schmilzt, können sie ihn wieder in den Becher gleiten lassen und erneut herausholen, wenn sie bereit sind. Während sie das Eis in der Hand halten, nennen die Kinder die Empfindungen, die sie haben – brennend, kalt, stechend – und ordnen sie im Geiste in eine von drei Kategorien ein – angenehm, unangenehm oder neutral. Anfangs ist die Empfindung fast immer unangenehm, aber nicht zu schlimm, um damit fertig zu werden. Bald jedoch spüren die meisten Kinder „Frostbrand" und es wird immer schwerer, das Stechen zu tolerieren. Dann ändert sich die Empfindung normalerweise. Es kann schwierig sein, aber wenn die Kinder eine Weile durchhalten, beginnen ihre Handflächen taub zu werden und das Stechen verliert an Heftigkeit. Das Brennen lässt nach und andere sensorische Erfahrungen tauchen auf, in Form von kleinen Pfützen kalten Wassers auf ihren Handflächen oder Tropfen auf ihren Beinen. Während des gesamten Prozesses werden normalerweise Gefühle und Reaktionen in den Körpern und Köpfen der Kinder ausgelöst. Sämtliche Erfahrungen – Emotionen, Gedanken und körperliche Empfindungen – sind Futter für eine spätere Diskussion über die Unterscheidung zwischen Sinneseindrücken, körperlichen Reaktionen und geistigen Reaktionen.
Beim zweiten Mal, da wir das Spiel spielen, liegt die Betonung darauf, was nötig ist, um auf das Eis **nicht zu reagieren**, weder geistig noch körperlich. Der Geist beeinflusst den Körper und umgekehrt, und geistiger und körperlicher Zustand sind nicht immer auf einer Linie, aber der geistige wie der körperliche Zustand verändern sich ständig. Nach dieser Spielrunde füllen

die älteren Kinder und Teenager Arbeitsblätter aus, um zwischen direkten Sinneserfahrungen und solchen, die wir durch Emotionen, Gedanken und geistige Assoziationen herausfiltern, zu unterscheiden. Hier sind drei Arbeitsblätter, die zeigen, wie drei unterschiedliche Teenager genau dieselbe Erfahrung sehen könnten.

Direkte sensorische Erfahrung	Kategorie	Körperliche Reaktion	Emotionale Reaktion	Assoziationen
Frostbrand	Unangenehm	Halte weiterhin das Eis	Angst und Schamgefühl	Das fiel mir so schwer und für alle anderen ist es leicht. Ich bin so ein Versager.
Frostbrand	Unangenehm	Halte weiterhin das Eis	Erfolg	Wenn ich mir etwas in den Kopf gesetzt habe, kann ich es tun, auch wenn es schwierig ist.
Frostbrand	Unangenehm	Halte weiterhin das Eis	Stolz	Schau mich an! Ich bin so viel härter als diese anderen Kinder. Ich kann es nicht fassen, dass sie nicht mal für ein paar Minuten einen Eiswürfel halten konnten.

Auch wenn ich nicht darauf bestehe, dass Kinder ihre Augen schließen, wenn sie es nicht möchten, machen einige Spiele für das sensorische Gewahrsein doch mehr Spaß, wenn sie es tun. Häufig ist es weniger problematisch, Kinder dazu zu bringen, ihre Augen während des Spielens zu schließen als während des Meditierens, insbesondere dann, wenn die Spiele eine sitzende und keine liegende Haltung erfordern. Kinder fühlen sich im Allgemeinen wohl dabei, ihre Augen für dieses Spiel zu schließen, das eines der Lieblingsspiele meiner Schüler im Grundschulalter ist. Einige spielen es sogar gerne mit verbundenen Augen.

Was ist hinter meinem Rücken?

Die Kinder schließen ihre Augen und legen ihre Hände hinter ihren Rücken, während Sie jedem Kind einen kleinen Gegenstand in die Hand legen (Radiergummis, Steine, winzige Plastikenten oder -dinosaurier, Würfel, glatte Dinge, raue Dinge). Bitten Sie sie nun, zu beschreiben, wie sich ihr Gegenstand anfühlt, wie er ihrer Meinung nach aussieht, ob er hart oder weich ist, welches seine Form ist. Immer wenn ein Kind seinen Gegenstand beschrieben hat, schauen Sie, ob irgendjemand anders erraten kann, worum es sich handelt, und lassen das Kind dann seinen Gegenstand der Gruppe zeigen. So geht es einmal im Kreis herum, bis jedes Kind die Chance gehabt hat, zu beschreiben, was es in der Hand hält. Kinder haben Spaß daran, Dinge zu beschreiben und die Beschreibungen und Rateversuche der anderen zu hören.

Was Sie sehen

Viele geläufige Kinderspiele, wie Memory-Spiele und Puzzles, fördern die Achtsamkeit gegenüber dem, was wir sehen, und sind hervorragende Aktivitäten für den Aufbau von Aufmerksamkeit. Hier sind ein paar Spiele für das Üben zu Hause.

Kims Spiel

Nehmen Sie eine Reihe alltäglicher Haushaltsgegenstände (einen Gummiball, Spielkarten, Legosteine, eine Muschel, einen Stein usw.), legen Sie sie auf ein Tablett und bedecken Sie sie mit einem Tuch. Geben Sie jedem ein Blatt Papier und einen Stift und erklären Sie dann: Es liegen (soundso viele) allgemein bekannte Gegenstände auf diesem Tablett, das ich mit einem Tuch bedeckt habe. (Gemahnen Sie die Kinder daran, nicht zu gucken, bevor sie alle verdeckt sind!) Heben Sie das Tuch nun zehn Sekunden lang hoch. 1–2–3–4–5–6–7–8–9–10. Bedecken Sie dann schnell wieder alles und schauen Sie, an wie viele der verdeckten Gegenstände die Kinder sich erinnern. Bitten Sie sie, ihre Augen zu öffnen und die Namen der Gegenstände aufzuschreiben, die sie meinen gesehen zu haben, und enthüllen Sie dann die Gegenstände, damit sie ihre Listen mit dem vergleichen können, was tatsächlich da ist.

Das nächste Spiel bringt den Architekten und Raumausstatter in uns allen zum Vorschein. Bitten Sie Ihre Kinder, ein Bild von allem zu zeichnen, das sie von einem bestimmten Ort erinnern. Dies könnte ein Schlafzimmer sein, ein Schreibtisch, ein Bücherregal, der Garten… irgendein Ort, irgendwo.

Zeichnen Sie ein Bild Ihres Zimmers

Nehmen Sie jetzt gleich ein Blatt Papier und zeichnen Sie aus dem Gedächtnis Ihr Schlafzimmer. (Nicht gucken!) Gut gemacht! Gehen Sie nun in Ihr Schlafzimmer, sehen Sie sich um und ergänzen Sie die leeren Stellen. Achten Sie darauf, was Sie aus dem Gedächtnis gezeichnet haben und was Sie später hinzugefügt haben. Es ist überraschend, wie viele Details wir selbst an ganz vertrauten Plätzen nicht aufnehmen oder vergessen.

Gewahrsein für Ihren Körper als Ganzes

Die vorangegangenen Aktivitäten für das sensorische Gewahrsein reichten vom achtsamen Essen, bei dem Kinder ihre Aufmerksamkeit gleichzeitig den durch alle Sinnestore hereinkommenden Informationen schenken, bis hin zu Spielen wie „Klang im Raum", bei denen Kinder gründlich auf einen einzigen Eindruck fokussieren. Die nun folgende Übung ist dafür gedacht, das Gewahrsein für den ganzen Körper zu erhöhen. Es handelt sich um eine Visualisierung, bei der es um all die besonderen Sterne im Himmel geht, von denen jeder für einen Menschen auf dem Planeten steht. Die Übung kann entweder im Sitzen oder im Liegen ausgeführt werden und beginnt damit, dass die Kinder ihre Aufmerksamkeit auf das Gefühl des Atems richten: wie er in ihren Körper hinein- und wieder aus ihm herausströmt. Sobald sie im sanften Auf- und Absteigen des Atems ruhen, beginne ich über imaginäre Sterne im Himmel zu sprechen.

Der besondere Stern

Jeder von euch hat seinen eigenen besonderen Stern, einen Stern, der die ganze Zeit bei dir ist. Wie ein Schatten bleibt dein besonderer Stern bei dir, wenn du isst, schläfst, spielst und Spaß hast. Aber anders als dein Schatten bringt dein Stern Licht, kein Dunkel. Dein besonderer Stern folgt dir zur Schule, zum Karate- oder Fußballtraining, zu einer Verabredung zum Spielen bei deinem Freund oder deiner Freundin und dann wieder zurück nach Hause. Dieser besondere Stern gehört dir ganz allein.
Wie sieht er aus? Er kann genau so sein, wie du ihn haben möchtest. Er kann jede Form haben, jede Größe, jede Farbe; er kann aus Seide gemacht sein oder aus Fell oder aus Wattebäuschen – aus allem möglichen. Guck, ob du dir einen Stern vorstellen kannst, der dir ein Lächeln auf das Gesicht zaubert, wenn du an ihn denkst. Vielleicht glänzt er, vielleicht ist er weich, vielleicht ist er gepunktet. Wie immer dein Stern auch aussieht und sich anfühlt, er ist ganz allein deiner.
Wie alles andere, so kann auch dein Stern sich verändern. Vielleicht ist er an einigen Tagen groß, an anderen klein; heiß und dann kühl. Wie du willst. Aber wie immer dein Stern auch aussieht und sich anfühlt, es ist beruhigend zu wissen, dass er immer da ist.

Stell dir nun vor, dass dein Stern jetzt am Himmel ist und du sein Licht auf deinem Körper fühlen kannst. Stell dir vor, wie sich deine Haut anfühlt, wenn sie in der Wärme deines eigenen besonderen Sterns badet. Fühl die Wärme an der Oberseite deines Kopfes, an deiner Stirn, auf deinen Ohren, deinen Wangen, deiner Nase, deinem gesamten Gesicht, deinem Kinn, sogar deinem Hals. Lass das Gefühl von warmem Licht nun langsam über deine Schultern hinabwandern und sich ausbreiten, so dass es deine Brust und deinen Oberkörper mit einbezieht, deine Arme, deine Hände und deine Finger. Jetzt wandert die Wärme in deine Körpermitte und in deinen Unterkörper hinein, erwärmt deine Oberschenkel, Knie, Unterschenkel, Füße und Zehen.

Wow! Es fühlt sich einfach großartig an, zu ruhen und man selbst zu sein. Stellen wir uns nun noch ein letztes Mal vor, dass wir unsere Sterne sehen können und fühlen können, wie ihre Wärme unseren ganzen Körper zudeckt wie eine kuschelige Decke. Stell dir vor, stell dir wirklich vor, wie das aussieht und sich anfühlt. Nun stell dir vor, dass die von deinem Stern kommende Wärme so ist wie eine Decke, die weich auf deine Haut fällt; sie entspannt deinen ganzen Körper, so dass du ruhen kannst.

Zusammen Musik machen und eine Achtsamkeitsband leiten

Kinder jeden Alters sind natürliche Schlagzeuger und sie lieben es, zu trommeln – mit was immer sie an Behelfsinstrumenten in die Hände bekommen können. Kleinkinder schlagen von Natur aus auf die Ablagebretter ihrer Hochstühle und Teenager benutzen häufig Messer und Gabeln, um am Abendbrottisch einen Rhythmus zu klopfen. Töpfe, Pfannen und hölzerne Salatschüsseln sind alles Werkzeuge für die Kreativität Ihres Kindes. Mit ein wenig Einfallsreichtum können Sie Ihre Küchenschränke in eine Fundgrube für Behelfsinstrumente verwandeln und Ihre Kinder zu Schlagzeugern erblühen sehen, die es mit Stewart Copeland von *The Police* und Ringo Starr von den *Beatles* aufnehmen könnten. Lassen Sie einfach ein paar Lieder laufen, die Sie gerne mögen, und trommeln Sie mit, oder aber trommeln Sie gemeinsam ohne irgendwelche Musik im Hintergrund. Gegenseitig dem Rhythmus des anderen zu folgen, sich aufeinander und auf die Musik einzustimmen sind alles Aktivitäten, die achtsames Zuhören fördern.

Falls Sie der Leiter oder die Leiterin dieser Achtsamkeitsband sind, sollten Sie im Kopf behalten, dass diese spontanen Jam-Sessions schnell chaotisch werden können. Hier ein paar Tipps, damit alle bei der Sache bleiben:

- Erhalten Sie einen Beat aufrecht.
- Sorgen Sie dafür, dass die Aktivität eine Struktur hat.
- Lassen Sie die Aktivität zu gleichen Teilen Stille und Trommeln beinhalten.
- Beenden Sie das Lied, wenn die Aktivität beginnt, sich eher wild als strukturiert anzufühlen und anzuhören, und Sie sie nicht mehr im Zaum halten können.

Wenn Sie mit dem gemeinsamen Trommeln aufgehört haben und das Lachen nachgelassen hat, sitzen Sie still und ruhen im relativen Geräusch der Stille und im Auf- und Absteigen Ihres Atems. Als Mutter, Vater oder Lehrer müssen Sie die Worte *Achtsamkeit* oder *Meditation* kein einziges Mal sagen, und doch herrscht, wenn Sie diesen einfachen Richtlinien folgen, am Ende dieser Aktivität häufig ein Gefühl achtsamer Einstimmung im Raum, Einstimmung aufeinander und auf die Musik. Es kann sich so anfühlen, als hätte sich Achtsamkeit ganz von alleine eingestellt.

Übungen zur Förderung des sensorischen Gewahrseins können Spaß machen, ohne viel Zeit oder Material zu erfordern. Normalerweise gibt es in Ihrem Küchenschrank etwas, das reich an sensorischer Information ist: Kidneybohnen, Linsen, Schwarze Bohnen, Walnüsse, Erdnüsse, Wattebäusche, Rasiercreme, gefrorene Erbsen und Mandelstifte sind allesamt großartige Objekte für diese Spiele.

Mit geschlossenen Augen Bohnen sortieren

Öffnen Sie das nächste Mal, wenn Sie an einem verregneten Nachmittag zu Hause festsitzen, den Küchenschrank und holen Sie ein paar Beutel Hülsenfrüchte heraus. Eine Handvoll rote Kidneybohnen, Schwarze Bohnen und

Linsen erfüllen den Zweck. Falls Sie einen Beutel Erbsen im Gefrierschrank haben, können Sie zusätzlich auch diese verwenden. Schütten Sie von jeder Sorte ein paar Samen in eine Schüssel, bedecken Sie die Schüssel mit einer Serviette und stellen Sie sie zusammen mit vier leeren Gläsern oder Teetassen auf den Tisch. Jetzt sind Sie bereit zu spielen. Normalerweise sortieren wir Dinge nach ihrem Aussehen, in diesem Spiel aber sortieren wir Dinge danach, wie sie sich anfühlen.

Bitten Sie die Kinder, ihre Augen zu schließen, oder verbinden Sie ihnen mit Tüchern die Augen. Sobald ihre Augen bedeckt sind, nehmen Sie die Serviette von der Schüssel und stellen sie vor die Kinder hin. Helfen Sie ihnen nun, die Bohnen, Linsen oder gefrorenen Erbsen eine nach der anderen herauszufischen. Drehen Sie sie gemeinsam zwischen den Fingern, vergleichen Sie sie, indem Sie beschreiben, wie sie sich anfühlen, und legen Sie die Bohnen, Linsen oder Erbsen je nach der Kategorie, zu der sie gehören, in eine der verschiedenen Tassen (Sie haben eine Tasse für jede Art – zum Beispiel für große Bohnen, kleine Bohnen, längliche Bohnen und kalte Erbsen). Weil die Kinder verbundene Augen haben, ist es vielleicht am besten, wenn sie Ihnen sagen, um welche Art Bohne oder Hülsenfrucht es sich handelt, damit Sie diese dann für sie in die richtige Tasse legen können. Zum Beispiel gehen die kalten, runden in eine Tasse (das sind die gefrorenen Erbsen). Die länglichen, harten gehen in eine andere Tasse (das sind die Kidneybohnen). Die winzigen Samen sind Linsen und sie die gehen in eine dritte Tasse. Nachdem alle Bohnen, Erbsen und Linsen sortiert worden sind, fragen Sie die Kinder, welche Art von Hülsenfrucht sich ihrer Meinung nach in jeder Tasse befindet. Dann nehmen Sie ihnen die Tücher von den Augen und die Kinder überprüfen ihre Aussage. Gemeinsam können Sie darüber sprechen, wie sehr wir uns auf unseren Sehsinn verlassen. Aber dass wir, wenn wir uns die Sicht wegnehmen, auch durch unsere anderen Sinne viel über Dinge lernen können.

Werkzeuge zur Erhöhung des Gewahrseins

Indem sie aufmerksam auf die Information achten, die durch ihre Sinnestore hereinkommt, können Kinder erkennen, was in ihrer inneren und äußeren Welt passiert. Der Geist-Messer bietet ihnen eine lustige Möglichkeit, uns mitzuteilen, was in ihrem Geist und Körper geschieht, ohne dass sie das, was sie wahrnehmen, in Worte fassen müssten.

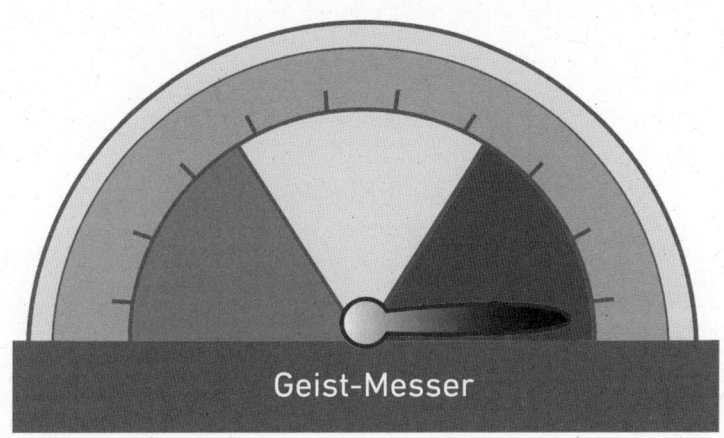

Sie können eine Fotokopie dieses „Geist-Messers" anfertigen und die Dreiecke in verschiedenen Farben ausmalen, um mit den Kindern das Geist-Messer-Spiel zu spielen, bei dem sie Fragen dadurch beantworten, dass sie auf das Dreieck zeigen, das am besten beschreibt, wie sie sich fühlen. Der Sinn des Spiels besteht darin, Kindern zu helfen, Beobachtungen anzustellen und ihre Erfahrung des gegenwärtigen Augenblicks zu beschreiben. Weil die Kinder einfach beschreiben, wie sie sich fühlen, gibt es keine richtigen oder falschen Antworten, solange sie anderen Menschen und sich selbst gegenüber respektvoll sind. Wenn ich mit kleinen Kindern arbeite, ist meine erste Frage normalerweise die, ob es ihnen leicht- oder schwerfällt, in dem Moment still zu sitzen. Das tue ich folgendermaßen:

Ich werde eine Frage stellen und ihr zeigt auf das bunte Dreieck auf dem Geist-Messer, das am besten beschreibt, wie ihr euch im Moment fühlt. Achtet darauf, dass ihr wartet, bis ich sage: „Los!" Die Frage ist die, ob es leicht oder schwer ist, jetzt still zu sitzen. Wenn es euch schwerfällt, still zu sitzen, zeigt ihr auf das rote Dreieck; wenn es leicht ist, zeigt ihr auf das blaue; wenn es nicht schwer und nicht leicht ist, sondern irgendwas dazwischen, zeigt ihr auf das gelbe. „Auf die Plätze, fertig, los!"

Kinder lassen sich leicht ablenken. Es ist nicht ungewöhnlich, dass sie gucken, wohin ihre Freunde zeigen, bevor sie selbst zeigen, nur um sicherzugehen, dass sie das Spiel richtig spielen. Zu Beginn des Spiels zu sagen: „Auf die Plätze, fertig, los!" oder „Eins, zwei, drei, zeigen!" hilft dabei, dieses Problem zu vermeiden. Dieses Spiel baut bei den Kindern ein Gewahrsein für das auf, was ihr Körper ihnen mit Signalen wie Steifheit, Müdigkeit, Schmerz und Hunger sagt. Es gibt außerdem mir eine Möglichkeit, Kinder dazu zu ermuntern, auf das zu hören, was ihr Körper ihnen zu sagen hat.

Für den Geist-Messer gibt es mehrere andere recht praktische Verwendungszwecke, zu denen nicht zuletzt gehört, dass ich mir mit ihm eine Vorstellung davon verschaffen kann, wie die Kinder, mit denen ich arbeite, sich fühlen. Mit einer schnellen Geist-Messer-Frage kann ich ein Gefühl dafür bekommen, ob sie Schwierigkeiten damit haben, still zu sitzen. (Und wenn das so ist, dann ist es an der Zeit, ein Spiel zu spielen, bei dem sie sich stärker körperlich betätigen können.) Ermuntert man die Kinder dazu, sich die Geist-Messer der anderen anzusehen, nachdem jeder auf ein Dreieck gezeigt hat, können sie erkennen, dass ihre Eindrücke nicht einzigartig sind. Sie sind nicht allein, wenn sie sich körperlich unwohl fühlen, sich langweilen oder albern vorkommen.

Ich verwende den Geist-Messer, um sowohl das Gewahrsein für geistige als auch für körperliche Zustände zu fördern, und welche Fragen ich wähle, hängt von der Eigenschaft ab, die ich zu begünstigen wünsche, oder der Erfahrung, von der ich hoffe, dass das Kind sie verstehen wird. Wenn ich denke, dass ein Kind in schlechter Stimmung ist, weil es Hunger hat, würde ich fragen: „Fühlt sich dein Bauch voll, leer oder gut an?" Hier sind ein paar Fragen, die ich gestellt habe, um spezielle Eigenschaften zu fördern, die durch achtsames Gewahrsein entwickelt werden.

Für den Aufbau von Gewahrsein für…	… fragen Sie:
Aufmerksamkeit	Bist du fokussiert und konzentriert, abgelenkt oder dazwischen?
Aufmerksamkeit	Ist es leicht, aufmerksam zu sein, schwer, aufmerksam zu sein, oder dazwischen?
Klarheit	Fühlst du dich verwirrt, klar oder dazwischen?
Klarheit	Ist es leicht, schwer oder dazwischen, dies zu tun (das könnte alles Mögliche sein – z. B. still zu sitzen, an einer Mathehausaufgabe zu arbeiten)?
Geduld	Fühlst du dich geduldig, ungeduldig oder dazwischen?
Freundlichkeit	Fühlst du dich freundlich, unfreundlich oder dazwischen?
Miteinanderverbundensein	Fühlst du dich alleine, als Teil einer Gemeinschaft oder dazwischen?
Anpassungsfähigkeit	Fühlst du dich interessiert, uninteressiert oder dazwischen?
Wachheit	Fühlst du dich träge, energiegeladen oder dazwischen?
Körperliche Ruhe oder Entspannung	Ist es leicht, still zu sitzen, schwer, still zu sitzen, oder dazwischen?
Entspannung	Fühlst du dich angespannt, entspannt oder dazwischen?

Gemeinsame Achtsamkeit: Daumen hoch, Daumen runter oder Daumen zur Seite

Sie brauchen keine Geist-Messer-Karten, um das Geist-Messer-Spiel zu Hause mit Ihren Kindern oder in einem Klassenzimmer zu spielen. Dieselben Fragen können auch mit Handzeichen beantwortet werden – mit einem Daumen nach oben, einem Daumen nach unten oder einem Daumen zur Seite. Wie der Geist-Messer können Handzeichen Kindern helfen, ein Gewahrsein dafür zu entwickeln, was sich in ihrem Geist und ihrem Körper abspielt, und dieses nonverbal zu kommunizieren. Ist die Frage zum Beispiel, ob es leicht oder schwer ist, still zu sitzen, halten sie, statt durch Zeigen auf das farbige Dreieck zu antworten, das am besten beschreibt, wie sie sich fühlen, den Daumen hoch, wenn ihnen das Stillsitzen leichtfällt, den Daumen runter, wenn es ihnen schwerfällt, und den Daumen zur Seite, wenn die Antwort dazwischen liegt.

Es herrscht eine Menge Verwirrung über das Jetzt

Ein weiteres Ziel des Geist-Messer-Spiels besteht darin, Kindern zu helfen, ihre Erfahrung des gegenwärtigen Augenblicks besser zu verstehen, insbesondere das, was in diesem Moment in ihrem Geist und Körper geschieht. Ich nutze für diesen Zweck auch das Hallo-Spiel.

Hallo-Spiel
Was dringt jetzt durch eure Sinne herein?

Bei dieser Variante des Hallo-Spiels geht es im Kreis herum (oder um den Esstisch herum): Wir drehen uns zu unserem Nachbarn, stellen Augenkontakt her und sagen Hallo. Wenn die Betonung auf dem Gewahrsein für den eigenen Körper liegt, wird ein Gruß verwendet, der Sinneseindrücke hervorhebt, mit dem also etwa eine Körperempfindung identifiziert wird, ohne als gut oder schlecht bezeichnet zu werden. Beispiele wären: „Hallo, meine Schulter fühlt sich steif an" oder „Hallo, meine Füße sind kalt."

Oder Sie können ein Kind auffordern, „Hallo" zu sagen und dann einen Eindruck zu identifizieren, der durch einen seiner Sinne eindringt, etwa: „Hallo, meine Socken sind weich" oder „Hallo, ich sehe einen Globus in der Zimmerecke" oder „Hallo, ich rieche die Kekse, die im Ofen backen" oder „Hallo, ich schmecke den Pfefferminzgeschmack meines Kaugummis" oder „Hallo, ich höre, wie im Nebenzimmer die Heizung röhrt."
Wie beim Geist-Messer-Spiel kommt es auch hier darauf an, einen Sinneseindruck des gegenwärtigen Augenblicks zu identifizieren und zu beschreiben. Beim abwechselnden Hallosagen analysieren Kinder ihre Erfahrung häufig, ohne es zu erkennen, sagen zum Beispiel: „Hallo, das Poster an der Wand ist cool." Diese Bemerkungen stellen eine großartige Gelegenheit dar, darauf hinzuweisen, dass Meinungen, die wir haben, möglicherweise sogar ohne es zu merken, sich in das, was wir sagen und tun, einschleichen können; und Sie können den Vorschlag machen, dass das Kind das Poster noch einmal mit neutralen Worten beschreibt. Es könnte die Beschreibung umformulieren in: „Ich sehe ein Rock ‚n' Roll-Poster an der Wand."

Es mag nach einer Nebensächlichkeit aussehen, aber ich finde, dass diese Übungen nützlich sind, um Kindern zu helfen, zu lernen, ihre Erfahrung des gegenwärtigen Moments objektiv zu beobachten und zu beschreiben, bevor sie irgendwelche Schlussfolgerungen ziehen. Dies ist eine Gelegenheit, Kinder daran zu erinnern, dass das Entwickeln eines gesunden Urteilsvermögens wichtig ist und im Zusammenhang mit klarem Sehen steht. Damit Kinder oder Teenager klar sehen können, müssen sie sich ihrer eigenen Meinungen bewusst sein und zwischen diesen und Beschreibungen unterscheiden.

Manche vermuten, dass das Fokussieren auf den gegenwärtigen Augenblick bedeutet, die Vergangenheit und die Zukunft zu ignorieren, aber so ist es nicht. Alles, was zu genau diesem Moment führt, ist Teil des Jetzt. Unsere Ziele, Erwartungen und Ängste bezüglich der Zukunft sind ebenfalls Teil des Jetzt. Ich könnte meine Kindheit genauso wenig von mir trennen, wie ich meine Knochen von meinem Körper trennen könnte. Meine vergangene Erfahrung beeinflusst das, was ich in diesem Moment tue. Das, von dem ich hoffe (oder nicht hoffe), dass es in der Zukunft passieren wird, beeinflusst ebenfalls das, was ich jetzt tue und in den Computer tippe.

Verstehen Sie mich nicht falsch. Ich denke nicht über die Vergangenheit oder die Zukunft nach, während ich tippe. Genauso wenig werde ich über die Vergangenheit oder Zukunft nachdenken, wenn ich später meditiere. Aber das heißt nicht, dass vergangene Erfahrung und zukünftige Erwartungen meine Erfahrung des gegenwärtigen Augenblicks nicht beeinflussen würden. Ich muss nicht über etwas nachdenken, damit es meine Perspektive prägt.

Die meisten Kinder und Teenager verstehen intuitiv, dass die Vergangenheit, die Gegenwart und die Zukunft auf natürliche Weise miteinander verflochten sind. Insbesondere Kinder, die auf der weiterführenden Schule sind, haben normalerweise ein klares Verständnis davon, dass das, was sie jetzt tun, Auswirkungen darauf haben wird, was als Nächstes passiert – sowohl gegenwärtiges Handeln als auch zukünftige Erwartungen stehen mit dem im Zusammenhang, was sie zuvor gesagt und getan haben. Teenager müssen über diese Abfolge nicht groß nachdenken; normalerweise kennen sie sie schon, denn wenn sie zur Highschool gehen, haben die meisten von ihnen auf die harte Tour gelernt, dass Handlungen Konsequenzen haben. Sie verstehen, dass es, wenn eine Klassenarbeit ansteht (in der Zukunft), wichtig ist, zu lernen (jetzt), und sie wissen, wie sie zu lernen haben (jetzt), weil sie während ihrer gesamten Schullaufbahn schon für viele, viele andere Klassenarbeiten gelernt haben (in der Vergangenheit). Mit anderen Worten: Wenn sie ihre Aufzeichnungen aus dem gestrigen Unterricht jetzt nicht lernen, werden sie wahrscheinlich morgen die Prüfung verhauen.

Ein Missverständnis des Konzepts des Jetzt kann ein rutschiger Abhang sein, der schnell zu einem Gefühl der Hoffnungslosigkeit führt. Wenn Kinder das, was im gegenwärtigen Augenblick passiert, als von vergangener und zukünftiger Erfahrung getrennt betrachten, ist die Annahme, dass es keinen großen Unterschied macht, was sie sagen oder tun, eine verständliche Schlussfolgerung. Eine verständliche, aber eine, die im Widerspruch steht zu zwei elementaren Grundlagen der Achtsamkeitspraxis: dass alle Handlungen Konsequenzen haben und dass alles sich verändert. Bei einer Weltsicht, die durch ein emotionales Verständnis der Interdependenz und Unbeständigkeit geprägt ist, ist absolut … jeder … Moment … von Bedeutung.

Gemeinsame Achtsamkeit: Auf das hören, was unser Körper uns mitzuteilen versucht

Der Geist eines jeden von uns ist von Natur aus klar und empfindsam für jede Erfahrung, die in uns und um uns herum auftaucht. Aber diese grundlegende Klarheit und Empfindsamkeit kann durch Gedanken, Emotionen und Projektionen verdeckt werden. Stellen Sie sich vor, wie Sie in einer warmen Sommernacht zu einem indigofarbenen Himmel hinaufschauen, mit glitzernden Sternen, Monden und Planeten, so weit das Auge reicht. Stellen Sie sich nun vor, wie Sie in einer bewölkten Nacht hinaufschauen. Die Planeten und Sterne sind immer noch am Himmel, aber Sie können sie nicht mehr sehen. Der weite, ruhige Himmel ist immer in uns. Die Meditation kann die Schichten geistigen Durcheinanders, welche die natürliche Klarheit unseres Geistes verschleiern, ablösen.

Für längere Zeit mit überschlagenen Beinen auf einem Kissen zu sitzen ist eine von vielen Arten zu meditieren. Aber es gibt auch andere, weniger formelle Arten. Bedeutungsvolle Einsichten können in einem Blitz des Verstehens beim Ausführen von Routinearbeiten im Haushalt gewonnen werden. Der Schlüssel zum Praktizieren von Meditation inmitten des Alltagslebens liegt darin, in dem zu ruhen, was in dem Moment gerade passiert, während es passiert, ohne zu viel darüber nachzudenken. Hierfür ist normalerweise ein Wechsel der Perspektive erforderlich.

Zum effektiven Organisieren und Durchführen von Fahrgemeinschaften, Arztbesuchen, Besprechungen, Treffen, Hausaufgaben, außerschulischen Terminen und der Vielzahl weiterer Aktivitäten, die ein Familienleben ausmachen, übernehmen Eltern häufig eine Geisteshaltung, die der taktisch agierender, auf Logistik fixierter Militärführer gleichkommt – der polare Gegensatz zu der offenen, empfindsamen Geisteshaltung bei der Meditation. Von einer logistischen Geistesverfassung zu einer nichtkonzeptuellen zu schalten verlangt jedem Menschen viel ab und kann bei denen, die unerfahren in der Meditation sind, zu Enttäuschung führen. Es gibt jedoch viele Möglichkeiten, eine Brücke zwischen diesen zwei Polen zu schlagen und den Übergang vom einen zum anderen zu erleichtern. Das Letzte, was ich möchte, ist, dass Eltern das Gefühl haben, bei der Meditation versagt zu haben, weil ihr Geist nicht immer friedlich ist, wenn sie meditieren. Also ermuntere ich sie dazu, sich Musik anzuhören, eine Tasse Tee zu trinken, ein heißes Bad zu nehmen oder durch den Garten zu gehen, bevor sie sich ans Meditieren begeben. Hier ist ein Vorschlag, den Sie bei sich zu Hause ausprobieren können.

Ich rate Ihnen, nach der Zeit zu sehen, bevor Sie beginnen. Es spielt keine Rolle, wie viel Zeit Sie haben: Ob Sie fünf Minuten haben, eine halbe Stunde oder mehr – es ist genug Zeit für Sie, um Achtsamkeit zu praktizieren. Wenn es etwas gibt, das Sie zu einer bestimmten Zeit tun müssen, ist es eine gute Idee, sich eine Kontrolluhr zu stellen. Ich nutze hierfür mein Handy und stelle den Klingelton auf das Geräusch von zirpenden Grillen ein.

Brühen Sie sich eine Tasse heißen Tee, bevor Sie meditieren. Ich schlage Ihnen vor, sich auf einen bequemen Stuhl zu setzen und zu entspannen, während Sie darauf warten, dass das Wasser kocht. Versuchen Sie, in diesem Augenblick nicht über logistische Dinge nachzudenken; nutzen Sie die Zeit stattdessen, um etwas Angenehmes zu tun, wie etwa Musik zu hören oder in einem Buch, einer Zeitschrift oder einem Fotoalbum zu blättern. Was immer Sie tun, verbringen Sie diese Zeit *nicht* damit, Hausarbeit zu erledigen. Bitte nehmen Sie sich jetzt diese paar Minuten für sich und ruhen Sie aus. Falls Ihnen Gedanken über Dinge, die Sie tun müssen oder gerade tun sollten, in den Sinn kommen, nehmen Sie diese bitte zur Kenntnis und schieben sie beiseite. Sie können später über sie nachdenken; in diesem Augenblick besteht das Ziel darin, vom Bedenken und Analysieren des Lebens zum Fühlen und Erfahren desselben umzuschalten.

Wenn der Wasserkocher fertig ist und Sie Ihren Tee zubereitet haben, setzen Sie sich ruhig hin und halten die Tasse in Ihren Händen. Wie fühlt sich die Wärme der Keramik an Ihren Handflächen an? Atmen Sie tief und entspannen Sie. Schauen Sie, ob Sie Ihren Tee langsam und bewusst trinken können, und nehmen Sie die Gedanken, Emotionen und körperlichen Empfindungen wahr, die Ihnen beim schluckweisen Trinken in den Sinn kommen.

Eine gewaltige Menge an Information über die äußere Welt steht uns jederzeit zur Verfügung, wenn wir unsere Aufmerksamkeit darauf richten, was durch unsere Sinnestore hereinkommt. Denken Sie, während Sie Ihren Tee trinken, darüber nach, was Ihr Körper Ihnen vielleicht gerade mitzuteilen versucht. Fühlen Sie irgendwelche Verspannungen oder

Verkrampfungen in Ihrem Körper? Verändert das Sich-Zeit-Nehmen für die Entspannung die Art, wie sich Ihr Körper anfühlt? Fühlt er sich angenehm, unangenehm oder neutral an? Haben sich irgendwelche Eigenschaften Ihres Körpers oder Geistes dadurch verändert, dass Sie sich die Zeit genommen haben, achtsam eine Tasse Tee zu genießen?

Schauen Sie, ob Sie Ihren Tee trinken können, ohne zur Kontrolluhr zu sehen. Glückwunsch, wenn sie klingelt, bevor Sie Zeit hatten, zu meditieren! Das achtsame schluckweise Trinken einer Tasse Tee ist selbst eine Form der Meditation. Aus der Perspektive der Achtsamkeit ist es eine Übung des sensorischen Gewahrseins, wenn Sie beim Teetrinken den Empfindungen in Ihrem Geist und Körper Gewahrsein entgegenbringen, während sie geschehen und ohne sie benennen zu müssen. Das Tempo zu verlangsamen, um achtsam Tee zu trinken, hilft uns beim Aufbau der Fähigkeit, die Information über die äußere Welt wahrzunehmen, die durch die Sinnestore unseres Körpers in unseren Geist gelangt.

Lassen Sie uns, falls Sie noch etwas Zeit haben, diese Achtsamkeitsübung mit einfachem Atem- und Körpergewahrsein beschließen. Hierfür setzen Sie Ihre Teetasse ab und sitzen bequem, wo immer Sie sind, mit den Händen auf den Knien, den Füßen flach auf dem Boden, dem Rücken aufrecht, mit eingezogenem Kinn und sanft nach unten blickenden oder geschlossenen Augen, je nachdem, was für Sie am angenehmsten ist. Tasten Sie kurz mit Ihrer Aufmerksamkeit Ihren Körper ab, und falls Sie irgendein Unbehagen oder eine Anspannung spüren, können Sie Ihre Körperhaltung verändern, damit Sie sich wohler fühlen. Falls es Ihnen nicht möglich ist, in diesem Augenblick bequem aufrecht zu sitzen, mögen Sie sich vielleicht flach mit dem Rücken auf den Boden legen, die Augen geschlossenen oder den Blick in Richtung Brust gerichtet. Welche Haltung auch immer Sie wählen, tauchen Sie, sobald Sie bequem sitzen oder liegen, einfach in das Gefühl ein, wie sich Ihr Atem durch Ihren Körper bewegt.

Ich ermuntere Sie dazu, sich die Zeit, die Sie jetzt noch übrig haben, zu nehmen, um achtsam zu ruhen. Atmen Sie ein und entspannen Sie. Atmen Sie aus und lassen Sie sämtliche Anspannung in Ihrem Geist und Körper los. Schauen Sie, ob Sie Ihren Geist weiterhin auf das Gefühl gerichtet halten können, wie sich Ihr Atem durch Ihren Körper bewegt. Atmen Sie ein, atmen Sie aus, nehmen Sie diese simplen Vorgänge wahr, welche die Grundlage unseres Lebens darstellen.

Gemeinsame Achtsamkeit

Jetzt, wo Sie alleine sensorisches Gewahrsein praktiziert haben, indem Sie achtsam Ihre Tasse Tee gehalten und in kleinen Schlucken getrunken haben, können Sie etwas Ähnliches mit Ihren Kindern praktizieren. Zum Beispiel können Sie achtsam zusammen heißen Kakao trinken. Sie könnten fragen, ob sie es mögen, wie sich der warme Becher an ihren Handflächen anfühlt. Beschreiben Sie, wie sich der Becher an Ihren Handflächen anfühlt. Wenn Dampf von der Milch aufsteigt, könnten Sie sich vorbeugen, um zu sehen, ob sie ihn an Ihrer Nase, Ihren Wangen oder Ihrer Stirn fühlen können, und Ihre Kinder dazu ermuntern, dasselbe zu tun. Falls es ein Gefühl der Entspannung in Ihnen hervorruft und Sie glücklich macht, auf diese Art zusammen Kakao zu trinken, könnten Sie auch das erwähnen. Wenn Sie möchten, können Sie über Achtsamkeit sprechen, es besteht aber keine Notwendigkeit, dieses Wort überhaupt zu erwähnen. Es spielt keine Rolle, welchen Namen Sie dem, was Sie tun, geben. Ganz gleich, wie Sie es nennen: Wenn Sie Ihren Kindern freundlich dabei helfen, der durch ihre Sinnestore hereinkommenden Information aus der äußeren Welt stärker gewahr zu werden, und sich einen Moment Zeit nehmen, um dies zu erfahren, bedeutet dies, dass Sie gemeinsam Achtsamkeit praktizieren.

7 Emotionale Freiheit
Sich von destruktiven Gedanken und Gefühlen befreien

Ich wünschte, ich hätte keine Probleme.
Ich wünschte, ich wäre in der Mittelstufe.
Ich wünschte, ich hätte eine Schwester.
Ich wünschte, ich würde alle meine Wünsche
 erfüllt bekommen.

Sechstklässlerin

Als Gabe zehn war und Allegra zwölf, dachte ich, sie zu einem buddhistischen Fest der Freilassung gefangener Tiere mitzunehmen, könnte einen bedeutsamen Familienausflug darstellen. Das Ziel bestand wirklich nicht darin, den Kindern buddhistische Überzeugungen und Bräuche beizubringen. Es war ein herrlicher Wintertag, ich hatte selbst noch nie an einer solchen Zeremonie teilgenommen – obwohl ich über sie gelesen hatte – und Seth und ich waren neugierig. Also kletterten wir alle ins Auto und fuhren nach Marina del Rey.

Dieses monatliche Fest der Freilassung gefangener Fische, abgehalten zur Befreiung sämtlicher Lebewesen, wurde von der *Karma Kagyu Study Group* in Los Angeles gesponsert, einer Organisation, die in enger Verbindung mit einem in New York lebenden tibetischen Lama stand.

Die Teilnehmer trafen sich bei dem Geschäft für Sportangler, in dem es Köder gab, und kauften zum halben Preis lebendigen Köderfisch, der bei der Zeremonie genutzt werden sollte. Etwa 35 Teilnehmer kauften Tausende von Sardinen und Sardellen, die normalerweise von Anglern als Köder verwendet worden wären. Wir blätterten 20 Dollar für einen Blecheimer mit Wasser voller schwimmender Fische und eine Schöpfkelle hin. Unsere Zahlung war ein Tropfen auf dem heißen Stein, verglichen mit der anderer, die dem verwirrten Geschäftsinhaber Fässer mit Fisch für über 1.000 Dollar abkauften.

Am Kai warteten wir auf das Eintreffen der Lamas, welche die Zeremonie durchführen und die Gebete singen würden. Die Szenerie war wunderschön, die Kinder waren aufgeregt und wir waren berührt von der warmen Gemeinschaft aus Menschen jeder Form, jeder Größe, jeden Alters und jeder Farbe, die sich an diesem Morgen versammelt hatten, um Leben und Freiheit zu zelebrieren. Freiheit stellt in den jüdisch-christlichen Traditionen, in denen wir erzogen worden waren, einen grundlegenden Wert dar, und es schien unserer Familie das Richtige zu sein, sich in Erweiterung dieser Traditionen dem buddhistischen Fest der Freilassung gefangener Fische anzuschließen. Als wir im Glanz unserer Familie und neuen Freunden über dieses Konzept nachsannen, bemerkten Seth und ich zwei Angler an der Kante des Kais, die Haken mit Ködern versehen, bereit und wartend. Wir erwähnten den Kindern gegenüber nichts, aber er und ich erkannten, dass sie am Rande der Zeremonie darauf lauerten, die größeren Fische zu fangen – Heilbutt, Seebarsch und Pfeilhecht –, die in Richtung Kai strömen würden, sobald der Köderfisch freigelassen war.

Bald kamen fünf Mönche in safrangelben Roben und Sandalen und eröffneten die Zeremonie, indem sie sangen: *„Om Mani Peme Hung"*, ein tibetischer Gesang des Mitgefühls. Allegra, Seth, Gabe und ich wechselten uns darin ab, die Köderfische aus dem Metalleimer zu schöpfen und ins Hafenbecken freizulassen. Andere Teilnehmer, jene, die für Hunderte von Dollar Fisch gekauft hatten, schaufelten ihren Fisch aus einem großen Pool voller Köder hinter dem Kai. Tausende und Abertausende von Fischen wurden an dem Morgen im Geiste der Freiheit freigelassen.

Inzwischen hatten auch Gabe und Allegra die Angler am Ende des Kais bemerkt, die ihre Haken für die größeren Fische, die vom Ozean hereinschwammen, um die kleineren, von uns freigesetzten zu verschlingen, mit Ködern versahen. Ich hoffte noch immer, sie würden die Zeremonie so sehen wie wir, als eine Möglichkeit, unsere Wertschätzung für Leben und Freiheit zu vertiefen. Und selbst wenn ein paar Angler die Köderfische, die wir freigelassen hatten, dafür nutzten, ihr Mittagessen zu fangen, würde der Anflug von Ironie die Symbolik nicht zerstören. Als Eltern bringen wir unsere Kinder mit kulturellen Erfahrungen in Berührung, in der Hoffnung, dass diese Erfahrungen ihren Horizont erweitern und ihnen helfen, die Welt auf eine neue Art und Weise zu sehen. Und manchmal wissen wir sofort, dass es funktioniert hat. Andere Male jedoch sind wir nicht sicher oder befürchten, dass die ganze Idee ein Reinfall wird.

Dies war ein solcher Moment. Dann hörten wir jemanden rufen, einen bärtigen Typen mit einem Stift und einem Notizblock in der Hand, der die Stufen hinaufrannte und uns bat, einen Moment anzuhalten, um mit ihm zu sprechen. Es war ein Reporter, der für die *Los Angeles Times* eine Geschichte über das Fest der Freilassung gefangener Fische schrieb. Er wollte Allegra und Gabe zu ihren Eindrücken bezüglich der Zeremonie befragen. Während er diesem Fremden mit einem fragenden Ausdruck in die Augen sah, erklärte Gabe: „Wenn du etwas freilässt, sorgt das einfach dafür, dass du dich gut mit dir selbst fühlst." Und Allegra fiel ein: „Es geht darum, eine zweite Chance zu bekommen. Wenn ich gefangen genommen werde, hoffe ich, dass die Buddhisten mich freilassen." Angler oder keine Angler, die Kinder hatten die Botschaft verstanden.

Marienkäfer freisetzen

Mit einem Pappkarton voller Marienkäfer aus einem Gartenmarkt oder Grillen aus der Zoohandlung können Sie Ihr eigenes Fest der Freilassung gefangener Tiere abhalten. Versammeln Sie die Kinder um den Karton und sagen Sie den kleinen Geschöpfen, dass Sie hoffen, dass sie wieder in Freiheit leben werden. Öffnen Sie den Karton, lassen Sie sie frei und beobachten Sie, wie sie durch das Gras krabbeln und ihrer unterschiedlichen Wege gehen. Sie können ihnen freundliche Wünsche senden, mit denen Sie die Hoffnung ausdrücken, dass sie glücklich, gesund und sicher sein und in Frieden leben werden. Es spielt keine Rolle, ob die Hälfte von ihnen innerhalb weniger Minuten von Vögeln gefressen wird. Worauf es ankommt ist, dass Sie sie freigesetzt haben.

Gewahrsein für Gedanken, Emotionen und dafür, wie wir auf sie reagieren

Genauso, wie wir Marienkäfer und Fische freisetzen, können wir mit bestimmten Achtsamkeitstechniken auch unseren eigenen Geist freisetzen. In unserem Streben nach psychischer Freiheit wenden wir uns wieder an den freundlichen Beobachter und richten unser Gewahrsein auf Gedanken und Emotionen sowie auf unsere Reaktion auf diese. Wir erleben die Aktivität in unserem Geist mit Interesse und Engagement, aber ohne uns in den Geschichten zu verfangen, die häufig mit unseren Emotionen einhergehen. Dies kann schwierig sein, insbesondere, wenn wir uns mit unseren Gedanken und Emotionen überidentifizieren. Dr. Jeffrey Schwartz führt dies in seinem Buch *Dear Patrick* gegenüber einem jugendlichen Ruderer, den er in den späten 1990er Jahren betreute, näher aus:

> Betrachte deine Hand. Mache, während du sie betrachtest, eine Faust. Würdest du jetzt sagen: „Ich bin geballt?" Natürlich nicht. Es ist deine Hand, die geballt ist. Du bist der, der entschieden hat, sie zu ballen.
> „Betrachte" jetzt deine Stimmung – mach dir im Geiste eine Notiz von ihr. Ich wette, du denkst sofort so etwas wie: „Ich bin glücklich" oder „Ich bin traurig" oder „Ich bin unruhig" oder „gelangweilt" oder was immer es im Augenblick gerade ist. Aber ich habe dir etwas mitzuteilen: Eben die Tatsache, dass du deine Stimmung beobachten und beschreiben kannst – genau so, wie du es mit deiner Hand konntest –, bedeutet, dass du sie nicht bist. Merk dir das, denn es ist der Kern der Sache: Wenn du es beobachten und beschreiben kannst, bist du es nicht – ist es nicht das innerste Du, das wahre Du…[1]

Gedanken und Emotionen sind Teil dessen, wer wir sind, aber sie sind nicht das Gesamtbild. Sie sind ein Spiegelbild der dynamischen Aktivität, die auf natürliche Weise in unserem Geist stattfindet, und sie schwappen hoch und runter und spülen schließlich durch uns hindurch.

Wenn Kinder älter werden und die Aufmerksamkeitskontrolle entwickeln, die sie brauchen, um ihre Gedanken und Emotionen mit einem klaren Kopf zu betrachten, beginnen sie ein Gefühl dafür zu bekommen, was in ihrem Geist vor sich geht. Mit starken, stabilen Aufmerksamkeitsfähigkeiten wird es ihnen möglich, Emotionen zu erfahren, während diese sich entfalten, und ruhig zu bleiben, wenn infolge dieser Emotionen schmerzhafte Reaktionen auftreten. Die Haltung eines freundlichen Beobachters hält vorpubertäre Kinder und Teenager davon ab, sich mit ihren Gedanken und Emotionen zu überidentifizieren, und ermuntert sie dazu, ihre Gefühle anders zu betrachten. Statt zu denken „Ich bin böse", sieht der freundliche Beobachter, dass „ich ein böses Gefühl habe". In *Dear Patrick* bezeichnet Schwartz dies als ein Verstehen des Unterschieds zwischen „ich und mein Gehirn". Eine nuancierte Unterscheidung zwischen „ich und mein Gehirn" oder „ich und mein Körper" zu machen, kann eine Herausforderung darstellen und erfordert einen Grad der Reife, den einige Kinder noch nicht erreicht haben, ist jedoch eine wertvolle Übung.

Gewahrsein für die Gedanken

Es folgen nun einige Spiele und Aktivitäten, die ältere Kinder und Teenager dazu anregen, ihren Gedanken freundliches Gewahrsein entgegenzubringen. Es kann eine knifflige Sache sein, irgendjemandem zu erklären, wie man seinen Geist beobachtet, nicht nur während des Meditierens, sondern den ganzen Tag lang, aber der Song *Watching the Wheels* von John Lennon erfüllt diese Aufgabe ziemlich gut. In *Watching the Wheels* erzählt Lennon von seiner sechsjährigen Auszeit vom Musikgeschäft in den mittleren bis späten 1970er Jahren. Im Songtext schreibt er, dass die „Menschen sagen, dass ich verrückt sei, mein Leben verträume", und erklärt, dass er seine Zeit jetzt damit verbringe, zuzuschauen, wie die Räder sich drehen und drehen. Er führt aus, dass er nicht länger auf dem Karussell fahre und dass er es habe loslassen müssen.

Wenn ich John Lennons Song *Wheels* mit Kindern singe, ändere ich die letzte Zeile ab in: „Ich schaue einfach zu and lasse es los." Ich frage sie, ob sie schon mal einen Hamster in einem Rad haben herumlaufen sehen. Die meisten haben es. Dann frage ich sie, ob es sich jemals so anfühlt, als hätten sie ein Hamsterrad in ihrem Kopf, wenn Gedanken und Emotionen in ihrem Geist herumwirbeln wie ein Hamster in einem Rad. Die meisten Kinder sagen, dass sie sich schon so gefühlt haben und dass sie wetten, John Lennon hat sich auch so gefühlt. Wir sprechen darüber, was John Lennon mit den Worten „Ich liebe es, ihnen dabei zuzusehen, wie sie sich drehen" gemeint haben könnte und dass das Beobachten der sich drehenden Räder nicht dasselbe ist wie sich im Karussell des Lebens zu verfangen. Dieser Song ist der Ausgangspunkt für viele lebhafte Diskussionen über Stress, Materialismus, die verschiedenen Karussells, auf denen Kinder sich befinden, und die Wege, wie sie von ihnen herunterkommen können. Schüler haben selbst festgestellt, dass Ruhm und Reichtum versklavende Wirkung haben können. Wenn sie im Supermarkt an der Kasse mit ihren Müttern in Boulevardzeitungen blättern, sehen Teenager, dass einige grundlegende Freiheiten, die sie als selbstverständlich ansehen – etwa ungestört Eiscreme zu essen oder in dreckigen Klamotten und mit schmutzigen Haaren einen Karton Milch holen zu gehen –, berühmten Personen nicht zur Verfügung stehen. Sie fühlen nach, wie John Lennons Leben gewesen sein muss und wie das Leben anderer Menschen seiner Art ist.

Affenketten

Es gibt ein buntes Kinderspielzeug, das „Affen Fassen" heißt; es handelt sich hierbei um ein Plastikfass voller Spielzeugaffen, das ich benutze, wenn ich mit Kindern Achtsamkeit übe. Die Arme der Plastikaffen sind wie Haken geformt, so dass die Kinder eine Affenkette bilden können, indem sie die Affen an den Armen aneinanderhängen. Es ist eine lebendige, lustige Möglichkeit, zu demonstrieren, wie wir während der Praxis der Introspektion mit Gedanken und Emotionen umgehen. Anschließend frage ich die Kinder, durch was sie während des Praktizierens von Atmungsachtsamkeit und „Langsamem und leisem Gehen" abgelenkt wurden. Die Kinder wechseln sich beim Antworten ab und jedes Mal, wenn jemand einen Gedanken, eine Emotion oder eine körperliche Empfindung äußert, ziehe ich einen Affen aus dem Fass, der die Ablenkung repräsentiert, und hänge ihn an die Kette. Während ich der Kette einen Affen nach dem anderen hinzufüge, weise ich darauf hin, dass beim Praktizieren der Atmungsachtsamkeit kein Affe (oder keine Ablenkung) als bedeutungsvoller angesehen wird als ein anderer (oder eine andere) und dass wir mit jeder Ablenkung auf dieselbe Art umgehen. Unabhängig von ihrem Inhalt, ist jeder Gedanke eine Ablenkung und jede Emotion eine weitere Ablenkung. Ich frage: „Was tun wir mit Ablenkungen, wenn wir sie bemerken?" Dann kommt der Teil, den die Kinder am liebsten mögen. Sie rufen: „Lass sie los!" oder „Lass sie fallen", und ich lasse die Affenkette fallen und die Affen klappern zurück ins Fass, bevor wir wieder von vorne anfangen.

Hallo-Spiel
Was kommt und geht gerade in deinem Geist?

Bei dieser Variante des Hallo-Spiels sitzen wir im Kreis (oder um den Esstisch), drehen uns einer nach dem anderen zu unserem Nachbarn, stellen Augenkontakt her und sagen Hallo. Dann erwähnen wir eine Sache, die wir in dem Augenblick denken. Um das Gewahrsein dafür zu verstärken, wie oft Kinder abgelenkt sind und wie häufig unser Geist in die Vergangenheit oder Gegenwart abgeschweift ist, bitte ich die Kinder, das, woran sie gerade denken, in eine von drei Kategorien einzuordnen – Vergangenheit, Gegenwart oder Zukunft. Beispielsweise könnten Sie Augenkontakt mit Ihrer Tochter herstellen und sagen: „Guten Morgen, ich denke jetzt gerade an deine Geburtstagsfeier." In Erwiderung sagt sie vielleicht: „Hallo Mama, jetzt, wo du ihn erwähnt hast, denke ich auch an meinen Geburtstag." Der nächste Schritt besteht darin, zu identifizieren, ob wir an etwas in der Vergangenheit, Gegenwart oder Zukunft Liegendes denken. In diesem Fall ist die Geburtstagsfeier entweder in der Vergangenheit oder in der Zukunft. Sie können das Spiel mit Gewahrsein für Emotionen, statt für Gedanken wiederholen; in diesem Fall könnte die Redeaufforderung daraus bestehen, Hallo zu sagen und ihr zu erzählen, was Sie im Augenblick denken oder fühlen. Mit ein wenig Einfallsreichtum können Sie sich eine unbegrenzte Zahl an mit Hallosagen beginnenden Redeaufforderungen ausdenken, mit denen sich wichtige Lektionen erteilen lassen.

Gewahrsein für automatisches Verhalten

Wenige Dinge begrenzen unsere psychische, physische und emotionale Freiheit mehr als persönliche Rede-, Denk- und Handlungsgewohnheiten, von denen wir nicht wissen, dass wir sie haben. Laut der Definition von Albert Einstein ist Irrsinn, „wenn man immer und immer wieder dasselbe tut, in der Hoffnung, ein anderes Resultat zu erreichen", und wohl oder übel haben wir alle Gewohnheiten – manche von ihnen hilfreich oder neutral, aber andere, die in unserem Leben unentwegt Probleme hervorrufen. Fest verwurzelte Gewohnheiten können bei vielen Menschen, sowohl bei Kindern als auch bei Erwachsenen, zu einer Form von Irrsinn führen, aber es ist leichter für Kinder als für Erwachsene, Gewohnheiten zu ändern. Eine Möglichkeit, anzufangen seine Muster zu erkennen, besteht in der Schaffung externer Signale, die automatisch den ganzen Tag hindurch auftauchen. Diese Unterbrecher bieten Ihnen eine Gelegenheit, innezuhalten und:

- über Ihre Motivation nachzudenken (ist sie freundlich oder unfreundlich?)
- darüber nachzudenken, ob die Handlungen, die wahrscheinlich aus dieser Motivation entspringen werden, Sie in Richtung Glück lenken werden (oder nicht)
- wenn nötig zu einer Handlung oder einem Geisteszustand zu wechseln, der dem Glück förderlicher ist.

Hier sind einige Aktivitäten, die automatisches Verhalten sanft unterbrechen.

Achtsamkeitsglocken

Eine altbekannte Methode zur Unterbrechung des Alltagslebens ist die Verwendung einer Achtsamkeitsglocke. Der vietnamesische Zenmeister Thich Nhat Hanh empfiehlt, dass Familien die Achtsamkeitsglocke nutzen, um zu signalisieren, dass es Zeit ist, kurz mit dem zu pausieren, was sie tun, und ihren Atem zu beobachten. Als Glocke kann alles dienen, das einen angenehmen und anhaltenden Klang erzeugt. Die Integration einer Achtsamkeitsglocke in Ihre Familienroutine liefert häufig überraschende und lustige Möglichkeiten für Gewahrsein.

- Sie können sie nutzen, um die Aufmerksamkeit Ihrer Kinder zu bekommen, ohne über den Krach von Fernseher, Radio oder Musik oder über anderen Haushaltslärm hinwegbrüllen zu müssen.
- Wenn es so aussieht, als würden Ihre Kinder bald körperlich und emotional zusammenbrechen, weil sie in so schneller und wilder Bewegung sind, können Sie diesen Schwung verlangsamen, indem Sie die Glocke läuten.
- Sie können Ihre Kinder dazu berechtigen, die Achtsamkeitsglocke immer dann zu läuten, wenn sie möchten, dass die ganze Familie eine Pause macht und reflektiert. Das erste Mal, das ein Kind die Achtsamkeitsglocke benutzt, kann für seine Eltern eine Überraschung darstellen. Mehrere Eltern haben mir dieselbe Szene beschrieben. Sie werden mitten in einer Auseinandersetzung vom Läuten der Achtsamkeitsglocke unterbrochen, und als sie herüberschauen und feststellen, dass es ihr Kind ist, das sie läutet, brechen sie in Gelächter aus. Dies ist eines der zu meinen Dauerfavoriten gehörenden Beispiele dafür, wie Eltern Kinder dazu befähigen können, auf sich selbst aufzupassen. Was für eine großartige Möglichkeit, Konflikte zu bewältigen und Kindern Konfliktbewältigung modellhaft vorzuführen.

Ein Faden um den Finger

Sie können auch Achtsamkeits-Erinnerer schaffen und in Ihrem Zuhause verteilen oder am Körper tragen. Ich habe gesehen, wie Kinder sich einen Faden um einen Finger binden, aus Bändern oder Perlen Achtsamkeitshalsketten herstellen, einen bunten Streifen auf die Innenseite ihres Handys kleben oder einen Notizzettel auf ihren Computerbildschirm oder Kühlschrank kleben. Diese physischen Erinnerer sind effektive Mittel, um freundliches Gewahrsein in Ihre Alltagsroutine zu bringen. Wann immer Sie sie sehen, halten Sie einfach inne, um aufzunehmen, was in Ihrem Geist und Körper geschieht.

Aufforderungen zum Atmen

Jeden Tag beschäftigen Kinder sich mit Routineaufgaben wie Zähneputzen oder Strümpfeanziehen. Sie können Ihren Kindern vorschlagen, dass sie eine dieser relativ banalen täglichen Aktivitäten auswählen und als Gelegenheit nutzen, um Atemgewahrsein zu praktizieren. Beispielsweise könnten sie jeden Abend, bevor sie sich die Zähne putzen, oder am Morgen, wenn sie ihre Strümpfe und Schuhe anziehen, innehalten und atmen. Wenn Aktivitäten Kinder implizit zum Atmen auffordern, hilft dies ihnen, zu erkennen, bei wie vielen Dingen sie auf Autopilot schalten. Durch das Unterbrechen des automatischen Verhaltens haben Kinder die Zeit und den geistigen Raum, Verbindungen herzustellen zwischen dem, was sie tun, dem, was sie denken, und dem, wie sie sich fühlen. Selbst sehr kleine Kinder können diese Verbindungen herstellen. Sie können sie fragen:

- wie sich ihr Atem jeden Tag genau vor dem Einschlafen und gerade nach dem Aufwachen anfühlt
- wie sich ihr Atem anfühlt, wenn sie rennen und spielen
- wie sich ihr Atem anfühlt, wenn sie auf dem Weg zur Schule in einem Auto oder Bus fahren
- wie sich ihr Atem anfühlt, wenn sie lachen oder gerade gelacht haben.

Wenn ich mich für nur eine Aktivität entscheiden müsste, die Kinder zu Hause ausführen sollten, wäre es das Üben mit impliziten Aufforderungen zum Atmen, da diese Aktivität bei meinen Schülern und ihren Familien bedeutsamere Verhaltensänderungen ermöglicht hat als irgendeine andere von mir vermittelte Achtsamkeitsübung.

Gewahrsein für Emotionen und emotionale Reaktivität

Wenn Kinder schmerzhafter Emotionen gewahr werden, fällt es ihnen nicht immer leicht, über diese zu sprechen. Trudy Goodman, eine Meditationslehrerin und Psychologin, die ausgiebig mit Kindern und Familien gearbeitet hat, schlägt einen kreativen Ausgangspunkt für Gespräche über Emotionen vor, der auf einer klassischen Praxis beruht, bei der schwierige Emotionen mit Besuchern verglichen werden, die kommen und gehen. Wie Hausgäste sind manche Emotionen willkommen und andere nicht. Manche kommen zu einer geeigneten Zeit vorbei und andere nicht. Selbst willkommene Besucher, die zu einem guten Zeitpunkt vorbeikommen, können länger bleiben, als sie willkommen sind. Tun sie das, ist es hilfreich, sich daran zu erinnern, dass Besucher, laut Definition, nicht für immer bleiben. Indem wir Emotionen als Besucher personifizieren, können wir spielerisch mit Kindern über Emotionen sprechen, selbst über schmerzhafte. Wenn Kinder beobachten, wie sich die Energie einer Emotion entfaltet, oder sich auflöst, können sie beginnen zu erkennen, dass emotionaler Schmerz letztendlich, wie unleidliche Besucher, verschwindet. Ich finde diese Methode insbesondere bei der Arbeit mit jüngeren Kindern hilfreich.

Im Kreis zu sitzen und im Geiste von Güte und Mitgefühl über seine Gefühle zu sprechen, kann für Kinder und Teenager revolutionär sein. In seinem Buch *The Way of Council* zitiert Jack Zimmerman meinen Kollegen Tom Nolan, der beobachtete: „Kinder dazu zu ermuntern, mit dem Herzen zu sprechen, ist eine starke Botschaft. Wenn man sie fragt, wie sie sich fühlen, und ihnen dann Gelegenheit gibt, mit dem Äußern einer Antwort zu ringen, hilft dies dabei, sie über ihre Emotionen aufzuklären."[2] Für die soziale, emotionale und neurologische Entwicklung eines Kindes ist es wichtig, dass es einen sicheren Ort hat, an dem es mit dem Herzen sprechen kann, ohne Angst haben zu müssen, beschämt oder beurteilt zu werden. Leider haben nicht alle Kinder einen solchen Ort. Dr. Mark Brady, Pädagoge für soziale Neurowissenschaft, schrieb über die negativen neurologischen Auswirkungen, die eintreten, wenn man als Kind nicht seine Wahrheit sagen darf:

„Gut zu lügen wurde mir als Kind beigebracht, von Eltern, Lehrern und Erwachsenen, die die Wahrheit nicht wirklich hören wollten und regelmäßig jeden bestraften, der sie unverblümt mitteilte. Für das Sagen der Wahrheit angeschrieen oder bestraft zu werden kann, wie sich gezeigt hat, nicht mit der Befreiung von Stress und Spannung konkurrieren, die das Lügen in dem Moment bietet. Ich glaube, es wäre besser gewesen, eine Umgebung geboten zu bekommen, in der es sicher gewesen wäre, harte Wahrheiten zu sagen, und dann auch beigebracht zu bekommen, wie man mit dem Adrenalin und Cortisol fertig wird, das häufig als Reaktion darauf von Menschen ausgelöst wird, die mit solchen Wahrheiten nicht wirklich umgehen können (wie Tom Cruise in dem Film *Eine Frage der Ehre*). Dies würde natürlich erfordern, dass Eltern, Lehrer und dergleichen geübt darin werden, mit ihrer eigenen emotionalen Reaktivität umzugehen. Wie wahrscheinlich ist das?[3]"

Nolans und Bradys Kommentare unterstreichen noch einmal, dass es äußerst wichtig ist, dass jeder, der Kindern Achtsamkeit vermitteln möchte, selbst eine Praxis etabliert hat und geübt darin ist, mit seiner eigenen emotionalen Reaktivität zurechtzukommen und angesichts der emotionalen Reaktivität der Kinder ruhig zu bleiben.

Wenn Sie bei einem Achtsamkeitskreis das Geschehen bestimmen, ist es wichtig, dass Sie als Moderator/-in im Hinterkopf behalten, dass Ihre Rolle nicht darin besteht, Rat zu erteilen, sondern darin, den Kindern zu helfen, ihre Erfahrung von innen heraus, so gut sie können, zu verstehen. Dies kann eine schwierige Rolle sein, wenn wir nichts mehr möchten, als die Situation in Ordnung zu bringen und Kinder davon abzuhalten, weh zu tun. Wir erinnern zudem unsere Schüler daran, dass ihre Rolle ebenfalls nicht darin besteht, Rat zu erteilen. Jeder – Kinder, Teenager und Erwachsene – ist damit betraut, dieselbe Qualität der Aufmerksamkeit, Güte und Beobachtung zum Achtsamkeitskreis mitzubringen, die er zur Meditationspraxis mitbringt.

In Achtsamkeitskreisen erinnere ich alle daran, dass jeder Augenblick eine Gelegenheit darstellt, seinen eigenen Geist zu beobachten, selbst wenn man gerade nicht mit Sprechen an der Reihe ist. Statt dass sich die Teilnehmer darin verstricken, im Geiste zu proben, was sie sagen wollen, bevor sie an die Reihe kommen, oder das Gesagte still noch einmal durchgehen, nachdem sie gesprochen haben, haben sie hier Gelegenheit, wahrzunehmen, wie ihr Geist darauf reagiert, den Geschichten anderer Menschen und dem Erzählen ihrer eigenen zuzuhören.

In einem Kreis zu sitzen, seine Wahrheit zu sagen und seine Geschichte zu erzählen kann eine tiefgreifende Erfahrung sein. Mehr als einmal habe ich beobachtet, wie ein Kind schüchtern sein tiefstes, dunkelstes Geheimnis enthüllt – eines, an dem es festhielt und über das es aufgrund dessen, was es seinem Glauben nach über es sagt, Angst hatte zu sprechen –, nur damit ein anderes Kind im Kreis sagt: „Ach ja, so habe ich mich auch gefühlt." Die Erleichterung, die Kinder empfinden, wenn sie ihre Geschichten teilen und andere Kinder sie verstehen, kann für die Kinder befreiend und für den Rest von uns inspirierend sein.

Handlungen haben Konsequenzen

Das Sitzen im Kreis und Sich-Unterhalten mit den Kindern stellt eine gute Gelegenheit dar, um der Tatsache Nachdruck zu verleihen, dass alle Handlungen Konsequenzen haben. Diese simple und direkte Wahrheit ist im einschlägigen Jargon als das Gesetz des Karma bekannt. Die meisten Kinder und Teenager haben ein praktisches Verständnis von Karma, das dem kontemplativer Menschen gleichkommt. Sie verstehen, dass die unfreundlichen Worte, mit denen sie jemanden beschreiben, oder das Pfuschen beim Lernen für eine Prüfung oder dem Schreiben einer Facharbeit mit ziemlicher Wahrscheinlichkeit zu ihnen zurückkommen und sie verfolgen werden. Sie verstehen ebenfalls, dass die Konsequenzen einer Handlung oder einer Reihe von Ereignissen manchmal nicht vorhersehbar sind. Eine klassische Geschichte von einem Bauern und seinem Sohn veranschaulicht diesen Punkt auf schöne Weise.

Fabel
Der Bauer und sein Sohn

Es war einmal ein alter Mann, der mit seinem Sohn auf einem Hof in der Nähe eines winzigen Dorfes lebte. Eines Tages lief dem Bauern das Pferd weg. Die Nachbarn statteten ihm einen Besuch ab und sagten dem Bauern, wie leid es ihnen täte, von seinem Unglück zu hören. Der Bauer, ein wortkarger Mann, sagte: „Wir werden sehen."
Siehe da, am nächsten Tag kam das Pferd nach Hause und brachte zwei schöne wilde Pferde mit. Als die Nachbarn von den wilden Pferden hörten, schauten sie auf einen weiteren Besuch vorbei, um dem Bauern zu sagen: „Wie wunderbar!" Er antwortete wieder: „Wir werden sehen."

Am folgenden Tag wurde der Sohn des Bauern zu Boden geworfen, als er eines der wilden Pferde ritt, und brach sich ein Bein. Die Nachbarn kamen zurück, um ihr Mitgefühl auszudrücken, und wieder antwortete der Bauer: „Wir werden sehen."
Am nächsten Tag kamen Offiziere in das kleine Dorf und zogen alle jungen Männer von den benachbarten Höfen in die Armee ein – außer den Sohn des Bauern mit seinem gebrochenen Bein. Als die Nachbarn dem Bauern dazu gratulierten, wie gut die Dinge für seinen Sohn geendet hatten, wurden sie mit einer vertrauten Antwort empfangen: „Wir werden sehen."

Jede Handlung des Körpers, des Redens und des Geistes hat die Macht, sowohl große als auch kleine Ergebnisse zu bewirken. Kinder können all die Konsequenzen, die aus ihren Handlungen resultieren, nicht kontrollieren, und es gibt Male, da verletzen Kinder (und Erwachsene) andere Menschen in einer Art und Weise, die sie nicht hätten vorhersehen können. Aber Kinder können daran arbeiten, besser zu verstehen, warum sie auf eine bestimmte Art handeln. Wenn ihre Handlungsmotivation böswillig ist und sie dies erkennen, bevor sie handeln, haben sie die Möglichkeit, umzuschalten und etwas anderes zu tun. In seiner Hörserie über die Anwendung von Achtsamkeit[4] hebt Meditationslehrer Joseph Goldstein einen Moment des „Im-Begriff-Seins" hervor bzw. den Moment, in dem die Absicht zu handeln feststeht. Kinder erzählen, dass sie in dem Bruchteil einer Sekunde, gerade bevor sie etwas tun, von dem sie später wünschen, sie hätten es nicht getan, ein komisches Gefühl haben, vielleicht ein Zusammenziehen der Brust spüren oder ein flaues Gefühl in der Magengegend haben. Dieses komische Gefühl tritt im Moment des „Im-Begriff-Seins" auf. Indem sie ihre komischen Gefühle bemerken, können Kinder innehalten, bevor sie handeln, um sich zu fragen: Warum *entscheide* ich mich, dies zu tun? Was für ein *Gefühl* gibt mir das? Und: Ist meine *Motivation* freundlich oder unfreundlich? Wenn die Handlung sich bei Überlegung nicht richtig anfühlt, können sie sich entscheiden, anders zu handeln.

Es ist nicht ungewöhnlich, dass Kinder sich schuldig fühlen, wenn sie erkennen, dass ihre Motivation nicht immer rein ist. Dies ist eines der vielen Male, da die gegenseitige Unterstützung, die ein Achtsamkeitskreis bietet, für Kinder tröstlich sein kann. Im Geiste der Güte und des Mitgefühls können Kinder sich gegenseitig daran erinnern, dass jeder negative Gefühle hat und dass es vollkommen normal ist, manchmal einen Fehler zu begehen und diesen Gefühlen entsprechend zu handeln. Aber durch die Unterstützung und Ermutigung von Freunden und Familienmitgliedern innerhalb des Achtsamkeitskreises können wir lernen, immer seltener diesen entsprechend zu handeln.

Der persönliche Charakter, Verstand und die eigene Persönlichkeit entwickeln sich in einem fließenden Prozess, durch wiederholte Handlungen, große wie kleine. Unabhängig davon, wie viel musikalisches Talent ein Kind hat, erfordert die Entwicklung dieses Talents Übung. Dasselbe gilt für die Kultivierung positiver sozialer und persönlicher Werte. Die wahre Natur eines Kindes ist gütig, mitfühlend und geduldig und das Üben dieser positiven Eigenschaften sorgt dafür, dass sie stärker werden. Wenn Kinder zu ihren Freunden gut sind, üben sie sich in Güte; wenn sie geduldig sind, während sie darauf warten, an der Reihe zu sein, üben sie sich in Geduld; wenn sie die Wahrheit sagen, üben sie sich in Ehrlichkeit. Der Moment des „Im-Begriff-Seins", der Augenblick gerade bevor Kinder handeln, ist ihre Gelegenheit, zu erkennen, welche Eigenschaft sie üben, und sich zu fragen, ob sie ihnen dabei helfen wird, die Person zu werden, die sie gerne sein würden: Sind diese Eigenschaften solche, die sie wahrscheinlich zum Glück führen werden? Dies ist der Kern der Charakterentwicklung.

Gegenmittel für Traurigkeit

Mein Vater starb am Freitag vor *Thanksgiving*. Am darauffolgenden Tag flogen Seth, Allegra, Gabe und ich von unserem Zuhause in Los Angeles zu dem meines Vaters auf der Unteren Halbinsel von Michigan, um am Sonntag von ihm Abschied zu nehmen, am Montag seiner Trauerfeier und Dienstagnachmittag seiner Beerdigung beizuwohnen. Der Friedhof war sechshundert Meilen von der Kirche entfernt, also packten wir gleich nach der Trauerfeier das Auto und fuhren elf Stunden lang zur Oberen Halbinsel von Michigan. Mein gesamtes Erwachsenenleben hatte es mir vor dieser Fahrt gegraut.

Mein Vater hatte sich einen Minivan gekauft, bevor sein gesundheitlicher Zustand umschlug, um seine Enkelkindern mit auf Campingausflüge nehmen zu können. Er hatte es nie geschafft, diese Ausflüge zu unternehmen, aber an diesem Tag, während wir Sandwiches aßen und meines Vaters Lieblingslieder sangen, war ich dankbar, den Van zu haben, weil wir dadurch eine sehr angenehme Fahrt hatten. Im Laufe der langen Fahrt weinten und lachten wir zusammen und ich empfand Dankbarkeit dafür, dass mein Vater, wo er schon sterben musste, dieses genau vor einem Feiertagswochenende getan hatte, so dass die Kinder nicht lange vom Unterricht freigestellt werden mussten und Seth und ich uns nicht lange von der Arbeit frei nehmen mussten. Mein Vater war Straßenbauingenieur und hatte von allen Menschen, die ich je kennen gelernt habe, die außergewöhnlichste Arbeitsethik. Ich kam nicht umhin, mich zu fragen, ob er es geplant hatte, dass sein Tod zu einem günstigen Zeitpunkt eintreten würde. Ich war dankbar für die Arbeitsethik und den Pragmatismus, die er mir beigebracht hatte.

Am nächsten Morgen war die Beerdigung und der Pfarrer, den ich noch nie getroffen hatte, betete mit uns und für meinen Vater. Aber statt von Tränen überwältigt zu werden, ertappte ich mich dabei, wie ich mir das Lachen verkniff, als der Pfarrer uns wiederholt beim falschen Namen nannte und die Worte „Dank sei dem Herrn" in einem arrhythmischen Takt sprach. Während ich mir in die Wangen biss, um nicht zu lachen, sah ich, dass Seth ebenfalls ein Lachen unterdrückte. Ich hoffte, dieser gütige Pfarrer würde denken, dass wir weinten, statt lachten.

Erschöpft machten wir uns alle auf den Weg zum Friedhof, als es zu schneien anfing. Ein Dutzend fremder Leute hatte für meinen Vater, einen Veteranen des Zweiten Weltkriegs, eine Ehrenformation gebildet. Während die Beerdigung voranschritt, wurde das Wetter schlechter, und als die Ehrenformation und das Ehrensalutkommando mit ihrer Würdigung meines Vaters begannen, fiel der Schnee so stark, dass ich kaum noch sehen konnte. Aber ich konnte hören, wie sie Salven über dem Grab meines Vaters abschossen, während in der Ferne die schwermütigen Töne des Stücks „Taps" zu hören waren. Ich war dankbar für diese Patrioten, von denen wir keinen je zuvor getroffen hatten und wahrscheinlich auch keinen je wiedersehen würden, die an einem kalten, feuchten Feiertagsnachmittag erschienen waren, um meinen Vater zu ehren.

Mein Vater starb nach einem langen Kampf gegen die Parkinson-Krankheit. Kurz bevor er dahinschied, war seine Lebensqualität beeinträchtigt, und viele, viele Menschen sagten mir, dass sein Tod ein Segen sei. Sie sagten mir, ich solle erleichtert sein, aber obwohl ich wusste, dass sie es gut meinten, halfen ihre Gedanken mir oder meiner Familie nicht. Ihre Handlungen jedoch taten es. Es war schwierig, irgendetwas anderes zu empfinden als Kummer, aber in den kleinen Momenten der Verbindung mit meiner Familie und mit denen, die uns unterstützten, erfasste mich Dankbarkeit. Durch unterschiedliche Wege und unterschiedliche Perspektiven fanden die Menschen ein Fünkchen psychischer Freiheit, indem sie den ganzen Tag lang die kleinen Momente des Glücks zu schätzen wussten.

Vor Jahren brachte mir meine Meditationslehrerin Yvonne Rand eine Achtsamkeitsübung bei, mit der sich Traurigkeit lindern lässt. Sie hilft Menschen, ihre Erfahrung des Lebens eher als ein Glas zu sehen, das halb voll ist, als eines, das halb leer ist. Wenn etwas Schlimmes passiert oder wenn ich mich einfach mies fühle, besteht die Übung darin, dies sofort anzuerkennen (dieser kaputte Geschirrspüler ist einfach total nervig) und sich dann schnell für drei Dinge zu bedanken. Irgendwelche drei Dinge. Der Schlüssel zu dieser Übung liegt in ihrer Unmittelbarkeit. Ich analysiere nicht, worüber ich glücklich bin oder worüber ich glücklich sein sollte; ich sage einfach danke für die ersten drei Dinge, die mir in den Sinn kommen. In diesem Augenblick, während ich schreibe, bin ich dankbar für Seth, der auf der Couch im Wohnzimmer schläft; für die Rosen, die im Garten blühen; und für die Tatsache, dass Gabe seine neue Rolle in der Schulaufführung wirklich mag. Und weil ich Allegra nicht guten Gewissens von einer Liste an Dingen, die mich glücklich machen, ausschließen kann, füge ich ein viertes hinzu: Ich bin sehr dankbar für ihre weisen Ratschläge bezüglich meiner Garderobe. Das Stilgefühl meiner Tochter ist sehr viel feiner, als meines jemals war oder sein wird.

Für drei Dinge dankbar zu sein ist eine kleine Sache, die einen bedeutenden emotionalen und gesundheitlichen Nutzen haben kann. Eine Reihe von Experimenten hat gezeigt, dass das Erkennen, dass die Dinge schlechter sein könnten, eine größere Zufriedenheit mit der Art und Weise, wie die Dinge sind, bewirken kann. In ihrem Buch *The Art of Happiness* führen Seine Heiligkeit der Dalai Lama und Dr. Howard C. Cutler eine Studie der University of Wisconsin Milwaukee an, bei der die Teilnehmer aufgefordert wurden, ihre Lebensqualität zu bewerten, bevor und nachdem sie Fotos gesehen hatten, auf denen harte Lebensbedingungen abgebildet waren. Es überrascht nicht, dass die Teilnehmer sich zufriedener fühlten, nachdem sie die harten Bilder gesehen hatten.[5] Der Zweck dieser Übungen besteht nicht darin, sich selbst einer Gehirnwäsche zu unterziehen, bis man glaubt, die Schwierigkeiten des Lebens seien unwichtig oder existierten nicht, sondern darin, den angenehmen und den unangenehmen Dingen im Leben das angemessene Gewicht zu geben. Diese Übung kratzt nur an der Oberfläche von Achtsamkeitsübungen, mit denen positive Emotionen kultiviert werden, doch ist sie kein schlechter Startpunkt, insbesondere dann, wenn mit Kindern geübt wird.

Eine andere klassische Übung, die ein Gegenmittel bei Traurigkeit darstellt, besteht darin, über die Reihe glücklicher Ereignisse zu reflektieren, die zu Ihrer Geburt führten. Diese Übung kann für Kinder ein bisschen anspruchsvoll sein, und Teenager darum zu bitten, über die Umstände nachzudenken, die zu ihrer Geburt führten, erbringt nicht immer die Art von Diskussion, die wir zu entfachen hoffen, aber die Reflexion kann so formuliert werden, dass sie für Kinder jeden Alters bedeutsam ist. Das ähnelt dem Sprechen eines Dankes- oder Gnadengebets vor den Mahlzeiten, in dem der Weg der Nahrung bis hin auf den Tisch betrachtet wird und in dem alle Menschen, Orte und Dinge, die daran beteiligt waren, gewürdigt werden. Über diese Details nachzudenken, wie auch über den Kreislauf der Ereignisse zu reflektieren, die dazu geführt haben, dass Sie dieses Buch lesen, lässt die etwas abstrakte Vorstellung, dass *wir für etwas dankbar sind,* konkreter werden. Auch erinnert es Kinder daran, dass jeder von uns mit vielen, vielen Menschen, Orten und Dingen auf Arten und Weisen verbunden ist, die nicht immer offensichtlich sind.

Danke zu sagen und Danke-Mitteilungen zu schreiben sind bedeutsame Praktiken, mittels derer Kinder die positive Wirkung sehen können, die einfache Akte der Güte auf andere Menschen und auf sie selbst haben. Sie können Ihre Kinder bitten, Mitteilungen zu schreiben oder jemandem ein Paket zu schicken, der in der Vergangenheit gut zu ihnen gewesen ist. Vielleicht enthält das Paket einen Brief, Zeichnungen, Bilder, Collagen, Kekse oder was immer Ihre Kinder gerne anfertigen, das einen Ausdruck ehrlicher Dankbarkeit darstellt. Sie können es mit der Post schicken oder sie können das Paket selbst überbringen und aus erster Hand erleben, wie gut es sich anfühlt, jemanden mit einem einfachen Akt der Güte glücklicher zu machen.

Es ist fantastisch für Kinder, jemanden absichtlich aufzuheitern, aber auch ohne es überhaupt zu versuchen, können sie etwas im Leben anderer Menschen bewirken. Ich habe einst an einer Schule mit einem grasbewachsenen, von einem Fußweg umgebenen Hof unterrichtet. Es war ein perfekter Ort, um „langsames und leises Gehen" zu praktizieren. Eines Morgens, während die Kinder und ich im Hof gingen, bemerkte ich eine pensionierte Nonne, die, in eine altmodische Tracht gekleidet, den Fußweg an der Grenze des Hofs entlangging. Seit der Zeit, als ich im Mittleren Westen aufwuchs, hatte ich keine Nonne eine derartige Tracht mehr tragen sehen, aber ich erinnerte mich daran, dass ein paar pensionierte Nonnen neben der Schule lebten. Die folgende Woche kam die Nonne wieder zum Gehen, dieses Mal aber mit einer Freundin. Sie praktizierten ihre eigene Gehmeditation auf dem Fußweg, während wir „langsames und leises Gehen" auf dem Gras praktizierten. Ihre Präsenz erhöhte unser Gemeinschaftsgefühl, auch wenn jeder von uns alleine ging. Indem sie an der Außenseite des Hofes entlanggingen, rahmten sie für uns, die wir innen gingen, den Platz ein. Später erzählte mir eine der Nonnen, dass sie sich die ganze Woche lang auf ihre Gehmeditation mit den Kindern freuten. Zeit mit den Kindern zu verbringen befreite sie von ihrer alltäglichen Routine und war eine willkommene Ruhepause.

Das Positive betonen

Ich mag die Musik von Johnny Mercer, der gemeinsam mit Harold Arlen einen Song geschrieben hat, der *Accentuate the Positive* heißt. Im Text heißt es: *Du musst das Positive betonen, das Negative beseitigen.*

Zu der Zeit gab es noch keine wissenschaftliche Forschung zu positiver Psychologie, aber Mercer und Arlen wussten intuitiv, dass das Fokussieren auf die guten Dinge im Leben Menschen helfen kann, von einer negativen Geisteshaltung zu einer positiveren zu wechseln. Es gibt viele Wege, das Positive zu betonen, aber ein lustiger und bunter besteht darin, dass Sie Ihr Zuhause oder Ihr Klassenzimmer mit Freundliche-Wünsche-Ketten und Dankbarkeitsketten dekorieren oder dass kleine Kinder diese anfertigen und verschenken.

Freundliche-Wünsche-Ketten und Dankbarkeitsketten sind einfach herzustellen, selbst für Kinder im Kindergartenalter. Alles, was Sie brauchen, sind buntes Bastelpapier, ein Klebestift, eine Schere und ein Bleistift, Kugelschreiber oder Filzstift. Schneiden Sie als Erstes aus dem Bastelpapier Streifen zurecht und legen Sie diese in einen Korb. Bitten Sie die Kinder dann, entweder einen freundlichen Wunsch oder etwas, für das sie dankbar sind, auf einen oder mehrere der bunten Papierstreifen zu schreiben. Wenn sie noch nicht gut selbst schreiben können, können Sie die freundlichen Wünsche für sie schreiben, und sie können die Papierstreifen dann mit Aufklebern, Glitter oder Filzstiften dekorieren. Jeder Streifen ist ein Glied in der Freundliche-Wünsche-Kette oder Dankbarkeitskette. Befestigen Sie die Glieder mit einem Klebestift aneinander, und Sie haben eine bunte Kette, die Sie als Dekoration Ihres Zuhauses oder Klassenzimmers über Türrahmen und Fenster hängen können.

Sie können eine Freundliche-Wünsche-Kette oder Dankbarkeitskette in nur einer Sitzung oder über einen längeren Zeitraum hinweg anfertigen. Sie können sie auch für andere Menschen persönlich gestalten. Vielleicht möchten Ihre Kinder Wünsche für Ihre Großeltern aufschreiben und ihnen eine Freundliche-Wünsche-Kette schicken.

Das Negative beseitigen

Das Pendant zur Betonung des Positiven ist die Beseitigung des Negativen. Dies lässt sich mit älteren Kindern, Teenagern und Erwachsenen auf lebendige Weise tun, indem negative Eigenschaften, die man gerne los sein möchte, auf Papierstreifen geschrieben und im Kamin verbrannt werden.

In unserer Familie gibt es ein Silvesterritual, bei dem wir alle negativen Eigenschaften verbrennen, von denen wir wünschten, wir hätten sie nicht. Wir machen in unserem Kamin ein großes Feuer, holen Papier und Stifte heraus, und dann schreibt jeder die negativen Eigenschaften auf Papierfetzen, die uns im Laufe des zurückliegenden Jahres beim Glücklichsein in die Quere gekommen sind: Eigenschaften wie Stolz, Frustration, Ärger, Ungeduld oder was auch immer. Dann legen wir all diese Papierfetzen in einen Korb, der auf dem Tisch steht. Reihum ziehen wir einer nach dem anderen ein Stück Papier aus dem Korb, lesen es laut vor und schleudern es ins Feuer. Häufig taucht viele Male dieselbe Eigenschaft im Korb auf, weil mehrere von uns sie los sein möchten. Es fühlt sich toll an, jedes neue Jahr mit dem Festlegen der Absicht zu beginnen, sich von negativen Eigenschaften, Geisteszuständen und Emotionen zu reinigen, in dem Wissen, dass wir die Unterstützung der Menschen haben, die uns am nächsten stehen.

8 Sich auf andere Menschen einstimmen
Einstimmung zwischen Eltern und Kind entwickeln

Ich möchte meine Oma glücklich machen.
Ich möchte mich mit meiner Familie verstehen.
Ich möchte umsorgt werden.
Ich möchte selbst glücklich sein.
Mögen meine Wünsche wahr werden.

Mittelstufenschüler

Kinder, die unkonventionell denken, sind vielleicht die, deren Erziehung die größte Herausforderung darstellt, aber sie können auch die bereicherndsten sein. Große Denker wie Madame Curie, Einstein und Picasso waren alle einmal Kinder, die ein wenig anders dachten. Galileo wäre im naturwissenschaftlichen Unterricht der fünften Klasse wahrscheinlich nicht der am einfachsten zu unterrichtende Junge gewesen.

Hier ist eine Geschichte: Ein Fünftklässler an einer Progressiven Schule nahm am Kunstunterricht teil, der von einer Vertretungslehrerin gegeben wurde. Die Kinder in der Klasse malten mit Wasserfarben. Dieser Junge malte glücklich vor sich hin, bis seine Lehrerin sich seine Arbeit ansah und ihm sagte, er verwende „zu viel Grün". Das erinnert mich an die Szene in dem Film *Amadeus*, in welcher der Kaiser zum ersten Mal eine Komposition von Mozart hört und ausruft: „zu viele Noten!" Ordentlich getadelt, beendete der junge Künstler sein übermäßig grünes Bild und die Klasse versammelte sich, um über die Ergebnisse des Tages zu sprechen. Die Lehrerin hielt ein Bild von einem Klassenkameraden des Jungen hoch, auf dem eine menschliche Figur abgebildet war, die die Hände in die Luft hielt. Sie fragte die Kinder, wonach die Person ihrer Meinung nach greifen würde. Ein Kind sagte: nach dem Himmel, ein anderes sagte: nach den Sternen, und noch ein anderes sagte, die Figur würde nach ihren Träumen greifen. Aber der Junge, der mit viel Grün gemalt hatte, sagte: „Sie greift nach einem Sandwich." Alle Kinder lachten und die Vertretungslehrerin schickte den Jungen ins Büro des Schuldirektors. Besorgt über die bevorstehende Standpauke, ging der Junge zum Büro des Schuldirektors, aber der Direktor der Schule, getreu den Leitlinien progressiver Erziehung, stellte sich auf die Seite des jungen Künstlers, der zu viel Grün verwendet hatte. Warum sollte diese Figur nicht nach einem Sandwich greifen?

Der Himmel, die Sterne und die Träume sind in diesem Zusammenhang nur Versatzstücke. Der Junge, der sagte, die Figur würde nach einem Sandwich greifen, sagte etwas, das korrekt sein könnte (und da er es so gesehen hat, war es für ihn mit Sicherheit korrekt) und außerdem den Wert vollkommener Originalität hatte. Dieser Junge dachte unkonventionell und die gänzlich unangemessene Reaktion der Vertretungslehrerin bestand darin, ärgerlich zu werden.

Ein Kind wie dieses großzuziehen oder zu unterrichten kann eine Herausforderung darstellen, kann seinen Eltern und Lehrern aber auch dabei helfen, Dinge auf eine neue Art zu sehen.

Unkonventionelle Denker wie dieser Junge haben häufig bemerkenswerte Fähigkeiten, Erfahrungen klar zu sehen, und es ist wunderbar, wenn sie sich wohl genug fühlen, um den Mund aufzumachen und uns zu sagen, was sie sehen. Aber das heißt nicht, dass ihre Perspektive immer mit dem übereinstimmt, was die anderen Mitglieder ihrer Familie sehen, oder mit der Perspektive ihrer Klassenlehrer, Trainer, Vorgesetzten oder anderer Autoritäten. Klar zu sehen, dass jemand, insbesondere eine Autoritätsperson, „dich nicht begreift", ist nicht immer leicht. Auch ist es nicht leicht zu verstehen, dass die bloße Tatsache, dass andere Menschen einen nicht verstehen, nicht bedeutet, dass sie einen nicht mögen. Aber zu verstehen, dass möglicherweise nicht jeder die Welt so sieht, wie man selbst es tut, ist eine Lebenskompetenz, die insbesondere für unkonventionelle Denker wichtig ist. Sie ist ebenfalls von entscheidender Bedeutung für ihre Eltern, Lehrer und die anderen Erwachsenen, mit denen sie zu tun haben. Unkonventionelle Denker sind die Kinder, mit denen ich am liebsten arbeite, aber ich wäre nicht ehrlich, wenn ich sagen würde, dass sie mir nicht manchmal auf die Nerven gehen. So lustig, kreativ und talentiert diese Kinder und Teenager auch sein können, gibt es doch Male, wenn es schwierig ist, sie mit einem klaren Kopf zu sehen. Aber selbst wenn die Anwesenheit bestimmter Kinder eine Herausforderung darstellt, ist es doch so, dass, wenn wir in der Lage sind, sie klar zu sehen und genau so zu lieben, wie sie sind, unsere Liebe sich in Mitgefühl verwandeln kann. Und Mitgefühl macht alles ein ganzes Stück einfacher.

Das Praktizieren von Atmungsachtsamkeit kann Eltern helfen, ihre eigenen Kinder objektiv zu sehen, auch wenn dies schwierig ist. Der klassische Ablauf sieht so aus, dass die Praktizierenden dazu angeleitet werden, erst ihren eigenen Atem, Körper und Geist zu beobachten, bevor sie sich Übungen zuwenden, bei denen sie andere Menschen und die äußeren Manifestationen ihres Körpers und Geistes beobachten. Der Schlüssel zur klassischen Praxis liegt darin, zu lernen, die innere und die äußere Erfahrung zu beobachten, ohne die zwei zu vermischen. In der Familiendynamik gibt es Zeiten, in denen es eine Herausforderung darstellt, emotional ruhig zu bleiben und sich von seinen Kindern abzugrenzen. Indem sie inmitten herausfordernder Situationen Atemgewahrsein praktizieren, können Eltern eine offene und nicht-reaktive Geisteshaltung einnehmen, bevor sie die Situationen einschätzen und sich mit ihnen befassen.

Dies steht im Einklang mit der modernen Sicht, dass Eltern, um vollkommen für ihre Kinder präsent und auf sie eingestimmt zu sein, als Erstes vollkommen für sich selbst präsent und auf sich selbst eingestimmt sein müssen. Kinderpsychiater Dr. Daniel Siegel, der die uralten Erkenntnisse aus dem klassischen Training mit modernen Erkenntnissen der Interpersonellen Neurobiologie verbindet, weist darauf hin, dass achtsames Gewahrsein eine Form innerer wie äußerer Einstimmung ist, ein Prozess, durch den wir Beziehungen mit anderen und mit uns selbst bilden. „Wenn wir unsere Aufmerksamkeit auf spezielle Art und Weise fokussieren, aktivieren wir den Schaltkreis des Gehirns. Diese Aktivierung kann die synaptischen Verbindungen in diesen Bereichen (des Gehirns) stärken. Das Erkunden der Vorstellung, dass Achtsamkeit eine Form der Beziehung mit dir selbst ist, bezieht möglicherweise nicht nur die für die Aufmerksamkeit zuständigen Schaltkreise mit ein, sondern auch den sozialen Schaltkreis ..."[1]

Sich einstimmen

Wenn Eltern ihre Aufmerksamkeit auf die innere Welt ihrer Kinder fokussieren, entwickeln sie eine eingestimmtere Beziehung zu ihren Kindern. Die Einstimmung zwischen Eltern und Kindern, sich selbst und anderen ist die grundlegende Art und Weise, wie die Gehirnaktivität von Eltern direkt die Gehirnaktivität ihrer Kinder beeinflussen kann. Dr. Siegel interessiert sich für Achtsamkeit und ihre Beziehung zur Neurobiologie eingestimmter Eltern-Kind-Beziehungen. In seinem Buch *The Mindful Brain* (Das achtsame Gehirn) beschreibt er Einstimmung als eine Methode der Koregulierung, bei der die sich entwickelnden Kinder den Geisteszustand ihrer Eltern als Hilfe nutzen, um ihren eigenen zu organisieren. Indem sie genau auf ihre Kinder achten, können eingestimmte Eltern buchstäblich dazu beitragen, dass sich die Gehirne ihrer Kinder auf gesunde Weise entwickeln. Siegel erklärt, dass, wenn Eltern und Kinder eine eingestimmte Beziehung miteinander haben und der Geisteszustand der Eltern gut integriert ist, der Geist der Eltern eine ähnliche Integration im Geist der Kinder stimuliert.[2]

Die Achtsamkeitspraxis fördert die Einstimmung auf andere durch die sorgfältige Beobachtung der äußeren Manifestationen emotionaler und sensorischer Erfahrung. Es gibt mehrere achtsamkeitsbasierte Spiegelungsspiele, die auf lustige und spielerische Weise ein erhöhtes Gewahrsein für andere Menschen begünstigen. „Dem Anführer folgen verkehrt herum" gehört zu den Spielen, die ich mit Eltern und ihren Kindern am liebsten spiele.

Dem Anführer folgen verkehrt herum

Es war ein schöner Frühlingstag im kalifornischen Santa Monica, wo ich in einem Park des Ortes ein Familienprogramm unterrichtete. Wir nahmen Eltern und Kinder aus dem Gebäude, in dem ein Teil des Unterrichts stattfand, mit hinaus in den Hof, um „Folge dem Anführer" zu spielen, dieses Mal aber waren die Regeln herausfordernder als normalerweise. Bei dieser Variante des Spiels wissen die Kinder nicht, dass gerade ein Spiel im Gange ist, und unabhängig von ihrem Alter sind die Kinder immer die Anführer. Die Idee ist die, dass die Eltern ohne Wissen der Kinder einfach bei allem mitmachen, was die Kinder zu tun sich entscheiden, und sich auf jegliches Gespräch einlassen, das die Kinder initiieren, alles im Tempo der Kinder. Dahinter steht der Plan, dass die Eltern sich komplett und vollständig auf den Rhythmus, die Interessen und die Aktivitäten ihrer Kinder einstimmen.

An diesem speziellen Vormittag hatte ein unruhiger und leicht erregbarer Vater sein ewig präsentes Handy weggesteckt, um bei seinem Sohn zu sitzen, der sich wie Ferdinand der Stier am Schatten eines Eichenbaums erfreute und mit dem Gras sprach, während die anderen Kinder herumrannten und spielten. Das Bemühen, in der Welt seines Sohnes zu leben, verursachte diesem Vater mehr Stress als ein Geschäftsmeeting, bei dem viel auf dem Spiel steht. Als Nächstes bewegte sich der Junge allmählich auf einen Stein zu, wo eine Schnecke langsam, aber sicher ihren Weg über die getüpfelte Oberfläche zurücklegte – eine Aktivität, die, wie der Vater des Jungen später im Scherz äußerte, speziell dazu bestimmt gewesen zu sein schien, ihn zu quälen. Widerwillig stand der Vater auf und folgte seinem Sohn, nur um eine Weile, die ihm wie Stunden erschienen sein muss, neben ihm zu hocken und die Schnecke zu beobachten. Auf der anderen Seite des Parks flitzte eine von Starbucks-Kaffee angetriebene Mutter, deren Koffeinrausch um 10 Uhr vormittags bereits im Abklingen begriffen war, hin und her, um der Flugbahn eines imaginären Raumschiffs von Star Wars zu folgen. Andere Eltern spielten ein Brettspiel mit ihrer Tochter, saßen da und drehten Däumchen, wenn sie eine gefühlte *Ewigkeit* lang warteten, während das Mädchen über seinen nächsten Zug nachsann. Die Rollen zu tauschen kann bewirken, dass Eltern einige überraschende Einblicke in die Natur ihrer Kinder erhalten und verstehen lernen, wie ihre Kinder in ihrer Welt lavieren und wie es sich eigentlich *anfühlt,* sie zu sein. Und es kann bewirken, dass die Eltern gelegentlich Einblicke in sich selbst erhalten.

Die Rolle der Eltern besteht normalerweise darin, den häufig wandernden Geist und Körper der Kinder einzufangen und sie durch ein Labyrinth aus zielgerichteten Aktivitäten zu führen, die durch Schulaufgaben, familiäre und gemeinschaftliche Verpflichtungen diktiert werden – und enge Zeitpläne einzuhalten. Diese Rolle loszulassen, diejenige, in der Sie eine Mischung aus Armeegeneral und persönlichem Diener sind, und eine zu übernehmen, bei der Ihre Kinder die Kontrolle ausüben, kann schwierig, anstrengend und langweilig sein. *Langweilig* ist ein Wort, das bei vielen von uns ein schlechtes Gewissen verusacht, wenn wir es im Zusammenhang mit unseren Kindern benutzen, aber um ehrlich zu sein, seinen Kindern die Führung zu überlassen und ihnen zu folgen kann sehr, sehr langweilig sein. Nutzen wir die Werkzeuge der Achtsamkeit, können wir diese gelegentlich frustrierenden und faden Momente in eine ganz andere, sogar interessante und extrem befriedigende Erfahrung verwandeln.

Das Spiel, das wir im Park gespielt haben, ist im Wesentlichen eine von dem Kinderpsychiater Dr. Stanley Greenspan entwickelte, „floor time" genannte Übung, die die emotionale Entwicklung von Kindern unterstützt. In seinem Buch *Playground Politics* schreibt Greenspan, dass das Ziel von *floor time,* also auf dem Boden verbrachter Zeit, darin bestünde, dass man sich durch unstrukturiertes Gespräch oder Spiel auf die Welt seiner Kinder einstimmt und nach ihren Bedingungen interagiert. Greenspan schreibt:

> Hinter *floor time* steckt die Idee, eine warme, vertrauensvolle Beziehung aufzubauen, in der gemeinsame Aufmerksamkeit, Interaktion und Kommunikation nach den Bedingungen Ihres Kindes erfolgen. *Floor time* ist das effektivste Mittel, das ich zum Erreichen dieses Ziels gefunden habe. Wenn diese warme, vertrauensvolle Beziehung zu blühen begonnen hat, legen Sie die Grundlagen für das Bewältigen jeglicher und sämtlicher Herausforderungen, denen Ihr Kind begegnet.[3]

Floor time geht über Zeit besonderer Qualität hinaus, da die Kinder – und nicht die Eltern – die Richtung bestimmen, in welche das Spiel oder die Unterhaltung geht, was zur Förderung der Entwicklung einer eingestimmten Beziehung zwischen Mutter/Vater und Kind beiträgt.

Greenspans floor time und Spiele wie *Dem Anführer folgen verkehrt herum* bieten Eltern Gelegenheit, die Aktivität ihres eigenen Geistes zu beobachten, während sie in einen manchmal unbequemen, manchmal wunderbaren Rollentausch mit ihren Kindern verwickelt sind. Siegels Arbeit, welche die Praxis achtsamen Gewahrseins mit der Theorie der Einstimmung in Zusammenhang bringt, unterstreicht die Verbindung zwischen Spiegelungsaktivitäten und sowohl einer eingestimmteren Beziehung zwischen Mutter/Vater und Kind (interpersonelle Einstimmung) als auch einer eingestimmteren Beziehung zwischen der Mutter/dem Vater und ihr/ihm selbst (intrapersonelle Einstimmung).[4]

Kinder dabei zu beobachten, wie sie sich gegenseitig spiegeln, gibt Eltern (und Lehrern) ein gutes Gefühl für ihre Kinder und deren interpersonelle Dynamik. Eltern können ein Gefühl dafür bekommen, wie Kinder in ihrem Körper leben. Sind sie körperlich entspannt? Koordiniert? Gut dazu in der Lage, ihren Körper zu kontrollieren? Weil Spiegelungsspiele generell Zusammenarbeit erfordern, stellen sie für Erwachsene auch eine Gelegenheit dar, die Gruppendynamik als Ganzes zu beobachten. Wer neigt dazu, zu führen? Wer neigt dazu, zu folgen? Wie kooperativ sind die Schüler miteinander? Gibt es eines oder mehrere Kinder, die häufig außen vor bleiben? *Die Bewegung einer anderen Person anprobieren* ist ein Spiel, das Eltern schnell und spielerisch eine Menge Informationen über ihre Schützlinge übermittelt.

Die Bewegung einer anderen Person anprobieren

Als Vorbereitung auf dieses Spiel lege ich einen Platz fest, an den die Kinder ihre Schuhe stellen können, so dass sie aus dem Weg sind und die Kinder nicht über sie stolpern können, sobald sie anfangen, sich zu bewegen. Wenn alle ihre Schuhe ausgezogen und weggestellt haben, bitte ich die Kinder, einen Kreis zu bilden und einen Anführer bzw. eine Anführerin zu wählen. Das Ziel besteht darin, dass der Anführer sich auf kreative und spielerische Weise im Kreis herumbewegt und dass die anderen versuchen, die Bewegung des Anführers „anzuprobieren" oder nachzuahmen und mitzumachen. Während die Kinder hüpfend, hopsend, tanzend oder springend im Kreis herummarschieren, klopfen Sie einen Rhythmus auf der Trommel, der in Ton und Gefühl der Art und Weise ähnelt, wie der Anführer sich bewegt. Wenn es Zeit ist, dass ein anderer Schüler die Anführung des Zugs übernimmt, können Sie den Wechsel signalisieren, indem Sie einmal relativ laut auf die Trommel schlagen. Wenn die Kinder das Zeichen hören, bleiben sie auf der Stelle stehen und hören auf, sich zu bewegen, warten darauf, zu sehen, wer als Nächstes anführen wird, wen Sie durch Berühren an Kopf oder Schulter auswählen. Der neue Anführer bzw. die neue Anführerin beginnt, sich auf besondere Weise im Kreis herumzubewegen. Diese Abfolge wiederholt sich, bis jeder mit Anführen an der Reihe gewesen ist.

Zurückspiegeln

Zur Förderung des Gewahrseins für die Erfahrungen anderer Menschen übernehme ich Elemente aus der Tanzbewegungslehre und aus Theaterspielen. Das Verflechten dieser Elemente mit der Achtsamkeitspraxis hat einige der Lieblingsaktivitäten meiner Schüler hervorgebracht.

Zerrspiegel

Bei diesem Spiel suchen sich die Kinder einen Partner bzw. eine Partnerin und jedes Paar wählt für die erste Runde einen Anführer bzw. eine Anführerin. Die zwei stehen oder sitzen einander gegenüber und halten die Hände vor die Brust, die Handflächen nach vorn, genau vis-à-vis den Handflächen ihres Partners/ihrer Partnerin. Der Anführer/die Anführerin bewegt sich langsam und der Partner/die Partnerin spiegelt die Bewegung. Beide Teilnehmer achten darauf, ihre Handflächen so nah wie möglich aneinander zu halten, ohne sich zu berühren; dies lässt sie erfahren, wie es ist, sich zusammen mit einer anderen Person zu bewegen. Dann tauscht das Paar die Rollen und wiederholt die Aktivität. Eine lustige Abwandlung des Spiels besteht darin, dass man jedes Paar einmal in der Mitte des Kreises sitzen lässt und diejenigen, die zuschauen, raten, wer von den beiden der Anführer/die Anführerin ist. Eine dritte Variante ist die, dass die Kinder einen Kreis bilden und zur Mitte schauen, dann ein Kind auswählen, das anführt, während der Rest der Kinder die Bewegung des Anführers/ der Anführerin spiegelt.

Die Welle

Als Annaka Harris an der Grundschule **Toluca Lake Elementary School** Zweit- und Viertklässler unterrichtete, arbeitete sie die klassische Stadionwelle in eine achtsame Spiegelungsübung um. Die Kinder sitzen im Kreis und der Anführer bzw. die Anführerin steht auf und hebt die Hände über den Kopf. Wenn er oder sie die Arme senkt und beginnt, sich wieder hinzusetzen, ist dies für das nächste Kind das Zeichen, die Welle fortzuführen, indem es aufsteht und seine Hände über den Kopf hebt. Wenn ein Kind seine Arme senkt und beginnt, sich zu setzen, folgt das daneben sitzende Kind seinem Beispiel, steht auf und winkt, bis die Welle einmal, vielleicht zweimal, vielleicht dreimal im Kreis gegangen ist, ohne dass irgendjemand ein Wort gesprochen hat.

Ruf und Antwort

Ziel dieses Spiels ist es, ohne jegliche mündliche Anleitung den rhythmischen Takt einer Trommel nachzuahmen. Der Anführer bzw. die Anführerin klopft eine einfache Sequenz auf einer Bongo-Trommel und klatscht dann dieselbe Sequenz mit der Hand. Ohne ein Wort zu sagen, wiederholt er oder sie dieses und bald verstehen die Kinder und klatschen die Sequenz, die der Anführer/die Anführerin gerade geklopft oder geklatscht hat. Sobald alle herausgefunden haben, wie das Spiel geht, übergibt der Anführer/die Anführerin die Trommel an eines der Kinder, das eine Sequenz auf der Trommel klopft, begleitet vom Rest der Gruppe, der sie mit den Händen klatscht. Die Trommel wird zwischen den Erwachsenen und Kindern herumgereicht, bis alle einmal mit Anführen an der Reihe gewesen sind. Sie können dieses Spiel mit jeder Kombination aus Klopfen, Klatschen und Füßestampfen variieren.

Groß und klein

Dr. Suzi Tortora, Expertin für Tanztherapie und Bewegung, entwickelte ein lustiges Klangspiegelungsspiel, bei dem Kinder das Anschwellen und Verklingen eines Tons mit ihren Körpern nachahmen. Alle hocken sich auf den Boden, mit entspanntem und wie ein Ball zusammengerolltem Körper. In dieser Pose warten sie und horchen auf den Klangstab. Wenn sie ihn hören, ahmen sie den Klang nach, indem sie sich hochstrecken, während der Ton anschwillt, und sich wieder hinkauern, wenn der Ton verklingt. Sie können bei dieser Spiegelungsübung auch die Stimmen zum Einsatz bringen, was ich besonders effektiv finde, wenn die Kinder das Gefühl haben, dass ihnen die Decke auf den Kopf fällt, weil sie zu lange drinnen gewesen sind. Die Kinder schreien laut und strecken sich hoch, wenn der Klangstab angeschlagen wird, und werden leise, wenn sie wieder in die Hocke zurückgehen.

Hüpfspiel

Das Hüpfspiel kombiniert Spiegeln mit Atemgewahrsein und Konzentration. Die Kinder bilden einen „Puff-Puff-Zug", indem sie im Kreis stehen und jedes vor sich den Rücken des nächsten Schülers bzw. der nächsten Schülerin im Kreis hat. Legen Sie zwischen alle Personen im Zug ein Kissen auf den Boden. Alle stehen in der Berghaltung und achten auf die Empfindung des Atmens. Wenn der Anführer bzw. die Anführerin die Trommel schlägt, hüpfen alle über das vor ihnen liegende Kissen. Die Anweisungen gehen folgendermaßen: „Stehen, atmen, fokussieren, hüpfen" (sagen Sie ein Wort mit jedem Trommelschlag). Wenn die Kinder geübter werden, kann der Anführer/die Anführerin das Spiel zunehmend schwieriger gestalten, indem er oder sie mündliche Anweisungen weglässt. Je weniger Aufforderungen, umso schneller bewegt sich der Zug. Die Aufforderungen gehen von „Stehen, atmen, fokussieren, hüpfen" zu „Atmen, fokussieren, hüpfen" zu „Fokussieren, hüpfen" zu „Hüpfen", und letztendlich wird den Schülern durch einen oder mehrere aufeinanderfolgende Trommelschläge das jeweilige Signal gegeben. Bald fokussiert und hüpft jeder ohne mündliche Aufforderungen. Das Spiel fördert geschickt das Gewahrsein für andere Menschen. Wenn ein Schüler nicht auf die anderen Kinder im Zug achtet, wird er wahrscheinlich in die Person vor sich hineinknallen oder die Person hinter ihm wird in ihn hineinknallen.

Rütteln und schütteln

In diesem Spiel schütteln sich die Kinder zum Klang einer Trommel und versuchen dabei, den Klang des Trommelschlags mit ihrer Körperbewegung zu spiegeln. Während sie in der Berghaltung stehen, horchen die Kinder auf den Klang der Trommel. Wenn der Anführer bzw. die Anführerin auf die Trommel schlägt, schütteln die Kinder ihren Körper, wobei sie ihre Fußsohlen auf dem Boden lassen, ihren Körper entspannt und ihre Knie locker lassen. Die Kinder hören auf, sich zu schütteln, wenn das Trommeln aufhört. Achten Sie auf Kinder, die Schwierigkeiten damit haben, den Klang lauten Trommelns zu tolerieren. Wenn ich mit sehr kleinen Kindern spiele, beginne ich damit, dass alle so tun, als würden sie Klebstoff auf die Unterseite ihrer Füße auftragen. Dann kleben wir unsere Füße an den Boden (Stampf! Stampf!) und wackeln mit den Knien, während unsere Fußsohlen am Boden festgeklebt bleiben. Um die Entwicklung eines Gleichgewichtssinns zu fördern, kann man dieses Spiel abwandeln und die Kinder auffordern, eine Gleichgewichtshaltung einzunehmen, wenn der Klang aufhört, und diese so lange wie möglich zu halten. Gleichgewichtshaltungen reichen vom Liegen auf dem Rücken mit den Füßen in der Luft bis zum Stehen auf einem Bein und dem Stehen im Handstand.

Sich Notizen machen

Das Führen eines Tagebuchs hilft Kindern und Teenagern, zu bemerken, was sie normalerweise denken, tun und sagen, und gibt ihnen Gelegenheit, über Motivation, Handlungen und deren Konsequenzen zu reflektieren. Das Tagebuchschreiben entspricht dem Prozess, den Kinder und Teenager in einem Achtsamkeitskreis verfolgen, wenn sie meditieren, über die Erfahrung sprechen, um sie besser zu verstehen, und Wege betrachten, wie sich das, was sie gelernt haben, auf Situationen des wahren Lebens anwenden lässt. Auf einem Stück Papier oder in einem Tagebuch notieren die Kinder nach dem Meditieren ihre Eindrücke, wobei sie darauf achten, dass sie die Erfahrung aus der Perspektive eines freundlichen Beobachters beschreiben. Als Nächstes schreiben sie darüber, was die Erfahrung in Anbetracht ihrer vergangenen Erfahrungen, ihrer zukünftigen Ziele und ihres Gefühls für richtig und falsch für sie bedeutet hat. Das Führen eines Meditationstagebuchs soll keine Hausaufgabe oder irgendein anderer Punkt auf der bereits übervollen Aufgabenliste eines Teenagers sein. Ganz wie das Sitzen im Kreis, um nach dem Meditieren mit anderen Kindern zu sprechen, sind Tagebücher ein Instrument, das Teenagern hilft, ihre Erfahrungen mit dem Praktizieren von Achtsamkeit besser zu verstehen, indem sie über sie schreiben und ihren Prozess auf dem Papier sehen. Achten Sie darauf, dass Ihre Kinder wissen, dass ihre Tagebücher (oder Arbeitsblätter, falls sie die vorziehen) privat sind; sie sind nicht dazu gedacht, dass Sie sie lesen. Um Ihnen jedoch eine Vorstellung davon zu geben, wie eines aussehen könnte, hier ein hypothetisches Beispiel.

Was ich bemerkt habe	Wie ich das verstehe	Habe ich etwas Wertvolles gelernt, das ich gerne integrieren würde?
Zu viel zu tun	Ich schiebe Dinge immer vor mir her	Dinge nicht vor mir herschieben
Ich bin nervös und besorgt	Wenn ich Dinge vor mir herschiebe, werde ich die Party verpassen	Wenn ich abgelenkt werde, aufhören, atmen und einen anderen Gang einlegen
Ich weiß nicht, ob ich es tun kann	Ich werde es versuchen	Wir werden sehen

Achtsames Beobachten

Achtsames Beobachten formalisiert den Prozess, durch den wir unser Feld des Gewahrseins erweitern, so dass es unsere eigenen Erfahrungen sowie die anderer Menschen umfasst, ohne dass wir die zwei miteinander vermischen. Um achtsam zu beobachten, betrachten Eltern als Erstes ihre eigene Erfahrung aus der Perspektive eines freundlichen Beobachters und nehmen sie auch so zur Kenntnis. Nachdem sie ihre eigenen Gedanken, Emotionen und Sinneseindrücke untersucht haben, wenden sie sich ihren Kindern zu und betrachten die äußeren Manifestationen von deren Erfahrungen, indem sie nicht nur beobachten, was die Kinder sagen und tun, sondern auch den Tonfall ihrer Stimme, ihren Gesichtsausdruck, ihre Körpersprache und andere nonverbale Hinweise betrachten. Durch diesen Prozess erhöhen Eltern ihr Gewahrsein sowohl für ihre eigenen äußeren und inneren Prozesse als auch für die ihrer Kinder, während sie Achtsamkeit modellhaft vorführen und die Grundlagen für gesunde und eingestimmte Beziehungen legen.

Ziel des Beobachtens ist es, Gewahrsein für die Erfahrung des gegenwärtigen Augenblicks aufzubauen, ohne auf diese in einer automatischen oder gewohnheitsmäßigen Weise zu reagieren. Das erste Element des achtsamen Beobachtens ist Selbstbetrachtung, mit der Absicht, der Art und Weise Gewahrsein entgegenzubringen, wie unsere eigenen Reaktionen auf eine Erfahrung (selbst die, denen wir keine Taten folgen lassen) sich auf uns, unsere Kinder und andere Menschen auswirken können. Das Tagebuch verfolgt die drei Elemente – Introspektion, Verständnis und die Anwendung des Gelernten auf das tägliche Leben –, auf die ich fokussiere, wenn ich mit Kindern und Familien achtsames Gewahrsein übe. Während Sie Ihr Kind auf dem Spielplatz mit anderen Kindern spielen sehen oder jederzeit, wenn Kinder und Teenager mit ihren Freunden oder anderen Familienmitgliedern interagieren, können Sie sich im Geiste Notizen machen. Ich schlage Ihnen vor, sich die Notizen nicht vor den Augen Ihrer Kinder zu machen, sondern nachdem sie zur Schule oder ins Bett gegangen sind und Sie etwas Zeit für sich selbst haben. Hier sind einige Fragen, die Sie vielleicht berücksichtigen und als Ausgangspunkt für Ihr Beobachtungstagebuch nutzen möchten. Das Ziel besteht darin, dass Sie aufschreiben, was Ihnen beim Beobachten Ihrer Kinder ins Auge springt.

Der freundliche Beobachter

- Hat irgendetwas, das sie getan oder gesagt haben, etwas in mir ausgelöst?
- Hat irgendetwas, das sie getan oder gesagt haben, mich angesprochen?
- Wie fühlte sich mein Körper an?
- Was habe ich gedacht?
- Kamen irgendwelche Emotionen auf?
- Habe ich mich reaktiv verhalten?

Verbindungen herstellen

- Bestehen irgendwelche Verbindungen zwischen dem, was ich beobachtet habe, und meiner vergangenen Erfahrung?
- Bestehen irgendwelche Verbindungen zwischen dem, was ich beobachtet habe, und meinen zukünftigen Zielen, Bestrebungen, Erwartungen oder Interessen?
- Gibt es ein sich wiederholendes Thema (oder mehrere solcher Themen), das bei diesem Kind oder dieser Klasse in mir aufkommt?

Anwendungen

- Was würde ich nächstes Mal anders machen?
- Was würde ich gerne wiederholen?

Notieren Sie sich als Nächstes, was Sie im Hinblick auf die Handlungen der Kinder, auf Ihre Beziehungen, den Ton Ihrer Stimme, Ihre Körpersprache und andere verbale oder nonverbale Hinweise bemerkt haben. Falls Sie ein Lehrer oder eine Lehrerin sind, der bzw. die mit einer Gruppe arbeitet, brauchen Sie nicht über jeden einzelnen Schüler zu schreiben, sondern nur über die, die während dieses Kurses hervorstachen. Hier sind einige Vorschläge, auf was Sie als freundlicher Beobachter achten können.

- Nonverbale Hinweise: Wirkte das Kind ruhig, zappelig, gelangweilt, beschäftigt?
- Verbale Hinweise: Sagte das Kind irgendetwas, das Sie berührte oder ansprach?
- Beziehung mit anderen?
- Gab es irgendwelche Themen oder möglichen Gewohnheiten, die im Zusammenhang mit diesem Kind aufkamen?
- Gesamteindruck von den sozial-emotionalen Fähigkeiten des Kindes?
- Gesamteindruck von den Aufmerksamkeitsfähigkeiten des Kindes?
- Gesamteindruck von der Selbstbeherrschung und Reaktivität des Kindes?
- Gesamteindruck von der Verbindung des Kindes?
  - Mit anderen Kindern
  - Mit seiner Mutter/seinem Vater oder seinem Klassenlehrer/seiner Klassenlehrerin
  - Mit Ihnen
- Hat das Kind ein Gefühl für seinen Körper im Raum?

Falls Sie ein Lehrer oder eine Lehrerin sind, betrachten Sie als Nächstes die Dynamik der Klasse als Ganzes, möglicherweise unter Einbeziehung des Klassenlehrers bzw. der Klassenlehrerin oder eines weiteren Elternteils. Falls Sie eine Mutter oder ein Vater sind, betrachten Sie die Familiendynamik und die zwischen Ihrem Kind und seinen Freunden herrschende Dynamik. Hier sind ein paar Fragen, die Sie berücksichtigen können:

- Hatte diese bestimmte Klasse irgendwelche Eigenschaften, die Sie ansprachen?
- Gab es irgendwelche Themen oder Verhaltensweisen, die wiederholt aufkamen?
- Gesamteindruck von den sozial-emotionalen Fähigkeiten der Klasse?

- Gesamteindruck von den Aufmerksamkeitsfähigkeiten der Klasse?
- Gesamteindruck von der Reaktivität der Klasse und der Gruppendynamik?
- Gesamteindruck von der Verbindung der Klasse?
    - Untereinander
    - Mit Ihnen
    - Mit dem Klassenlehrer/der Klassenlehrerin bzw. den Klassenlehrern und/oder dem Elternteil
- Taten oder sagten der Elternteil und/oder der Lehrer/die Lehrerin irgendetwas, das Sie ansprach?
- Kommt irgendein Thema oder Verhalten im Zusammenhang mit diesem Elternteil und/oder diesem Lehrer/dieser Lehrerin wiederholt auf?
- Gesamteindruck von den sozial-emotionalen Fähigkeiten des Elternteils und/oder des Lehrers/der Lehrerin?
- Gesamteindruck von den Aufmerksamkeitsfähigkeiten des Elternteils und/oder des Lehrers/der Lehrerin?
- Gesamteindruck von der Reaktivität des Elternteils/des Lehrers bzw. der Lehrerin?
- Gesamteindruck vom Grad der Verbindung des Elternteils/des Lehrers bzw. der Lehrerin?
    - Mit den Schülern
    - Mit Ihnen

Nach jedem Achtsamkeitskurs oder jeder Achtsamkeitsaktivität mit Ihrem Kind einen vollständigen Eintrag ins Beobachtungstagebuch zu schreiben, ist zeitaufwendig und häufig unrealistisch. Von Zeit zu Zeit achtsame Reflexionen auf einem Arbeitsblatt zu notieren, ist eine nützliche Alternative. Hier ist ein Musterarbeitsblatt, das ich verwende.

Was sich innen abspielte Ich	Was sich außen abspielte Er, sie oder sie (Pl.)	Beide zusammen Ich und er, sie oder sie (Pl.)
Freundliche Beobachtung	Freundliche Beobachtung	Freundliche Beobachtung
Verbindungen herstellen	Verbindungen herstellen	Verbindungen herstellen
Anwendungen	Anwendungen	Anwendungen

Behalten Sie, wenn Sie ein Beobachtungstagebuch führen und Arbeitsblätter ausfüllen, den Zweck der Übung im Gedächtnis. Sie ist ein Mittel, um den Prozess, bei dem Sie Ihrer inneren und äußeren Erfahrung Gewahrsein entgegenbringen, zu formalisieren. Mit anderen Worten, diese Übung ist eine Möglichkeit für Sie, klar zu sehen und besser zu verstehen, wie Sie auf andere Menschen und auf deren Beziehungen miteinander reagieren. Letztendlich geht es beim achtsamen Beobachten um Sie, den Zeugen oder die Zeugin. Es geht nicht um denjenigen, der beobachtet wird. Dies mag zunächst kontraintuitiv erscheinen, ist aber ein entscheidender Punkt. Wenn der Zeuge sich nicht über den Zweck seiner Praxis im Klaren ist, kann der Beobachtungsprozess sich in eine Methode verwandeln, bei der Eltern und Lehrer ihre Kinder und einander beurteilen und dann eine Aufgabenliste erstellen, welche die Problembereiche umfasst, von denen der Zeuge glaubt, dass sie in Angriff genommen werden müssten. Nicht nur wird sich dies wahrscheinlich als Eigentor für den Zeugen erweisen, wenn er versucht, diese Listen zu nutzen, um

Kinder, Teenager, Ehepartner oder Partner dazu zu bringen, sich zu verändern, diese Methode steht auch vollkommen im Widerspruch zum Ziel des achtsamen Beobachtens.

Gemeinsame Achtsamkeit: Schwierige Menschen so sehen, als wären sie einmal Ihr Kind gewesen

Ganz gleich, wie mitfühlend wir sind, es wird wahrscheinlich Menschen geben, die uns manchmal wütend machen oder uns auf die Nerven fallen. Wie gehen wir also achtsam damit um? Ein spiritueller Ansatz ist der, jeden Menschen so zu sehen, als wäre er einmal unsere Mutter oder unser Vater gewesen. Nach fernöstlicher Weltsicht werden wir alle solange wiedergeboren, bis wir erleuchtet werden; bei dieser Sicht ist es möglich, dass in einem unserer vielen Leben jede einzelne Person dieser Welt einmal unsere Mutter oder unser Vater war. Wenn Sie also einen Menschen treffen, den Sie schwierig finden, betrachten Sie ihn als jemanden, der in einem anderen Leben Ihre Mutter oder Ihr Vater gewesen ist. Aus dieser Visualisierung können Mitgefühl und Liebe ganz natürlich entstehen. Wenn Sie mit Kindern arbeiten, die schwierig sind, ist es auch hilfreich, sich vorzustellen, sie wären Ihre eigenen Kinder. Dadurch erscheinen sie vielleicht nicht weniger schwierig, Sie aber können, ein bisschen wie durch ein Wunder, mehr Mitgefühl empfinden.

9 E Pluribus Unum – Aus vielen wird eins
Leben als Teil einer Gemeinschaft

Ich wünsche mir, dass es keinen Terrorismus mehr gibt.
Ich wünsche mir, dass alle Menschen in Pakistan und Afghanistan in Sicherheit sind.
Ich wünschte, die Polizei würde Osama bin Laden finden.
Ich wünschte, die Welt wäre voller Glück.
Ich wünsche mir, dass es mehr Schulen für Kinder gibt.
Ich wünschte, jeder würde sich für all die Menschen in Pakistan und Afghanistan interessieren.

Mittelstufenschülerin

Die Geschichte der tagträumenden Prinzessin, die vor langer Zeit in einem Zauberreich lebte und über deren Geschichte ich an früherer Stelle in diesem Buch geschrieben habe (Kapitel 3), basiert auf dem Leben eines archetypischen Charakters. Als wir die Prinzessin verließen, dachten ihre Lehrer, sie könnten ihre Neigungen zum Tagträumen dadurch kurieren, dass sie sie dazu auffordern, einen Vortrag zu halten.[1] Diese sanfte Prinzessin war sehr scharfsinnig. Auf einem mit Edelsteinen geschmückten Thron hoch über dem Innenhof der Akademie der Weisheit schwebend, sprach sie zu der Menge aus Stadtbewohnern und Schülern, die sich auf dem Rasen darunter versammelt hatte. Sie sagte ihnen, dass wir uns die Welt, um sie zu einem glücklicheren Ort zu machen, zunächst gütig und sanft vorstellen müssten, dann könnten wir ausziehen und dafür sorgen, dass dies geschieht.

Einige der Schüler und Stadtbewohner glaubten nicht, dass es irgendetwas bewirken würde, sich einfach zu wünschen, die Menschen könnten glücklich sein. Aber die tagträumende Prinzessin zeigte ihnen, dass dies möglich war.

Wenn ich Workshops für Erwachsene abhalte, gebe ich den Teilnehmern manchmal einen kleinen, glatten Stein, etwa in der Größe ihrer Handfläche, und ermuntere sie dazu, ihn mit bedeutsamen Wörtern und Bildern zu schmücken – Wörtern, welche die Eigenschaften repräsentieren, die ihrer Meinung nach zum Glück führen, wie Liebe, Furchtlosigkeit, Mitgefühl, Güte, Freude, Mut, Geduld und Gleichmut. Wenn sie ihre Steine dekoriert haben, nutzen die Teilnehmer sie den ganzen Tag lang bei Spielen und Aktivitäten. In die Workshops eingestreut sind Zeiten der Introspektion, des Unterrichts und der Diskussion sowie gemeinschaftsbildende Maßnahmen. Am Ende des Tages sind viele überrascht, dass sie eine emotionale Verbindung zu ihrem Stein aufgebaut haben, der häufig eine eigene Bedeutung annimmt. Das hat zur Folge, dass die Teilnehmer letztendlich manchmal an ihrem Stein hängen.

Ein guter Teil des Nachmittags wird bei diesen Workshops schweigend verbracht, wenn die Teilnehmer im Sitzen, Gehen und Liegen Introspektion praktizieren. Der letzte Abschnitt des Nachmittags ist dem Gespräch gewidmet, das sich teilweise um eine Übung der Großzügigkeit dreht, die aufzeigt, wie es sich anfühlt, zu geben und zu nehmen.

In einem dieser Workshops geschah etwas, das den tiefen Wert dieser Übung unterstrich. Nach dem Mittagessen an einem warmen Sommertag, gerade vor Beginn der Schweigezeit, baten wir alle Teilnehmer, mit dem Gedanken zu spielen, ihren Stein während der Periode der Stille wegzugeben. Wir achteten darauf, dass sie wussten, dass sie unter keinerlei Druck standen, ihren Stein wegzugeben, und auch unter keinerlei Druck, jemandes anderen Angebot anzunehmen. Schweigend konnten die Teilnehmer ihre Steine so oft tauschen, wie sie sich dazu inspiriert fühlten, oder sie auch gar nicht tauschen.

Wir saßen schweigend drinnen und praktizierten anschließend draußen auf dem Gras „langsames und leises Gehen". Gerade bevor die Glocke signalisierte, dass es Zeit war, wieder nach drinnen zurückzukehren, sah ich einen der Teilnehmer im Flur auf einem Stuhl sitzen. Ich ahnte, dass er über eine schwierige Erfahrung nachdachte, eine schwierige Emotion verarbeitete oder beides, und ich war gewesen, ihm meinen Fokusstein zu geben. Da ich seine Introspektion nicht stören wollte, legte ich meinen Stein auf den Boden vor seinem Stuhl und ging weg. Ich blieb nicht lange genug, um ihm die Möglichkeit zu lassen, mir im Gegenzug seinen Stein zu geben. Die Glocke läutete, und dann war es Zeit, mit dem Frage-und-Antwort-Abschnitt zu beginnen und über die Übung des Gebens und Nehmens zu sprechen. Einige Teilnehmer fanden es einfach, ihren Stein wegzugeben, andere fanden es schwierig, aber jeder, der sprach, fand die Übung bedeutsam. Die Teilnehmer waren überrascht, wie viele Emotionen auftauchten, als sie darüber nachdachten, diesen scheinbar belanglosen Stein wegzugeben. Dann hob der Mann, dem ich meinen Stein gegeben hatte, die Hand.

Er erzählte uns, dass er sehr genau überlegt habe, bevor er sich entschied, das Wort *Liebe* auf seinen Stein zu schreiben. Den ganzen Workshop lang hatte er über mit Liebe und Untreue zusammenhängende Fragen nachgedacht sowie über jemanden, der ihm unlängst auf höchst verstörende Weise das Herz gebrochen hatte. Der Stein nahm eine Bedeutung an, die er nicht erwartet hatte, und Gleiches galt für das Wort, das er auf ihn schrieb. Er war überrascht, als ich ihm vorschlug, ihn wegzugeben. Während der Schweigezeit boten ihm andere Teilnehmer ihre Steine an, aber er akzeptierte sie nicht. Er wollte seinen eigenen behalten. Diese Freundschaftsangebote abzulehnen rief bei ihm ein unbehagliches Gefühl hervor, deshalb ging er nach drinnen, weg von allen anderen, um eine weitere unangenehme Situation zu vermeiden. Dann tauchte ich auf. Er wusste nicht, was er tun sollte – er wollte seinen Stein nicht weggeben, machte sich aber Sorgen darum, was ich denken würde, wenn er meinen ablehnen würde. Während er über diese Gefühle nachgrübelte, war ich gekommen, hatte ihm meinen Stein gegeben und war gegangen, ohne irgendeine Ahnung davon zu haben, was in seinem Geiste vor sich ging.

Nach dem Workshop standen wir in einer Gruppe und unterhielten uns, dabei auch der Mann, der sich mit Liebe und Untreue herumquälte.

Mitten in unserer Unterhaltung trat eine andere Teilnehmerin auf den Mann mit dem Liebesstein zu und bat ihn um eben diesen. Er zuckte zusammen. Ich fürchtete, dass dies nicht der geschickteste Zug vonseiten der Teilnehmerin war, aber ich hielt meinen Mund, wollte ihrem Austausch nicht in die Quere kommen. Der Mann griff in seine Tasche, zog seinen Stein hervor und gab ihn der Teilnehmerin. Im Gegenzug gab sie ihm einen Stein, auf den sie das Wort *Liebe* geschrieben hatte.

Ungefähr ein Jahr später nahm derselbe Mann an einem anderen Workshop unter meiner Leitung teil. Ich war erfreut, ihn zu sehen, und fragte ihn, wie es ihm ginge. Er erzählte mir, dass das Eintauschen seines Steins ein Wendepunkt in seinem Leben gewesen sei und dass er den Stein nun immer zu Hause auf seinem Nachttisch liegen habe.

Wenn Wünsche wahr werden

Jene Menschen, die Kindern helfen, mit chronischem Schmerz umzugehen, wissen schon lange, dass es etwas bewirken kann, sich einfach nur zu wünschen oder vorzustellen, dass man glücklich, gesund oder sicher ist oder in Frieden lebt. Gelenkte bildhafte Vorstellung ermöglicht es Kindern, ihre Aufmerksamkeit von der realen (und bisweilen schmerzhaften) Lebensgeschichte zu einer imaginären mit einem glücklichen Ausgang zu verlagern. Indem Kinder den Teil des Gehirns nutzen, der geistige Bilder erzeugt, kann sich ihr Schmerz verändern. Der Schmerz mag nicht vollkommen verschwinden, er kann aber in den Hintergrund rücken. Dies entspricht dem, was wir auch bei anderen Anwendungen von Achtsamkeit sehen. In ihrem Buch *Conquering Your Child's Chronic Pain* erklärt Dr. Lonnie Zeltzer, Kinderärztin und Leiterin der Kinderschmerzklinik an der *University of California,* Los Angeles, dass die Wirkung von gelenkter bildhafter Vorstellung und Selbsthypnose der praktischen Wirkung von Arzneimitteln wie Morphium und anderen Opioiden, die zur Behandlung von Schmerz verschrieben werden, ähnelt.[2] Wenn sie bei Patienten genutzt wird, die mit chronischem Schmerz zu kämpfen haben, ist die bildhafte Vorstellung eine klinische Anwendung des Geschichtenerzählens.

Das Geschichtenerzählen kann beim Praktizieren von Achtsamkeit mit Kindern effektiv genutzt werden. Es gibt Geschichten, welche die

Grenzen von Zeit, Ort, Sprache und Kultur überschreiten. Gut erzählte Geschichten dienen dem modellhaften Vorführen positiver sozialer Eigenschaften, die zu gesunden Beziehungen, psychischer Freiheit und Glück führen. Denken Sie, wenn Sie mit Ihren Kindern praktizieren, daran, auf Fabeln und Geschichten aus Ihrer eigenen Kindheit zurückzugreifen, und erfinden Sie auch Ihre eigenen. Es folgt das Beispiel einer Geschichte, die ich erzähle und die sehr frei auf einer Fabel der traditionellen Achtsamkeit basiert.

Der Fährmann und seine sechs Boote

Einst hörte ich von einem Fährmann, der Reisende durch eine Reihe gefährlicher und tosender Stromschnellen von einem Ufer ans andere ruderte, damit sie durch ein einzigartiges Teleskop sehen könnten. Durch das Objektiv dieses außergewöhnlichen Teleskops konnten die Menschen mit tadelloser Klarheit das gesamte Universum sehen. Wenige waren kühn genug, die wilde Fahrt über diesen Fluss zu unternehmen, aber diejenigen, die es taten, sahen die Welt nie mehr so wie zuvor. Weil sie das Leben aus einer unendlichen Perspektive gesehen hatten, wenn auch nur dieses eine Mal, war ihr Leben für immer verändert.
Lediglich sechs Boote mit ungewöhnlichen Namen waren robust genug, um die Stromschnellen der Klasse VI zu überleben. Es waren: **Großzügigkeit**, **Ethik**, **Geduld**, **Beharrlichkeit**, **Konzentration** und **Weisheit**. Aber nur der Fährmann, der Achtsamkeit praktizierte, konnte klar genug durch den Wind und den Regen sehen, um das turbulente Wildwasser zu befahren und den Fluss zu überqueren.

Hier ist eine weitere Geschichte, in der es um freundliche Wünsche geht. Diese habe ich aus einem Märchen gesponnen, das mein Mann Allegra und Gabe erzählt hat und in dem es um eine imaginäre sprechende Hirschkuh ging, die im Wald hinter unserem Haus lebte.

Die sprechende Hirschkuh

Einst hörte ich von einer sprechenden Hirschkuh mit einem farbenfrohen Rucksack voller freundlicher Wünsche. Jedes Mal, wenn irgendwer irgendwo sich wünschte, etwas möge wahr werden, fand die sprechende Hirschkuh dies heraus und stopfte den Wunsch in ihren Rucksack. Die sprechende Hirschkuh lebte in dem Wald genau hinter unserem Haus und eines Nachts, nachdem Seth und ich ins Bett gegangen waren, kam sie vorbei und klopfte mit ihrer feuchten Nase bei den Kindern an die Fensterscheibe. Allegra wachte als Erste auf. Sie weckte Gabe auf und in Blitzesschnelle waren sie zum Gehen bereit.
Hatte ich gesagt, dass die sprechende Hirschkuh fliegen konnte?
Mit den Kindern auf dem Rücken umkreiste die sprechende Hirschkuh unser Haus, alldieweil Allegra und Gabe den Rucksack nach den Wünschen durchsuchten, die sie über Seth und mir ausstreuen wollten, während wir schliefen. Jeder nur vorstellbare Wunsch befand sich darin und sie fanden genau die richtigen. Nachdem sie freundliche Wünsche über unser Haus gestreut hatten, machten Allegra, Gabe und die sprechende Hirschkuh sich auf den Weg, um jedermann an jedem Ort freundliche Wünsche zu senden. Es war eine Herausforderung, für jeden Menschen auf dem Planeten den perfekten Wunsch zu finden, aber sie waren der Aufgabe gewachsen. Freundliche Wünsche regneten auf Schulen, Städte, Bundesstaaten, Länder, Kontinente, Ozeane, Seen, Flüsse, Bäche, Berge, Hügel und Täler hinab, bis die gesamte Erde mit ihnen bedeckt war. Zufrieden mit der gut gemachten Arbeit und bei über den Horizont lugender Sonne flog die sprechende Hirschkuh ihre Schützlinge heim und sah durch das Fenster zu, wie sie wieder in ihre Betten kletterten. Auch sie war müde und wollte schlafen. Aber bevor sie wegflog, griff die sprechende Hirschkuh in ihrer Tasche nach der letzten Handvoll freundlicher Wünsche – nach denen, die sie für Allegra und Gabe zurückgehalten hatte.

Geschichten, in denen es um freundliche Wünsche geht, sind eine Form gelenkter bildhafter Vorstellung, und Kinder lieben sie. Aber sie sind nicht der einzige Weg, freundliche Wünsche zu senden.

Wir stellen Freundliche-Wünsche-Fahnen her...

Bunte Gebetsfahnen werden in ganz Tibet außerhalb von Häusern und in Tempeln aufgehängt, um Botschaften der Liebe, des Mitgefühls, der Güte und des Friedens zu denen zu tragen, die sie sehen, und noch weiter. Die Fahnen werden an den Dachvorsprüngen von Häusern und Tempeln befestigt oder an Seile genäht, die dann draußen zwischen Bäume gespannt werden. Jedes Seil trägt fünf Fahnen, auf die Symbole gedruckt sind, die positive Eigenschaften repräsentieren – Eigenschaften, die beim Praktizieren von Achtsamkeit entwickelt werden. Die Fahnen sind gelb, grün, rot, weiß und blau; eine jede dieser Farben steht für eines der fünf klassischen Elemente: Erde, Wasser, Feuer, Wind und Himmel. Man glaubt, dass der Wind die Gebete derjenigen, die Fahnen in die Welt hängen, weiterträgt und jedermann Glück, ein langes Leben und Wohlstand bringt. Es ist einfach, Fahnen zu Hause herzustellen, die das Gefühl der tibetischen Gebetsfahnen vermitteln, aber nicht mit den religiösen Konnotationen einhergehen. Sprechen Sie mit Ihren Kindern über die positiven Werte, die sie gerne in der Welt sehen würden, und über die freundlichen Wünsche, die sie an Freunde, Verwandte, Haustiere und andere Lebewesen senden möchten. Verwenden Sie preiswerte Stofftaschentücher und Stofffarbe und bitten Sie Ihre Kinder, auf die Taschentücher Wörter zu schreiben und Bilder zu malen, die das repräsentieren, was sie sich für alle Lebewesen erhoffen. Hängen Sie die selbstgemachten Fahnen draußen auf und stellen Sie sich vor, dass mit jedem Windhauch freundliche Wünsche von Ihrem Zuhause zu Menschen, Orten und Dingen in der ganzen Welt getragen werden.

Wir stellen freundliche Wünsche pantomimisch dar...

Dieses Spiel brachte mir die Meditationslehrerin Trudy Goodman bei. Wir verbrachten einen wunderbaren Vormittag damit, mit einer zweiten Klasse der **Toluca Lake Elementary School** in Toluca Lake, Kalifornien, Superkräfte-Scharaden zu spielen. Das machte so viel Spaß, dass ich es seither zahllose Male gespielt habe. In diesem Spiel können Kinder freundliche Wünsche nachspielen oder pantomimisch darstellen, als wären es Superkräfte. Die Schüler fertigen einen Satz Karten mit Bildern an, welche die Superkräfte darstellen, die ihrer Meinung nach die beeindruckendsten sind und die sie am liebsten hätten. Auf die eine Seite einer Karteikarte zeichnen sie ein Bild und auf die andere Seite schreiben sie den Namen der Eigenschaft – vielleicht Mut, Besonnenheit, Geduld, Toleranz, Güte, Enthusiasmus, Sensibilität oder Dankbarkeit. Wenn der Satz Karten fertig ist, spielen wir eine Scharade, bei der ein Schüler bzw. eine Schülerin eine Karte aus dem Satz zieht und die Superkraft nachspielt, während die anderen Schüler raten, welche es ist.

Wir drehen freundliche Wünsche…

Wie tibetische Gebetsfahnen tragen Mani-Mühlen oder Gebetsmühlen symbolisch freundliche Wünsche von denen, die sie drehen, zu anderen überall auf der Welt. Man glaubt, dass das Drehen der Gebetsmühle in Menschen auf der ganzen Erde Mitgefühl erweckt. In Tibet werden spezielle Mani-Mühlen gebaut: zum einen an Land an Plätzen, wo sie den Wind einfangen und wie Windmühlen gedreht werden, und zum anderen in Flüssen, wo sie den Strom einfangen und wie Wasserräder gedreht werden. Um Mani-Mühlen auf säkulare Weise zu nutzen, stellen Sie sich vor, dass die Eigenschaften, die Ihnen und Ihrer Familie wichtig sind, auf Rollen dünnen Papiers aufgedruckt sind, die um die Achse der Mani-Mühle gewickelt sind. Wenn Sie die Gebetsmühle drehen, stellen Sie sich vor, dass Sie diese Eigenschaften in die Welt hinausschleudern.

Wir schreiben Gedichte freundlicher Wünsche…

Wenn Kinder Gedichte freundlicher Wünsche verfassen, müssen sie sich keine Gedanken über Reim, Versmaß, Struktur, Grammatik, Zeichensetzung und Rechtschreibung machen. Wichtig ist, dass sie dazu ermuntert werden, ihrer Fantasie freien Lauf zu lassen. Ich habe Gedichte freundlicher Wünsche, die Kinder im Laufe der Jahre in Achtsamkeitskursen geschrieben haben, an den Anfang eines jeden Kapitels gestellt. Hier sind drei meiner Lieblingsgedichte.

Ich kann meine Ziele erfüllen.
Mutig,
Stark,
Und entschlossen, dem zu begegnen,
Was sein muss,
Um Probleme und Misserfolge zu überwinden.

Ich wünsche mir, dass mein Leben immer friedlich ist.
Ich wünsche mir, dass mein Leben erfolgreich wird.
Ich wünsche mir, dass meine Schwester sich abregt.
Ich wünsche mir, dass ich immer in Sicherheit sein werde.
Ich wünsche mir, dass mein Leben sehr aufregend wird.

Ich wünsche mir, dass ich einfache Hausaufgaben bekommen kann.
Ich wünsche mir, dass ich viele Tiere haben kann.
Ich wünsche mir, dass ich nie in Schwierigkeiten komme.

Wenn Wünsche nicht genügen – Die Bedeutung von gemeinschaftlichem Engagement

Mein erster Gedanke, als ich den siebzigjährigen Pädagogen Dr. Paul Cummins sah, war dieser: Wenn eine starke Selbstverpflichtung, anderen zu helfen, bewirkt, dass man so fit und schlank ist wie dieser Mann, dann bin ich dabei. Ich sprach mit ihm in seinem mit Büchern vollgestopften Büro der *New Visions Foundation* in Santa Monica, Kalifornien, über den Aufbau von Charakter durch gemeinschaftliches Engagement, als er mir die Geschichte des *Star Thrower* („Sternwerfer") von Loren Eiseley erzählte. Cummins lehnte sich über seinen mit Papier übersäten Schreibtisch vor und erzählte mir von einem Dichter, der eines Morgens bei Niedrigwasser am Strand entlangging. Der Dichter sah Tausende und Abertausende von Seesternen, die am Meeresufer gestrandet waren und in der Sonne brieten. Wenn sie am Strand liegen blieben, würden sie gewiss sterben. In der Ferne sah er einen Jungen, der den Sand des Strandes durchsuchte. Der Junge bückte sich, hob einen Seestern auf und warf ihn zurück ins Meer. Als der Dichter den Jungen erreichte, sagte er: „Was tust du da? Du kannst sie nicht alle retten!" Der Junge kniete sich hin, hob einen weiteren Seestern auf, warf ihn zurück in den Ozean und sagte: „Diesen hier habe ich gerettet." Und er tat dasselbe noch einmal. „Diesen hier gerettet." Und noch einmal. Einen nach dem anderen, bis der Dichter auch mitmachte, und zusammen retteten sie so viele Seesterne, wie sie konnten.[3]

Dies ist die Art, wie Menschen, die etwas bewirken, denken und leben. Bernie Glassman, Bürgeraktivist in New York, brachte dasselbe Gefühl auf andere Weise zum Ausdruck, als er sagte: „Ich weiß, dass es keine Möglichkeit gibt, die Obdachlosigkeit zu beenden, aber ich werde es mir zur Lebensaufgabe machen, es zu versuchen."

Dann zitierte Cummins ein kurzes Stück aus Robert Frosts Gedicht „Birken", um diesen Punkt zu illustrieren:

Die Erde ist der Liebe wahrer Ort:
Ich wüsste nicht, wo man es besser fände.[4]

Cummins lehnte sich in seinem Stuhl zurück und sah mich an, die Wirkung seiner Worte abschätzend. Er sagte:

Ich glaube nicht, dass man Charakterentwicklung intellektuell vermittelt – man kann es versuchen, und es gehört dazu, aber das Ganze muss emotionaler erfolgen und, wenn überhaupt möglich, erfahrungsbezogen. Dies ist der Grund, warum gemeinschaftliches Engagement – oder gemeinnütziges Handeln – so wichtig ist. Und wenn Eltern das Wachstum beobachten, das durch gemeinschaftliches Engagement in ihren Kindern stattfindet, erinnert sie dies daran, worum zum Teufel es bei Bildung eigentlich geht. Es geht nicht nur um den Abschlusstest an der Highschool oder darum, an welcher Uni man aufgenommen wurde – es geht darum, was für ein Mensch aus diesem Prozess hervorgegangen ist, dem man in nicht allzu ferner Zukunft auf Wiedersehen sagen wird, um ihn an die Uni zu schicken.

Dr. Cummins schien einen Moment lang wehmütig. Als Pädagoge hat er vielen jungen Menschen auf Wiedersehen gesagt. Er erzählte mir:

Kinder fühlen, dass ihre Zukunft dramatisch beeinträchtigt ist – als ich aufwuchs und am Ozean stand, blickte ich hinaus und sah einen endlosen Horizont. Jetzt betrachte ich ihn und sehe Smog und ich weiß, dass der Ozean sich mit Plastik und Müll füllt. Als meine Tochter 25 war, kam sie zu mir und sagte, dass sie einen Master in Umweltwissenschaften machen würde. Ich sagte ihr, dass ich das mit gemischten Gefühlen sehen würde. Natürlich bin ich stolz auf sie, aber ich spüre auch eine gewisse Traurigkeit, weil ich weiß, dass sie in einen Bereich gehen wird, in dem sie nichts als Leid erfahren wird. Sie sagte: „Papa, ich weiß, dass wir verloren sind, aber ich werde tun, was ich kann." Ich dachte: „Mein Gott, was für eine Aussage für eine 25-Jährige. Ich weiß, dass wir als Spezies und als Planet verloren sind, aber ich werde tun, was ich kann."

Das ist der Wert gemeinschaftlichen Engagements. Es gibt dir das Gefühl, dass du etwas tun kannst, und, in der Tat, du kannst etwas tun. Und ironischerweise ist meine Tochter immer weniger deprimiert, je mehr sie darüber lernt, wie deprimierend der Zustand des Planeten tatsächlich ist. Warum? Weil sie Orte sieht, an denen sie zumindest ein wenig Einfluss nehmen kann. Das Problem damit, Schüler oder Schülerin einer weiterführenden Schule oder Grundschule zu sein, ist, dass du nicht glaubst, auch nur eine einzige Sache gegen irgendetwas davon tun zu können. Für Kinder mit einem Sozialbewusstsein sieht es so aus, als würden die Dinge einfach immer schlechter werden, und trotzdem ist hier wieder eine Erwachsene, die mir erzählt, wie schlimm die Dinge sind, während sie mir aus dem Lehrbuch etwas über gemeinschaftliches Engagement und Umweltwissenschaften beizubringen versucht. Worüber sie mir wirklich etwas beibringen, ist menschliche Hab- und Raffgier sowie die Art, wie Menschen diesen Planeten hoffnungslos verhunzt haben, und vieles davon lässt sich nicht mehr ändern. ... Aber indem sie geht und die Umwelt studiert, hat meine Tochter das Gefühl, in der Lage zu sein, etwas zu tun, statt einfach nur herumzusitzen und zu sagen: „Meine Güte, ist das nicht schlimm", und dann deprimiert zu werden.

Dr. Cummins machte eine Pause und holte tief Luft.

Ich bin hier ein bisschen vom Thema abgekommen, aber dies ist einfach eine lange Art und Weise, zu sagen, dass Handeln das Hauptgegenmittel bei Depression und Entfremdung ist. Kinder laufen Gefahr, durch den Zustand der

Welt so deprimiert zu werden, dass sie schließlich von ihrem eigenen Selbst und jedem anderen entfremdet sind. Aber wenn Kinder aktiv werden, dann sehen sie, dass sie etwas dagegen tun können. Und wenn Kinder raus in die Gemeinde gehen und tatsächlich etwas tun, treffen sie fast ausnahmslos all diese Menschen, die an der Basis an interessanten Sachen arbeiten – und die werden für die Kinder zu Helden. Sie arbeiten in Situationen, die zwar deprimierend sind, doch ist die Arbeit trotzdem inspirierend, und darum haben sie das Gefühl, dass sie etwas tun.

Während ich zu meinem Auto ging, dachte ich an Kinder, die Lernschwierigkeiten haben und denen es schwerfällt, große Probleme zu lösen, weil es ihnen an der Fähigkeit mangelt, sie in kleinere herunterzubrechen. Sie sind wie die Seesternwerfer in Dr. Cummins Geschichte. Kein Problem ist größer als das des Lebens auf unserem Planeten. Dieses Problem erscheint unlösbar, doch indem wir ein Problem in kleine Aufgaben herunterbrechen und auf der Lokalebene etwas bewirken, werden die größeren und scheinbar unlösbaren Probleme in Angriff genommen. Die Wahrscheinlichkeit, dass ein Kind sich entfremdet fühlt, ist geringer, wenn es die Welt nach und nach – einen Seestern nach dem anderen – verändert und mit kleinen Akten der Güte zu Hause anfangen kann.

Wichteln

Bei dem klassischen vorweihnachtlichen Spiel des Wichtelns schreibt jeder seinen Namen auf einen Papierstreifen und legt diesen in einen Hut oder Korb. Jede Person aus der Gruppe nimmt einen Namen aus dem Hut und gibt der Person, deren Namen sie zufällig gezogen hat, heimlich ein Geschenk.
Sie können das Wichteln in ein Achtsamkeitsspiel abwandeln, das Sie zu Hause, im Klassenzimmer oder mit jeglicher Gruppe Kinder oder Teenager spielen können. Ziel des Spiels ist es, dass jeder eine gute Tat für die Person vollbringt, deren Namen er aus dem Korb gezogen hat. Die gute Tat kann so einfach sein wie jemandem ein Kompliment zu machen, bei einem Projekt zu helfen oder ein Bild zu zeichnen. Wenn Sie mit kleinen Kindern spielen, bitten Sie sie, Ihnen von ihren guten Taten zu erzählen,

nachdem sie sie vollbracht haben. Kleine Kinder profitieren von Lob und Anerkennung. Wenn Sie mit älteren Kindern, Teenagern und Erwachsenen spielen, kann die Person, welche die gute Tat vollbringt, der Gruppe davon erzählen, muss es aber nicht. Bei dieser Variante wird der Nutznießer der guten Tat möglicherweise niemals wissen, wer ihm geholfen hat oder dass ihm gar überhaupt geholfen wurde. Insbesondere bei Teenagern kann dies das größte Geschenk sein, das ein Freund/eine Freundin einem/einer anderen machen kann.

Gemeinschaftskunde

Aus der Perspektive der Achtsamkeit gibt es keinen größeren Irrtum als den Glauben, dass wir von jedem anderen auf dem Planeten und von dem Planeten selbst getrennt sind. Das Gegenmittel für diesen Irrtum ist ein emotionales Verständnis der gegenseitigen Verbindung und wechselseitigen Abhängigkeit. Wieder einmal kommt es darauf an, klar zu sehen. Das Motto, das sich auf dem großen Siegel der Vereinigten Staaten findet, bringt es auf den Punkt: *E Pluribus Unum:* Aus vielen (wird) eines.

Mehrere der in früheren Kapiteln vorgestellten Spiele und Aktivitäten weisen Kinder in Richtung einer emotionalen Erfahrung der gegenseitigen Verbundenheit. Achtsam eine Rosine zu essen, Marienkäfer freizusetzen und allem zu danken, das vor ihnen gekommen ist, sind nur drei von vielen Übungen, die bei Kindern das Verständnis dieser Grundwahrheit vertiefen. Wenn Kinder lernen, Verbindungen zwischen Menschen, Orten und Dingen selbst zu entdecken, beginnt sich ihr Verständnis anderer simpler Wahrheiten zu entfalten. Sie haben selbst die sich wandelnde Natur des Lebens gesehen und begonnen, Unbeständigkeit zu verstehen. Sie haben gelernt, die Erfahrung des Lebens in einem Rahmen von Handlungen und Konsequenzen zu sehen, und sie fühlen nun die Bedeutung von Güte und Mitgefühl aus der Perspektive wechselseitiger Abhängigkeit. Weil sie beginnen, die Verbindungen zwischen diesen simplen Wahrheiten klar zu sehen sowie zu erkennen, dass diese ihre eigenen Erfahrungen durchweben wie Seidenfäden einen Wandteppich, sind sie besser in der Lage, zu verstehen, wie Lebewesen voneinander abhängen.

Durch gemeinschaftliches Engagement wird der Gemeinschaftskundeunterricht lebendig und gewinnt eine emotionale Schlagkraft, die kein Lehrbuch oder Vortrag je erlangen könnte. Genau wie Dr. Cummins und die gütige Prinzessin es sagten, lässt sich ein wahres Verständnis von Gemeinschaftskunde am besten erreichen, wenn die Kinder hinaus in die Gemeinde gehen und etwas tun, um anderen Menschen zu helfen. Service-Learning oder Lernen durch Engagement ist eine neue Variante dieser alten Idee, dass Schüler mehr tun müssen, als über Engagement zu lesen und über die Gemeinschaft zu reden, um diese Konzepte in ihr Tun und Sagen einzugliedern. Lernen durch Engagement geht über den Unterricht im Klassenzimmer und über die Feldforschung hinaus, indem es sie in ein einziges Curriculum integriert. Um den Autor J. B. Priestly frei zu zitieren: *Es geht nicht darum, was vermittelt wird, sondern darum, was betont wird,* und durch Lernen durch Engagement wird in der Schule das Hochkrempeln der Ärmel und Sich-ans-Werk-Machen betont. Kinder lernen die Bedeutung von Engagement am besten an Beispielen. Gemeinnütziges Handeln in der Schule ist fantastisch, aber es gibt kein mächtigeres Beispiel als eine Elternfigur.

Die Selbstverpflichtung zu Engagement und gegenüber der Gemeinschaft liegt jedem Achtsamkeitstraining zugrunde, unterstützt dieses still und ist auch für andere kontemplative Traditionen grundlegend. Der Dalai Lama hat viele Male und auf vielerlei Weise geschrieben, dass der Weg zu Glück und innerem Frieden über Liebe, Mitgefühl und Glück über das Wohlbefinden anderer führt.[5] Frühe Forschung deutet darauf hin, dass diese Eigenschaften ebenfalls Glück und Wohlbefinden fördern. Der Forscher Dr. Stephen Post widmet sein Berufsleben schon lange dem Studium der Verbindung zwischen Altruismus und Heilung, und es überrascht nicht, dass seine Forschung, gleich der frühen Forschung zur Achtsamkeit, erneut das unterstützt, was Eltern, Familien, Gemeinden und Kontemplative schon lange durch Erfahrung wissen. In seiner umfangreichen Forschungsstudie zu Altruismus und Gesundheit schrieb Dr. Post über die positive Wirkung, die altruistische Motive und selbstloses Verhalten von Jugendlichen auf deren Gesundheit und Wohlbefinden im späteren Leben haben:

Die Generativität Jugendlicher (die anhand dreier Unterskalen gemessen wird: Gebebereitschaft, prosoziale Kompetenz und soziale Sichtweise)[6] stand im Zusammenhang mit allen drei Maßstäben für psychische Gesundheit im späten Erwachsenenalter. Dementsprechend berichteten generative Jugendliche mehr als fünfzig Jahre später normalerweise, dass sie zufrieden mit ihrem Leben wären, friedlich, glücklich und ruhig wären (d. h. über eine gute geistige Gesundheit verfügten) und nicht so deprimiert wären wie andere ältere Erwachsene. Jede der drei Unterskalen (der Generativität) stand in einem positiven Zusammenhang mit Lebenszufriedenheit, aber nur die prosoziale Kompetenz und die soziale Sichtweise standen mit geistiger Gesundheit in Beziehung und nur die prosoziale Kompetenz stand in einem negativen Zusammenhang mit Depression.[7]

Wieder ankommen, wo wir aufbrachen

In der komplizierten Zeit, in der wir leben, gemeinnützig zu handeln, verlangt von uns, mit zunehmend schwierigen äußeren Erfahrungen zurechtzukommen; um dies zu tun, nehmen wir all unsere innere Kraft zusammen. In seinem Buch *Glück* schreibt Dr. Matthieu Ricard über Untersuchungen, die zeigen, dass die „Menschen, die ihre Emotionen am besten kontrollieren können, selbstloser handeln als diejenigen, die sehr emotional sind". Letztere verbrauchen, wenn sie mit einer herausfordernden Situation konfrontiert sind, einen Großteil ihrer Anstrengung dafür, mit dem eigenen Geist zurechtzukommen, was ihnen weniger körperliche und geistige Energie lässt, um anderen zu helfen.[8] Diese Untersuchungen dienen als sanfte Erinnerung daran, dass der Weg des Engagements uns zurück zur Introspektion bringt sowie dahin, wo wir begonnen haben. Man kann sich dies wie einen Kreis vorstellen, weshalb es keine große Rolle spielt, ob es gemeinnütziges Engagement, Wissenschaft, emotionale Intelligenz, Gesundheitsvorsorge, Aufmerksamkeitsregulation, Bildung, geistige Gesundheit oder einfach der Wunsch, unseren Kindern zu helfen, ist, was uns dazu inspiriert und dazu veranlasst, mit Kindern und ihren Familien achtsames Gewahrsein zu praktizieren. Welches immer die Inspiration sein mag, sie ist eine von vielen Auffahrten auf dieselbe kreisförmige Schnellstraße. Niemand hat dies eloquenter ausgedrückt als T. S. Eliot in *Vier Quartette:*

Wir lassen nie vom Suchen ab,
Und doch, am Ende allen unseren Suchens,
Sind wir am Ausgangspunkt zurück
Und werden diesen Ort zum ersten Mal erfassen[9]

Die gütige und sanfte Prinzessin (Fortsetzung)

Zurück zur gütigen und sanften Prinzessin aus Kapitel 3, die vom goldenen, mit Edelsteinen besetzten Thron der Akademie der Weisheit zu einer begeisterten Menge aus Schülern und Stadtbewohnern sprach. Sie brachte ihnen bei, dass alles, absolut alles größer ist, als man denkt: unsere Freunde, unsere Stadt, unser Land. Die Berge, die Meere und die Himmel sind alle größer. Alles ist so groß, dass wir niemals wirklich das Gesamtbild sehen können. Was wir aber sehen können, sind die Nähte, die Schnittpunkte, die Orte, wo Dinge sich verbinden. Und indem wir diese Orte bemerken, diese Bereiche, wo Dinge zusammenkommen, beginnen wir ein Verständnis von allem zu entwickeln.

Die gütige Prinzessin sprach von allem, was sie gelernt hatte, während ihre Lehrer und die coolen Kids der Schule dachten, sie würde tagträumen. Sie erinnerte sie daran, dass gemeinschaftliches Engagement wichtig ist: „Die Erde dreht sich im Kreis, die Gezeiten kommen und gehen – und auf uns alle scheint dieselbe Sonne, also ergibt es Sinn, gut auf den Planeten und auf alle, die hier leben, aufzupassen."

Dann weihte sie die Menge in ein wichtiges Geheimnis ein, eines, das selbst diejenigen, die es kennen, häufig vergessen – dass das Geheimnis des Glücks darin liegt, sich gütig gegen andere Menschen und sich selbst zu zeigen. „Indem ihr gütig seid und anderen Menschen helft, passt ihr auf euch selbst auf, und indem ihr auf euch selbst aufpasst und gütig gegen euch selbst seid, helft ihr auch anderen."

Am letzten Tag ihres Vortrags, als sie freundliche Wünsche aussandte, geschah das Erstaunlichste. Es stellte sich heraus, dass die sanfte Prinzessin während der ganzen Zeit, die sie mit Tagträumen verbracht hatte, Superkräfte entwickelt hatte. Die gütige Prinzessin hob von ihrem mit Edelsteinen besetzten Thron ab und begann zu fliegen. Nachdem sie das Geheimnis des Glücks mit all ihren Freunden und allen Menschen im Zauberreich geteilt hatte, flog die tagträumende Prinzessin davon. Niemand sah sie jemals wieder. Aber in meiner Vorstellung sehe ich sie durch den indigoblauen Himmel fliegen, Nacht für Nacht, und freundliche Wünsche aus einem großen bunten Rucksack ziehen und ins Nichts hinein abwerfen, gerade so wie die sprechende Hirschkuh in der Geschichte unserer Familie. Freundliche Wünsche schweben hinunter auf jeden Menschen in ihrer Schule, auf ihre Familie, ihre Freunde und alle Menschen und Vögel und Eichhörnchen und Käfer und alle Lebewesen auf der ganzen weiten Welt. Mögen sie glücklich sein, mögen sie gesund sein, mögen sie sicher sein und mögen sie mit ihren Familien und denen, die sie lieben, in Frieden leben.

Weil die freundlichen Wünsche der gütigen und tagträumenden Prinzessin vom Himmel herunter- und über die ganze Welt schweben, fallen eben diese freundlichen Wünsche in meiner Vorstellung auch hinab auf Sie und mich.

EPILOG

Jenseits dieses Ortes gibt es Drachen

> Möge Licht immer Dunkelheit ersetzen.
> Möge die Liebe den Hass besiegen.
> Möge ich eine 1 für mein Englischreferat bekommen,
> Obwohl ich es drei Tage zu spät abgebe.
>
> Gedicht freundlicher Wünsche,
> *Highschool-Schüler und Teilnehmer am* Inner Kids program

Vor Jahrhunderten schrieben Kartografen: „Jenseits dieses Ortes gibt es Drachen", um die Stelle zu markieren, jenseits derer sie noch Forschungen anzustellen hatten. Für einige war es der Ort, an dem das empirische Wissen aufhörte, und für andere war es der Ort, an dem das Abenteuer begann. Dieser Satz verlor seine Relevanz, nachdem die gesamte Geografie der Erde kartografisch erfasst worden war, zumindest auf Landkarten der materiellen Welt.

Der menschliche Geist jedoch ist zum Großteil noch unerforschtes Terrain. In Labors und Klassenzimmern und Krankenhäusern und Sommercamps und Sonntagsschulen rund um den Globus hat eine neue Expedition begonnen. Diesmal tragen die Forscher keine Schwerter und bekämpfen keine Piraten. Diesmal ziehen sie ihre Schuhe aus und sitzen mit überschlagenen Beinen auf dem Boden, um mit Kindern, Teenagern und deren Familien zu meditieren. Diese neue Welt ist besiedelt mit Babys, aufgeschürften Knien, Lachen und verschütteter Milch. Sie hätte Long John Silver wahrscheinlich zu seinem Piratenschiff zurücklaufen lassen.

Das Praktizieren achtsamen Gewahrseins mit Kindern ist noch unerforschtes Terrain. Ich habe es lange genug getan und war in ausreichend frühe Forschung involviert, um das absolute Vertrauen zu haben, dass hier neue Welten zu entdecken sind. Die Reise geht gerade erst los und ich hoffe, Sie kommen mit. Falls Sie es tun, hier eine empfohlene Packliste:

> Finden Sie einen Freund oder eine Freundin, der oder die sich Ihnen anschließt, und sehen Sie Ihren Kreis achtsamer Freunde wachsen.

> Gewinnen Sie Mitglieder Ihrer Familie dafür, sich Ihnen ebenfalls anzuschließen.

> Suchen Sie sich einen einheimischen Führer, der das Terrain kennt – in diesem Fall einen Meditationslehrer.

> Vergessen Sie Ihre Landkarten nicht! Ihre Landkarten sind hier die klassischen Achtsamkeitslehren.

> Und vor allem: Behalten Sie den Kompass im Auge, den Sie finden, indem Sie nach innen schauen, um die neue Welt zu entdecken, die schon immer da gewesen ist.

DANKSAGUNGEN

Es wäre unmöglich, jedem zu danken, der zum Entstehen dieses Buches beigetragen hat, denn das hieße in der Tat, allen zu danken, die während der vergangenen zehn Jahre Teil meines Lebens gewesen sind. Einen herzlichen Dank an euch alle, aber im Besonderen an:

Meine Familie: Seth, Allegra und Gabe Greenland. Meine verstorbenen Eltern Bette und Paul Kaiser; meine Schwester Catey Bolton und ihre Familie; meinen verstorbenen Bruder Bill Kaiser; meine Schwiegereltern, die verstorbene Rita Greenland, Leo Greenland und seine Frau Eileen Greenland.

Meine offiziellen Lehrer: Ken McLeod, Ruth Gilbert und Yvonne Rand.

Meine weniger offiziellen Lehrer: Trudy Goodman, Suzi Tortora, Janaki Symon, Marjorie Schuman, Gay Macdonald, Sue Ballentine und Paula Daschiel.

Meine größten Lehrer: meine Schüler und Kinder.

Die Angehörigen des Vorstands und des Beratungsausschusses des *Inner Kids program:* Lisa Henson, Sue Smalley, Charles Stanford, Ken McLeod, Seth Greenland, Alan Wallace, Suzi Tortora, Adam Engle, Lonnie Zeltzer, Gay Macdonald, Paul Cummins, Jeffrey Schwartz, Daniel Siegel, Trudy Goodman, Theo Koffler, Jay Gordon und Miles Braun.

Die, mit denen ich unterrichtet habe: Suzi Tortora, Trudy Goodman, Tom Nolan, Jeffrey Khoo, Tricia Lim, Diana Winston, Annaka Harris, Marv Belzer, Jenny Manriquez, Adrienne Levin, Gene Lushtak, Daniel Davis, Stephanie Meyers, Cathy Heller, Yaffa Lera, Susan Ladd, Peri Doslu, Jeane Pissano, Ellis Enlo und Karen Eastman.

Die, die dieses Buch möglich gemacht haben: meine Agentin Susan Rabiner, meine Lektorin Leslie Meredith und Zweitlektorin Donna Loffredo.

Ich hätte es nicht tun können ohne: Lisa Henson und die Lehrer Steve Reidman, Dan Murphy, Jenny Manriquez und Annaka Harris.

Wissenschaftler, die, inspiriert durch das Praktizieren achtsamen Gewahrseins mit Kindern, Interesse am Inner Kids program zeigten: Sue Smalley, Lisa Flook, Michele Mietrus-Snyder, Jean Kristeller, Lonnie Zeltzer, Lidia Zylowska, Jenny Kitil und Brian Galla.

Die, die mir durch Gespräche oder das Lesen erster Entwürfe bei dem Buch geholfen haben: Seth Greenland (dessen Erzählkunst das ganze Buch durchwebt), Gil Fronsdale, Sumi Loudon, Annaka Harris, Alan Wallace, Gioconda Belli, Lisa Flook, Antoine Lutz, Daniel Siegel, Jeffrey Schwartz, Trudy Goodman, Marjorie Schuman, Michele Mietrus-Snyder, Jean Kristeller, Jack Kornfield, Jon Kabat-Zinn.

Berufstätige Frauen, die mich über die Maßen unterstützt haben und dies weiterhin tun. Es wäre unmöglich, sie alle zu nennen, um aber einige zu nennen: Anna Mcdonnel, Judy Rothman Rofe, Lori Mozilo, Judy Meyers, Laurie Levit, Lauren White, Amy Spies-Gans, Nancy Kanter, Jane Wald, Alex Rockwell, Nancy Romano, Kristie Hubbaard, Melissa Bacharach, Leslie Glatter, Liz Dublemann, Carol Moss, Laura Baker, Jennifer Gray und Mary Gwynn.

ANMERKUNGEN

Einleitung

6. Zwei ausgezeichnete und verständliche Bücher über die klassische Achtsamkeitslehre des Ein- und Ausatmens sind *Die Achtsamkeitsrevolution: Aktivieren Sie die Kraft der Konzentration* von Alan Wallace (München: O. W. Barth, 2010) und *Mit jedem Atemzug. Buddhas Weg zu Achtsamkeit und Einsicht* von Larry Rosenberg (Freiburg: Arbor Verlag, 2002). Die englischen Originalausgaben sind: *The Attention Revolution: Unlocking the Power of the Focused Mind* (Boston: Wisdom Publications, 2006) und *Breath by Breath* (Boston: Shambhala, 1999).
7. Nyanaponika Thera und Bhikku Bodhi, *Numerical Discourses of the Buddha: An Anthology of Suttas from the Anguttara Nikāya* (Walnut Creek, CA: AltaMira Press, 2000), S. 253.
8. Kurz nachdem ich begonnen hatte, mit meiner Familie zu meditieren, veröffentlichten Jon Kabat-Zinn und seine Frau Myla Kabat-Zinn ein wundervolles Buch über Achtsamkeit und Familienleben mit dem Titel *Everyday Blessings: The Inner Work of Mindful Parenting* (New York: Hyperion, 1997). Es liegt auch in deutscher Übersetzung vor: *Mit Kindern wachsen: Die Praxis der Achtsamkeit in der Familie* (Freiburg: Arbor Verlag, 1997).

Kapitel 1

1. Jonah Lehrer, „Misreading the Mind." *L.A. Times*, 20. Januar 2008.
2. Carlos Castaneda, *The Teaching of Don Juan: A Yaqui Way of Knowledge* (New York: Washington Square, 1985), S. 82. Deutsche Ausgabe: *Die Lehren des Don Juan. Ein Yaqui-Weg des Wissens* (Frankfurt: Fischer, 1973).
3. Larry Rosenberg, *Breath by Breath* (Boston: Shambhala, 1999), S. 12.

4. Robert M. Sapolsky, *Why Zebras Don't Get Ulcers*, 3rd edition (New York: Holt, 2004), S. 10–15. Deutsche Ausgabe: *Warum Zebras keine Migräne kriegen. Wie Streß den Menschen krank macht* (München: Piper, 1998).
5. Ebenda, S. 16.
6. Jack Kornfield, *The Wise Heart: A Guide to the Universal Teachings of Buddhist Psychology* (New York: Bantam, 2008), S. 49. Deutsche Ausgabe: *Das weise Herz. Die universellen Prinzipien buddhistischer Psychologie* (München: Goldmann, 2008).

Kapitel 2

1. Bill Moyers, *Healing and the Mind* (New York: Broadway Books, 1993), S. 128–129.
2. Wie häufig bei sehr alten Geschichten, gibt es auch von dieser verschiedene Versionen. Diese Version stammt aus dem von Patrul Rinpoche verfassten Klassiker des tibetischen Buddhismus, *The Words of My Perfect Teacher*, Neuauflage (Boston: Shambala, 1998), S. 10–11. Deutsche Ausgabe: *Die Worte meines vollendeten Lehrers: Die Praxis des tibetischen Buddhismus auf dem Weg zur „Großen Vollkommenheit"* (Freiburg: Arbor Verlag, 2001.) In einer anderen, von Pema Chödrön erzählten Version der Geschichte sind die drei Fehler der volle Topf, der Topf mit einem Loch und der Topf mit Gift. Der volle Topf repräsentiert den Geist einer Person, die meint, sie wisse alles – es gibt keinen Raum für irgendetwas anderes. Der Topf mit einem Loch repräsentiert einen abgelenkten Geist, genau wie in der hier dargestellten Version. Der Topf mit Gift ist der zynische, kritische und urteilende Geist. Pema Chodron, *No Time to Lose* (Boston: Shambala, 2007).
3. In einer im September 2007 durchgeführten Studie der zur Columbia University in New York gehörenden Organisation *National Center on Addiction and Substance Abuse* wurde eine Korrelation zwischen Tabak- und Alkoholkonsum sowie Drogen- und Arzneimittelmissbrauch bei Teenagern und der Anzahl der in einer Familie im Laufe einer Woche gemeinsam eingenommenen Abendessen festgestellt, wobei sich die stärksten Auswirkungen bei den jüngsten Teenagern zeigten. Teenager, deren Familie nur gelegentlich zusammen Abendbrot isst, haben im Schnitt dreieinhalbmal häufiger Arzneimittelmissbrauch betrieben, dreieinhalbmal häufiger andere illegale Drogen als Marihuana genommen, mehr als zweieinhalbmal häufiger Tabak geraucht und eineinhalbmal häufiger Alkohol getrunken. Ähnliche Ergebnisse wurden bei zwölf- und dreizehnjährigen Kindern festgestellt, von denen diejenigen, bei denen die Familie nur gelegentlich zusammen Abendbrot isst, sechsmal häufiger Marihuana konsumiert haben, mehr als viereinhalbmal häufiger Tabak geraucht haben und mehr als zweieinhalbmal häufiger Alkohol getrunken haben. Vgl. Joseph Califano, *How to Raise a Drug-Free Kid* (New York: Simon & Schuster, 2009).
4. Für einen historischen Überblick über Kinder und Spiel sowie darüber, wie das Spiel den Kindern als ein Mittel dient, um ihre Autonomie zu behaupten, siehe Howard Chudacoffs umfassendes Buch *Children at Play* (New York: New York University Press, 2007), das leider nur auf Englisch vorliegt.

Kapitel 3

1. Shunryu Suzuki, *Zen Mind, Beginner's Mind* (New York: Weatherhill, 1973). Deutsche Ausgabe: *Zen-Geist, Anfänger-Geist: Unterweisungen in Zen-Meditation* (Bielefeld: Theseus, 2008).
2. Auch wenn ich sie sehr frei wiedergegeben habe, basiert die Geschichte von der gütigen und sanften Prinzessin auf Shantidevas klassischer Lehre *A Guide to the Bodhisattva's Way of Life* (Neu Delhi: Library of Tibetan Works and Archives, 1979).
3. *The Vision of Dhamma: Buddhist Writings of Nyanaponika Thera (Vipassana Meditation and the Buddha's Teachings)* (Onalaska, WA: Pariyatti Publishing, 2000), S. 309, 323.
4. Eine genauere Erörterung des propriozeptiven und des vestibulären Systems findet sich in Suzi Tortoras (nur auf Englisch vorliegendem) Buch *The Dancing Dialogue: Using the Communicative Power of Movement with Young Children* (Baltimore: Brookes Publishing, 2006), S. 114–15.
5. Al Chung-Liang Huang und Alan Watts, *Tao: The Watercourse Way* (New York: Pantheon, 1977). Deutsche Ausgabe: *Der Lauf des Wassers: Eine Einführung in den Taoismus* (München: Knaur, 2011).

Kapitel 4

1. B. Alan Wallace und Bhikku Bodhi, *The Nature of Mindfulness and Its Role in Buddhist Meditation: A Correspondence between B. Alan Wallace and the Venerable Bhikku Bodhi*. Unveröffentlichtes Manuskript, Winter 2006, Santa Barbara Institute for Consciousness Studies, Santa Barbara, CA.
2. Jon Kabat-Zinn, *Full Catastrophe Living: Using the Wisdom of Your Body and Mind to Face Stress, Pain, and Illness* (New York: Delta, 1991), S. 33. Deutsche Ausgabe: *Gesund durch Meditation. Das große Buch der Selbstheilung* (Frankfurt: Fischer, 2006).
3. Maggie Jackson, *Distracted: The Erosion of Attention and the Coming Dark Age* (New York: Prometheus Books, 2008), S. 258.
4. Amir Raz und Jason Buhle, „Typologies of Attentional Networks", *Nature*, May 2006, S. 367–79.
5. Jackson, *Distracted*, S. 237–38.
6. Michael I. Posner und Mary Klevjord Rothbart, *Educating the Human Brain* (New York: American Psychological Association, 2006), S. 59–61.
7. Ebenda, S. 210.
8. Ebenda.
9. Kirk Warren Brown, Richard M. Ryan und J. David Creswell, „Mindfulness: Theoretical Foundations and Evidence for Its Salutary Effects", *Psychological Inquiry: An International Journal for the Advancement of Psychological Theory 18*, Nr. 4 (2007).
10. B. Alan Wallace: *The Attention Revolution: Unlocking the Power of the Focused Mind* (Boston: Wisdom Publications, 2006), S. 6.

11. Ebenda, S. 3.
12. Ebenda, S. 13.
13. Ebenda, S. 30–31.
14. Jeffrey M. Schwartz, *Brain Lock: Free Yourself from Obsessive-Compulsive Behavior* (New York: Harper Perennial, 1997).
15. Posner und Rothbart, *Educating the Human Brain*, S. 91
16. Christine Alan Burke, „Mindfulness-Based Approaches with Children and Adolescents: A Preliminary Review of Current Research in an Emergent Field", *Journal of Child and Family Studies* (2009).
17. L. Flook, S. L. Smalley, M. J. Kitil, B. Galla, S. Kaiser-Greenland, L. Locke, E. Ishijima und C. Kasari, „Effects of Mindful Awareness Practices on Executive Functions in Elementary School Children", *Journal of Applied School Psychology* 26, Nr. 1 (2010), S. 70–95.
18. Ebenda.
19. Ebenda.
20. Susan Smalley, „Reframing ADHD in the Genomic Era", *Psychiatric Times* (2008), S. 74–78.
21. Flook et al., „Effects of Mindful Awareness Practices on Executive Functions in Elementary School Children".

Kapitel 5

1. S. R. Bishop, M. Lau, S. Shapiro, L. Carlson, N. D. Anderson, J. F. Carmody et al., „Mindfulness: A Proposed Operational Definition", *Clinical Psychology: Science and Practice 11* (2004), S. 230–41.
2. Wallace und Bodhi, „Nature of Mindfulness".
3. Um mehr über das Council-Programm zu erfahren, siehe Jack Zimmerman und Virginia Coyle, *Der große Rat* (Freiburg: Arbor Verlag, 2010). Englische Originalausgabe: *The Way of Council* (Las Vegas: Bramble Books, 1996).
4. Analayo, *Sattipatthana: The Direct Path to Realization* (Minneapolis: Windhorse Publications, 2004), S. 57.
5. Shauna L. Shapiro und Linda E. Carlson, *The Art and Science of Mindfulness: Integrating Mindfulness into Psychology and the Helping Professions* (Washington, DC: APA Books, 2009), S. 126.

Kapitel 6

1. Shauna L. Shapiro und Linda E. Carlson, *The Art and Science of Mindfulness: Integrating Mindfulness into Psychology and the Helping Professions* (Washington, DC: APA Books, 2009), S. 53, 65.
2. Persönliche Korrespondenz, Michele Mietus-Snyder.

Kapitel 7

1. Jeffrey M. Schwartz, *Dear Patrick: Life is Tough – Here's Some Good Advice* (New York: Harper Perennial, 2003), S. 116.
2. Jack Zimmerman und Virginia Coyle, *The Way of Council* (Las Vegas: Bramble Books, 1996), S. 144.
3. Mark Brody, „Food-Rehabbing My Big Fat Brain", *The Committed Parent*. Ins Internet gestellt am 2. August 2009. http://committedparent.wordpress.com/2009/08/02/food-rehabbing-my-big-fat-brain/.
4. Joseph Goldstein, *Abiding in Mindfulness*, Tonaufzeichnung (Louisville, CO: Sounds True, 2007).
5. Seine Heiligkeit der Dalai Lama und Howard C. Cutler, *The Art of Happiness: A Handbook for Living* (New York: Riverhead Books, 1998), S. 23.

Kapitel 8

1. Daniel J. Siegel, *The Mindful Brain: Reflection and Attunement in the Cultivation of Well-being* (New York: W. W. Norton, 2007). Deutsche Ausgabe: *Das achtsame Gehirn* (Freiburg: Arbor Verlag, 2007).
2. Die Arbeit von Daniel Siegel basiert auf Bindungsforschung und dem Zusammenspiel von Bindung und einer bestimmten Form der Gehirnaktivität, die als Aktivität der Spiegelneurone bekannt ist. Das Thema Spiegelneurone und gesunde Eltern-Kind-Bindung würde den Rahmen dieses Buches sprengen, wird aber umfassend in Siegels Büchern *The Developing Mind* und *Das achtsame Gehirn* behandelt.
3. Stanley I. Greenspan, Playground Politics: *Understanding the Emotional Life of the School-Age Child* (New York: Perseus Books, 1994), S. 26.
4. Siegel, *The Mindful Brain*, S. 697.

Kapitel 9

1. Ein entzückendes und leicht verständliches (jedoch nur auf Englisch vorliegendes) Kinderbuch über das Leben Shantidevas (auf dem die Geschichte der magischen Prinzessin basiert) ist Dominique Townsends *Santideva's Way of the Bodhisattva* (New York: Tibet House, 2009). Und eine wunderbare, von Stephen Batchelor angefertigte englische Übersetzung der Lehren von Shantideva ist *A Guide to the Bodhisattva Way of Life* (New Delhi: Library of Tibetan Works and Archives, 2007).
2. Lonnie K. Zeltzer und Christina Blacket Schlank, *Conquering Your Child's Chronic Pain: A Pediatrician's Guide for Reclaiming a Normal Childhood* (New York: Collins, 2005), S. 221.
3. *The Star Thrower* ist ein Essay in einer Essaysammlung von Loren Eiseley. Die Einzelheiten der Geschichte sind ein wenig anders, als Paul Cummins sie erzählt hat, aber der Sinn des Essays von Eiseley bleibt erhalten.
4. Robert Frost, *Promises to Keep* (Ebenhausen bei München: Langewiesche-Brand, 2. Aufl. 2003).
5. Siehe Seine Heiligkeit der Dalai Lama und Howard C. Cutler, *The Art of Happiness: A Handbook for Living* (New York: Riverhead Books, 1998); Clint Willis, *A Lifetime of Wisdom Essential Writings by and about the Dalai Lama* (Boston: Marlowe and Company, 2002); und Bstan-'dzin-rgya-mtsho, der XIV. Dalai Lama, *An Open Heart: Practicing Compassion in Everyday Life* (Boston: Little, Brown, 2001).
6. Die drei Unterskalen des *California Adult Q sort* (einem Instrument zur Einschätzung von Persönlichkeiten) sind Gebebereitschaft, prosoziale Kompetenz und soziale Sichtweise. Siehe Stephen G. Post, *Altruism and Health Perspectives from Empirical Research* (New York: Oxford University Press, 2007), S. 46.
7. Ebenda, S. 46–49.
8. Matthieu Ricard, *Happiness: A Guide to Developing Life's Most Important Skill* (New York: Little, Brown, 2006), S. 208. Deutsche Ausgabe: *Glück* (München: Knaur, 2007).
9. T. S. Eliot, *Complete Poems and Plays, 1909–1950* (San Diego: Harcourt Brace Jovanovich, 1952), S. 145.

Die Autorin

Susan Kaiser Greenland entwickelte das *Inner Kids program*, ein Programm achtsamen Gewahrseins für Kinder und Familien. Sie unterrichtet Kinder, Eltern und Fachkräfte auf der ganzen Welt und berät sich mit verschiedenen Organisationen über das Vermitteln achtsamen Gewahrseins auf eine altersgemäße und säkulare Weise. Susan gehörte viele Jahre lang zum klinischen Team der *Pediatric Pain Clinic*, einer Kinderschmerzklinik, im *Mattel Children's Hospital der University of California*, Los Angeles; sie war Co-Forscherin bei einer mehrjährigen, an mehreren Orten durchgeführten Forschungsstudie des *UCLA Mindful Awareness Research Center/Semel Institute* über die Wirkung von Achtsamkeit in der Bildung sowie Mitarbeiterin bei einer Untersuchung der *University of California*, San Francisco, zu achtsamem Essen bei Kindern und ihren Bezugspersonen. Sie gehört dem Führungsrat der *Initiative on Contemplation and Education des Garrisons's Institute* an und berät das Zentrum *UCLA Family Commons*, das Coaching, Workshops und Kurse anbietet. 2006 wurde Susan Kaiser Greenland von First 5 LA, der größten und einflussreichsten Kinderrechtsgruppe in Los Angeles, zum „Champion of Children" ernannt. Sie hat in vielen Einrichtungen in den USA und im Ausland Vorträge gehalten, wurde in den Zeitungen *Boston Globe, Time Magazine for Kids, Better Homes and Gardens* und

Publico in Gutalajara, Mexiko, zitiert und hat u. a. für die *Huffington Post* und im *Intent Blog* geschrieben.

Gemeinsam mit ihrem Mann hat sie die *Inner Kids Foundation* mitbegründet, die achtsames Gewahrsein seit dem Jahr 2000 in benachteiligte Schulen und Stadtviertel von Los Angeles trägt. Über *Inner Kids* wurde in der *New York Times*, der *Los Angeles Times*, auf *USA Today*, im *National Public Radio*, in verschiedenen Yoga-Zeitschriften und auf *CBS Morning News* berichtet. Sie schrieb ein Kapitel über Achtsamkeit und Kinder für das 2008 veröffentlichte *Clinical Handbook of Mindfulness* und startete gemeinsam mit ihrer Tochter auf www.mindfulnesstogether.com eine Online-Community für alle, die Interesse daran haben, achtsames Gewahrsein mit Kindern, Teenagern und deren Familien zu praktizieren. Susan Kaiser Greenland lebt mit ihrem Mann und ihren zwei Kindern in Los Angeles.

Weitere Literatur im Arbor Verlag

Myla & Jon Kabat-Zinn
Mit Kindern wachsen

Die Praxis der Achtsamkeit in der Familie

In diesem richtungsweisenden Buch zeigen Myla und Jon Kabat-Zinn, daß das Leben mit Kindern ein eigener Weg von ungeahnter Tiefe und Erfüllung sein kann. Die behandelten Themen sind sehr vielfältig und reichen von grundsätzlichen Überlegungen bis hin zu vielen praktischen Beispielen und konkreten Hinweisen für ein harmonisches Leben mit Kindern. Das Buch kann Eltern schon während der Schwangerschaft eine wertvolle Hilfe sein, begleitet sie durch die Höhen und Tiefen der ersten Jahre, gibt wertvolle Hinweise, wie Kinder, die in die Schule gehen, unterstützt werden können, und zeigt, daß es selbst dann nicht zu spät sein muß, neue Wege zu gehen, wenn die Kinder erwachsen sind.

Endlich ein emotional intelligenter Ratgeber für Eltern! Myla und Jon Kabat-Zinn bieten uns einen zutiefst kraftvollen und weisen Weg zur Kultivierung einer nährenden und achtsamen Atmosphäre in der Familie.

Daniel Goleman

ISBN 3-936855-48-7

Alfie Kohn

Liebe und Eigenständigkeit

Die Kunst bedingungsloser Elternschaft,
jenseits von Belohnung und Bestrafung

Was denken Eltern über ihre Kinder? Was empfinden sie für ihre Kinder? Wie handeln sie?
Liebe und Eigenständigkeit ermuntert uns, genau hinzuschauen.
Das lohnt sich, denn es gibt einen Weg, unsere Kinder respektvoll und in Liebe zu begleiten. Ein Weg, der uns in einen tiefen und klaren Kontakt mit unseren Kindern bringt und uns sogar über die Zeit der Pubertät hinaus mit ihnen zu verbinden mag.
Doch noch fragen wir uns häufig, wie wir es hinkriegen, dass unsere Kinder das tun, was wir von ihnen wollen. Genau hier stecken wir in den Sackgassen gewohnter Erziehungsversuche fest.
Alfie Kohn steht uns zur Seite, indem er mit den Mythen und Wunschvorstellungen eingefahrener Erziehungslehren aufräumt und uns an jenen Punkt zurückführt, an dem das Fragen wirklich Sinn macht: „Was brauchen Kinder und wie können wir diese Bedürfnisse erfüllen?"
Übliche Erziehungsmethoden wie Bestrafung oder Belohnung versagen an dieser Stelle. Sie setzen auf Kontrolle und vermitteln unseren Kindern so, dass sie nur dann geliebt werden, wenn sie uns gefallen oder wenn sie uns beeindrucken. Alfie Kohn verweist auf umfassende, aber wenig bekannte Forschungsergebnisse, die belegen, welchen Schaden es anrichten kann, wenn sich unsere Kindern ihre Anerkennung erst „verdienen" müssen.
Liebe und Eigenständigkeit weist uns demgegenüber, ganz praxisbezogen, neue Wege.

ISBN 978-3-86781-015-9

Lienhard Valentin
Achtsame Eltern, glückliche Kinder

Das Leben mit Kindern fordert uns auf allen Ebenen. So wünschen wir uns oft nichts sehnlicher, als „mal wieder aufzutanken" und uns zu erholen. Oftmals verlieren wir zudem aus dem Blick, was uns wirklich mit unseren Kindern verbindet. Wir sind zu sehr beschäftigt – zu wenig in Kontakt mit ihrer und unserer inneren Wirklichkeit.

Vor diesem Hintergrund hat Lienhard Valentin Übungen zusammengestellt, die sich in langjähriger Arbeit mit Müttern und Vätern bewährt haben und die es Eltern erlauben, sich selbst zu unterstützen, zu regenerieren und zu tiefer Verbundenheit mit dem Kind zurückzufinden. Diese Übungen sind eine Art Stärkungsmittel für Eltern und für Menschen, die mit Kindern arbeiten – rezeptfrei, doch besser als so manche Medizin. Die Praxis der Achtsamkeit kann uns helfen, unser inneres Gleichgewicht wiederzufinden. Sie erlaubt uns, auch die Perspektive der Kinder einzubeziehen und präsenter für ihre Sicht und Bedürfnisse zu sein, und sie ist ein wertvolles Labor zur Entwicklung unserer Intuition und Kreativität.

Buch & CD

ISBN 978-3-936855-28-9

Susan Kaiser Greenland

Achtsame Spiele

Achtsamkeit und Meditation für Kinder, Jugendliche und Familien

Achtsame Spiele verknüpft spannende und praktische Achtsamkeitsübungen für Kinder mit der zugrunde liegenden Psychologie und Pädagogik. Ausführliche Anleitungen zeigen, wie sowohl pädagogische Fachkräfte in Kindergärten und Schulen als auch Eltern Achtsamkeit spielerisch umsetzen können. Kindern und Jugendlichen bietet achtsames Spielen eine wunderbare Möglichkeit, Konzentration zu entwickeln, ihre Emotionen regulieren zu lernen und dadurch auf herausfordernde Situationen gelassener und mitfühlender zu reagieren.

Susan Kaiser Greenland stellt in ihrem neuen Buch sechzig einfache und spannende Aktivitäten vor: Die unterhaltsamen Spiele, über viele Jahre in der Arbeit mit Kindern und Erwachsenen entwickelt und getestet, wurden für Kinder entworfen; allerdings können sie für Erwachsene ebenso vergnüglich und transformativ sein! Alle Spiele fördern Einsicht und Empathie – und sie machen Spaß.

Die Autorin schöpft aus einem tiefen Verständnis von Meditation und Achtsamkeitspraxis sowie aus ihrem umfassenden Wissen über die kindliche Entwicklung, fundiert durch die entsprechende wissenschaftliche Forschung. Susan Kaiser Greenland entwickelte den Kurs *Inner Kids* und leitet seit vielen Jahren weltweit Achtsamkeitstrainings für Kinder, Eltern und pädagogische Fachkräfte.

ISBN 978-3-86781-177-4

Von Susan Kaiser Greenland ist beim Arbor Verlag auch das dazugehörige Kartenset *Achtsame Spiele. 55 bewährte Möglichkeiten, spielerisch Achtsamkeit zu lernen* (ISBN 978-3-86781-178-1) erhältlich.

Susan Kaiser Greenland mit Annika Harris
Achtsame Spiele

Kartenset

55 bewährte Möglichkeiten, spielerisch Achtsamkeit zu lernen

Das Kartenset *Achtsame Spiele* zeigt wunderbare Wege für Kinder und Jugendliche, Achtsamkeit spielerisch zu lernen. Beim achtsamen Spielen entwickeln sie ihre Konzentration und lernen, Emotionen zu regulieren und dadurch auf herausfordernde Situationen gelassener und mitfühlender zu reagieren.

Das Kartenset von Susan Kaiser Greenland besteht aus 55 bewährten und leicht verständlichen Spielen, die über viele Jahre in der Arbeit mit Kindern und Erwachsenen entwickelt und getestet wurden. Obwohl diese lustigen Spiele für Kinder entworfen worden sind, sind sie für Eltern und pädagogische Fachkräfte ebenso vergnüglich und transformativ! Alle Spiele fördern Einsicht und Empathie – und sie machen Spaß.

ISBN 978-3-86781-178-1

Von Susan Kaiser Greenland ist beim Arbor Verlag auch das dazugehörige Buch *Achtsame Spiele. Achtsamkeit und Meditation für Kinder, Jugendliche und Familien* (ISBN 978-3-86781-177-4) erhältlich.

Online.

Umfangreiche Informationen zu unseren Themen, ausführliche Leseproben aller unserer Bücher, einen versandkostenfreien Bestellservice und unseren kostenlosen Newsletter. All das und mehr finden Sie auf unserer Website.

www.arbor-verlag.de

Mehr zu Susan Kaiser-Greenland:
www.arbor-verlag.de/susan-kaiser-greenland